ちくま新書

神道・儒教・仏教

——江戸思想史のなかの三教

森 和也
Mori Kazuya

JN259787

1325

神道・儒教・仏教——江戸思想史のなかの三教【目次】

第二章　儒教という挑戦者　072

序章　近世の思想と宗教を見る視点

†江戸時代の多様性

これから江戸時代の神道・儒教・仏教いわゆる三教と、この三教とともに江戸思想史を構成した蘭学（洋学）、キリスト教、民間信仰などについて、それらをひとつにまとめて、江戸時代の思想と宗教の全体像を述べてゆく。

江戸時代の思想と宗教の歴史的展開についてどういったイメージを持っているだろうか。目立つ項目を順に並べてみれば、キリスト教の禁教とキリシタンの弾圧、檀家制度によって幕藩体制に組み込まれた仏教、近世の思想界において主導的立場に立った儒教、国学の勃興と明治維新のイデオロギーとしての復古神道の登場、蘭学（洋学）の発展による西洋の科学思想の受容といったものが並び、さらには社寺参詣や流行神などの民間信仰の盛行も加えることができるだろう。

これら簡単に思いつく項目を挙げただけでも、江戸時代の思想と宗教とをひとまとめに語ることの難しさに気づかされるだろう。範囲が広すぎるのである。いま挙げた大項目から枝分かれし、あるいは取り囲み、さらに中、小の項目が存在している。語るべきことは縦にも横にもますます広がってゆく。

神道、儒教、仏教、蘭学（洋学）、キリスト教、民間信仰などを単体で語ることは可能であり、むしろ単体で語ることが得てして思想史研究者として誠実な態度とされる。ところが、江戸時代の思想と宗教のありようを全体として語ろうとするとき、これらの諸思想・宗教は一対一どころか一対他で複雑に関係しあっていて、単体で語ることは、間違いではないが、正しくもないということになりかねない。精密な地を這う視線の一方で、上空から大づかみでも全体を眺める視野も必要である。そうでなければ、江戸時代の思想と宗教の実像はわからない。

しかし、これは難事業である。本書ではこの難事業をあえて行う。したがって専門家からすれば気になる細かい疑問点は多くあると思うが、筆者があえて蛮勇をふるった意図を汲み、俯瞰的な歴史の《語り》に必要な飛躍であるか否かを見極めてほしい。

こうした江戸時代の思想と宗教を語ることの難しさは、それだけかえって江戸時代の思想と宗教の多様性をも表している。多様性は豊穣さと言い換えても良い。この豊穣な江戸時代の思想と宗教を考えてゆくなかで、単に江戸時代の思想と宗教の実像を明らかにするという実証的研究にはとどまらない、それを踏まえたうえでの二つの視点を得ることができるだろう。むしろ本書は、多くの読者にとって、そのためのきっかけになることを願っている。

一つは、明治維新の近代化はなんの脈絡もなく突然登場したものではなく、近代日本の前提となるものが江戸時代にすでに準備されていて、近代日本の問題を解く鍵がその中に秘められていること。もう一つは、明治の文明開化を通過し、日本人の意識は表面的には欧米化されたように見えるが、深層は江戸時代と地続きであり、今を生きる者としての我々の内面の問題を解く鍵もまた江戸時代には潜んでいること。

しかし、この鍵を解くためには、準備が必要である。

†現代から近世を見る

その準備のため、この序章では、江戸時代の思想と宗教の範囲の広さのあまり散漫になる可能性のある本書の試みに一本の背骨を通してくれる近世仏教について、簡単にアウトラインを示しておこう。

我々が過去を見るとき、知らず知らずのうちに、今ある常識という眼鏡によって視界が歪められていたり、そこにあるはずのものが見えないということが起こる。それは稀に起こるというのではなく、頻繁に起こる。いや、宿命的に起こると言ってもよいだろう。

宗教について言えば、我々は二重の眼鏡をかけて江戸時代を見ることになる。我々の時代は、第二次世界大戦の敗戦によって国家神道が否定された以降の時代だが、その否定された国家神道を中核とした戦前の宗教制度は、その前の江戸時代の宗教のありかたを否定した上に成り立っている。

近い時代の戦前と戦後の価値観の相違には意識的でも、江戸時代についてはどうだろうか。無自覚に戦前の江戸時代観を下敷きにして江戸時代を理解している場合があるのではないか。本書では長らく近世思想史研究のうえで傍流であった近世仏教について語ることにつとめているが、その問題意識からすれば、辻善之助《つじぜんのすけ》（一八七七〜一九五五）に代表される「近世仏教堕落論」によって語られる場合の近世仏教などは、こうした二重の眼鏡で見たものの典型と言ってもよいだろう。

†明治国家というフィルター

前の時代を継承するか、否定して乗り越えるかはその時々の政治・社会の状況によって違ってくるが、明治《維新》は、万世一系というイデオロギーに抵触する《革命》という古代中国の言葉を嫌っただけで、実質は革命であったため、前の時代の否定が国を挙げて行われた。

近世と近代の間に大きく画期として横たわるのは神仏分離と、それによって引き起こされた廃仏毀釈《はいぶつきしやく》である。日本の宗教の風景はこのとき、大きく変更を強いられることになった。

それは単に神仏習合の伝統を改め、神と仏とを切り離すということではなく、神道を中心として日本の宗教制度を作り替える試みであり、仏教以外の儒教やキリスト教、あるいは民間信仰に至るまで影響を蒙《こうむ》るものであった。明治政府の神道国教化政策そのものは早々に頓挫するが、天皇を中心とする国民統合を目指すという国家の意志は変わらなかった。明治二十一年（一八八八）六月十八日、伊藤博文《いとうひろふみ》（一八四一〜一九〇九）が大日本帝国憲法の草案を審議する枢密院での会議の冒頭で述べた言葉は、近代日本の宗教の枠組みのグランドデザインそのものであった。

（ヨーロッパにおいては、）宗教なる者ありて之が機軸を為し、深く人心に浸潤して、人心此に帰一せり。然るに我国に在ては、宗教なる者其力微弱にして、一も国家の機軸たるべきものなし。仏教は一たび隆盛の勢を張り、上下の人心を繋ぎたるも、今日に至ては已《すで》に衰替に傾きたり。神道は祖宗の遺訓に基《もとづ》き之を祖述すと雖《いえども》、宗教として人心を帰向せしむるの力に乏し。我国に在て機軸とすべきは、独り皇室あるのみ。

伊藤は、仏教も神道も国民統合の手段としては力不足であり、天皇崇敬を国民統合の機軸に据えるべきだと主張している。天皇崇敬による国民統合が具体化されたものがいわゆる広義の国家神道体制である。神道も仏教も、この国家神道の下位に位置づけられた。《広義の》としているのは、国家神道体制を国家による神社管理に限定しようという論調が一部にあるためで、筆者はこれを狭義の国家神道と呼び、広義の国家神道に内包されるものとしたうえで区別している。

この伊藤の言葉の中で注目してほしいのは、仏教が「上下の人心を繫」いでいたという箇所である。国家神道が占めるべき位置にかつて仏教があったという認識を伊藤はしている。

†仏教全盛の時代

江戸幕府の寺請《てらうけ》制度は、第一義的にはキリスト教禁教のための制度であった。唯一神教であるキリスト教は他の宗教との共存を容認しないため、他の宗教の信者であることによってキリシタンではないことが証明される。近世初頭においてその役目を果たすのに、伊藤流に評価すれば、神道は力不足であったし、儒教はまだ思想界にしかるべき地位を占めていなかった。仏教だけがその役目を担うことができた。江戸幕府の支配する領域に住む者は、制度上仏教徒でなければならなくなり、その結果、日本人は総仏教徒となった。ただし、仏教による国民統合を江戸幕府が行おうとしていたかどうかについては、後で改めて考えてみることにする。しかし外面的に見れば、江戸時代は仏教が堕落したどころか、最盛期と呼んでもよい状況になっていた。

僧侶には江戸幕府によって学問をすることが求められた。その成果は宗学《しゅうがく》という範囲に限られるが、現在の研究水準に匹敵、場合によっては凌駕《りょうが》するものすらある。宗学研究は机の上だけにとどまらず、浄土真宗本願寺派の近世最大の異安心《いあんじん》事件であった三業《さんごう》惑乱のように、本山の宗学の最高権威である能化《のうけ》の智洞《ちどう》（一七三六〜一八〇五）の説に、安芸国の大瀛《だいえい》（一七五九〜一八〇四）ら地方の学僧が反論して騒動となり、幕府の寺社奉行が介入して最終的に大瀛らの側が勝利するという事件もあった。必ずしも、江戸時代の仏教が学問的に停滞していたわけではない。

また、庶民への教化活動も盛んで、講釈など従来の口頭メディアだけでなく、整版印刷が発達した時代状況に乗り、出版メディアによって仏教の教えは日本中くまなく広まっていった。平楽寺書店、法蔵館などは江戸時代から続く仏教書の老舗である。庶民への仏教の浸透の結果は、落語や川柳で仏教の知識が前提となっているものも少なくないことにも表れている。

†三つの《堕落》

では、近世仏教は《堕落》しなかったのか。近年、宗教思想史研究者の間で盛んになってきている近世仏教研究では、辻善之助流の「近世仏教堕落論」はおおむね批判的に受け取られているが、近世仏教の《堕落》を完全否定するものではない。近世仏教が堕落している、していないというのは視点をどこに置くかによる。

黒田俊雄《くろだとしお》(一九二六〜一九九三)の「権門《けんもん》体制論」に従えば、中世には公家・武家とともに国家を支える三本の柱のひとつであった仏教が、唯一の実効権力となった武家体制の一機関に成り下がったという点では、政治的に《堕落》と言うことも可能だろう。さらに、幕府権力の代行機関であることを悪用して檀家に対して不当・不道徳な行為を行う不心得者が現れるという社会的な《堕落》と、江戸幕府の寺院統制法である「諸宗寺院法度《はつと》」により、「新義を立て奇怪の法を説くべからざる事」と、教説の新しい発展が抑圧されるという思想的な《堕落》という、保護とは盾の半面となる《堕落》を仏教にもたらしたことも、また否定できない歴史的事実である。

多くの宗教は開祖を絶対視する。仏教ならばそれはゴータマ・ブッダである。しかし、歴史的存在としてのゴータマ・ブッダは、古代インドという歴史的・地理的条件に制約されるため、人類共通の普遍思想としてのゴータマ・ブッダの教えは、その時代その地域ごとに相応《ふさわ》しい形で読み直されることで、新しい生命を得てきた。道元《どうげん》が曹洞宗ではなく、「仏心宗《ぶっしんしゅう》」と名乗ったことに表れているように、平安仏教・鎌倉仏教など新しい宗門の開祖たちは、新説を唱えようとしたのではなく、ゴータマ・ブッダの教えを正しく受け継ぐことを主張したのである。

江戸時代においても、仏教が幕藩体制を補完し、僧侶が戸籍役人と化すことに疑問を抱かず、むしろそれで満足している現状に対して、ゴータマ・ブッダの教えに帰ろうと考える者が出てくるのも怪しむことではない。天台宗の霊空《れいくう》（一六五二～一七三九）、浄土宗の普寂《ふじやく》（一七〇七～一七八一）、真言宗の慈雲《じうん》（一七一八～一八〇五）など、諸宗派で戒律復興が唱えられ、あるべき仏教の姿に戻ろうという運動が起こる。これらが一部の改革運動で終わったのは、今ある秩序の維持を原則とする江戸幕府の政策と、それを是とする宗門の大勢の意志の結果であった。

しかし、仏教の現状を批判する言説は消え去ることなく、それらはようやく勢力を増してきた儒教や、国学によって新生命を吹き込まれた神道の側の反仏教の言説と共鳴現象を起こし、江戸仏教の《堕落》という像を結ぶことになった。

†自らの視点を自覚する

大隈重信《おおくましげのぶ》（一八三八～一九二二）の回想録『大隈伯昔日譚《せきじつたん》』に「幕府と仏教と密に相結託する所あるを察し、憤慨自ら禁ずる能はず」とある。儒者や国学者・神職のこうした排仏論は幕末の志士に受け入れられ、彼らが明治新政府の元勲・官僚となることで時代の思想となった。仏教は幕府と結託する《堕落》した倒すべき敵であった。

明治初めの廃仏毀釈では国学者・神職による煽動があったが、その煽動が単なる言葉だけに終わらず、民衆に広まり、実際の行動に結びつくにはそれを受け入れる下地が必要である。仏教は、それ相応に民衆の反感を買う面を持っていたとせざるを得ない。

一方で仏教内部の改革派も、明治維新によって幕府の統制から自由になったことで、近世仏教を《堕落》したものとして、仏教改革論の声を上げた。しかし、この《堕落》は、社会的かつ政治的な儒者・国学者や、その影響を受けた伊藤、大隈ら志士の視点と、社会的という点では共通しながらも、思想的でもあった僧侶の視点とは区別しておく必要がある。思想の上での認識が、その後の井上円了《いのうええんりよう》（一八五八～一九一九）や清沢満之《きよざわまんし》（一八六三～一九〇三）らを近代思想史に登場させることになる。

政治的・社会的・思想的なそれぞれの視点から、近世仏教は《堕落》したものとされたが、そうなったのは、そう主張する必要が主張する側にあったからである。本書で繰り返し論じることになる排仏論において、この分類のそれぞれに対応する排仏論が登場する。しかも無自覚に、あるいは意図的に三者が混同されたことには注意が必要である。

むろん、別の視点が登場すればいくらでも価値判断は変わる。先に述べたように江戸時代は仏教全盛の時代であり、寺社参詣や講社の結成など、庶民にまで仏教の教えが行き届いた時代であるという認識も可能である。近年の江戸文化研究は、この潮流に棹さすものが少なくない。

大切なのは事実に寄り添うことだが、しかし、実証的研究が明らかにできるものには、意識的に残されたか、偶然に残された資料によって明らかにできる範囲という限界がある。このことについて歴史家は常に反省しなければならない。本当に大切なのは、自分がどのような視点に立ち、それを見ようとしているかについて自覚的であることだ。

†本書の構成

本書は『在家佛教』誌（在家仏教協会）の二〇一四年一月号から二〇一七年五月号まで四十一回にわたって連載された「神儒仏の江戸時代」に基づいており、各章および各章内の節はおおむね掲載順になっているが、序章については、連載の第一回と第四十一回とを一つにして再構成している。また、もろもろの制約から多くの時間を割《さ》き得なかったが、元の連載では「です・ます」調であったのを「だ・である」調に改め、気づいた範囲での訂正と文意を明確にするための加筆を行った。また一冊の本としての体裁を調えるための語句の修正などを行い、連載時とは見出しを変更した節もある。

Ⅰの三つの章で近世の神道・儒教・仏教を考えるうえで基本となる知識の確認をし、Ⅳの終章で近代への架橋となった点を述べている。その間はおおまかには時代を追うように配列されているが、採り上げるテーマによって時間は前後している。

このような構成であるので、各章各節は相互に関連づけられつつも、個々に独立しているので、始めから終わりまで通して読むほかに、読者の興味のあるところから読んでいってもらい、さらにそこから関連した箇所に飛んでもらうという読み方でも得るものはあると思う。そこで道案内のために各章各節について簡単に内容をまとめたものを次に記しておこう。

I　交錯する思想たち

第一章　幕藩体制と仏教

近世という時代は、おおむね江戸幕府が支配した時代と重なるが、江戸幕府のシステムを準備した織田・豊臣政権期をも含めて考えるとより江戸幕府の時代を理解しやすくなる。そこで我々が現在、常識と思っている仏教の諸宗派が形成されるきっかけとなった豊臣秀吉による方広寺大仏の千僧供養会を取り上げ、江戸幕府の寺院統制の先駆的形態であることを述べた（1節）。

千僧供養会の目的の一つは秀吉政権の宗教的権威づけだが、江戸幕府も宗教的権威づけを仏教に求め、それに応えたのが、天台宗では東照大権現を祀る山王一実神道《さんのういちじつ》であり、浄土宗では『松平開運録』系諸本であった（2節）。

仏教は政権に奉仕するだけではなく、社会に生きるふつうの人々のために、日常の生活に宗教的な意義を与えることで近世社会の世俗化に伴走する。鈴木正三《すずきしょうさん》(一五七九~一六五五)の『万民徳用』で説かれた職分論はその代表である。一方、儒教でも職分論を説き仏教と競合した(3節)。

《法王》聖徳太子は、天皇家と仏教を媒介し、三教一致論を権威づける存在として仏教の側から讃仰《さんごう》される一方、排仏論者の側からは、天皇家の一員でありながら、蘇我馬子による崇峻天皇の弑逆《しぎゃく》を止めなかった倫理的瑕疵《かし》を足がかりに、批判を受ける(4節)。

第二章　儒教という挑戦者

近世の初め、儒者は思想界に登場した新参者であり、当時の王者であった仏教に対する挑戦者であった。その儒者による仏教批判の基本型三種類――倫理、経世論、国粋主義《ナショナリズム》からの批判を林羅山《はやしらざん》(一五八三~一六五七)の言説に早くも見ることができる(1節)。

第五代将軍徳川綱吉《つなよし》の治世になると、仏教は依然として権威を保っていたが、儒教も力をつけ、国家統治のイデオロギーの両輪の一方の地位を占めるようになる。実際の政治にかかわり得た数少ない儒者の一人の熊沢蕃山《くまざわばんざん》(一六一九~一六九一)は、両者の力関係を儒教優位に組み替える理論を提供する(2節)。

蕃山の理論を継承し、さらに推し進めたのが荻生徂徠《おぎゅうそらい》(一六六六~一七二八)、そしてその弟子の太宰春台《だざいしゅんだい》（一六八〇〜一七四七）である。彼らの理論は《近世的政教分離》とも呼べるもので、儒教をなにより政治思想であると捉え、仏教や神道は政治から切り離された個人の宗教として、政治のコントロール下にあるべきものとした。これにより並立的な三教一致論は解体され、儒教を頂点とするピラミッドが形成されることになる（3節）。

国家に代わって宗門改《しゅうもんあらため》を寺院が行う寺請《てらうけ》制度と、その寺院の管理のため本末制度が整備されるが、その制度的枠組みを《縦》とすれば、それを《横》に貫通して、檀家関係の枠外に講や社寺参拝、廻国行者、開帳などが存在し、近世の仏教に多様性をもたらした（4節）。

第三章　国学と文学

排仏論の前に立ちはだかるのが三教一致論だが、それは仮名草子、談義本《だんぎ》といった文学の世界で広く受容され、近世社会に強い地盤を有していた（1節）。

近世思想の世界に新しく登場した賀茂真淵《かものまぶち》（一六九七〜一七六九）、本居宣長《もとおりのりなが》（一七三〇〜一八〇一）らの国学は、古典文学の研究から出発し、仏教・儒教の反人情性を批判の軸にした（2節）。『万葉集』『古事記』の研究はいやおうなく天皇という存在に触れ、国学が文学研究の枠から出て、仏教・儒教と「教戒」の地位を争うことを促した。しかし、テキスト上での徹底した排儒排仏とは異なり、現実と交錯した時には、「神の御はからひ」の前に人間の「賢《さか》しら」を否定する思想は、現状をそのまま肯定し、仏教・儒教の存在も受け容れることになる（3節）。

Ⅱ　復古から生まれた革新

第四章　天竺像の変容

平田《ひらた》篤胤《あつたね》（一七七六〜一八四三）は「真の古伝《まことのこでん》」を求めてテキストの海に乗り出すが、その探求は日本という範囲から飛び出し、仏典や漢籍の中に「真の古伝」の「訛伝《かでん》」を見出そうとする。篤胤は仏教、儒教がそれに「加上《かじょう》」した、より古い道としてバラモン教、道教を見出し、これを古道の訛伝と考えた。篤胤は古道の外延を拡張し、徂徠・春台とは異なる新しい三教関係を構築しようとした（1節）。

インドと東南アジアを等しく五天竺《ごてんじく》に含めることによる地理的混乱は後まで残るとはいえ、近世には、仏典のみが情報源であった古代中世とは異なり、東回りで渡来するヨーロッパ人が同時代のインドの情報を伝えるようになった（2節）。

その中にはインドでは仏教が滅んだという情報も含まれ、新井《あらい》白石《はくせき》（一六五七〜一七二五）、西川如見《にしかわじょけん》（一六四八〜一七二四）など、多くの知識人に共有されるようになる。インドでの仏教滅亡、さらにはインドの植民地化は、仏教がなんら護国の教えとしての効力を持っていないことの証明として、篤胤のような排仏論者に利用されることになる（3節）。

第五章　ゴータマ・ブッダへの回帰

世界に対する知識の増大は仏教の価値の相対化をもたらしたが、それによって富永仲基《とみながなかもと》（一七一五〜一七四六）という、仏教を信仰ではなく人文学の研究対象として見る学者を生み出すことになる。仲基の研究成果は篤胤の排仏論に利用されるが、仲基自身は排仏論者ではなく、科学的方法論による研究の結果として、大乗非仏説《ひぶっせつ》などの信仰とは矛盾する科学的結論を導き出してしまった。インドの地理を実証的に研究した朝夷厚生《あさいなあつなり》（一七四八〜一八二九）も、仲基と同じく篤胤に利用された（1節）。

仲基の方法論は、儒教における古学や、国学における古典研究などと時代精神を共有し、戒律復興という江戸時代の仏教の潮流にも促され、ゴータマ・ブッダへの回帰を主張し、正法律《しょうぼうりつ》を提唱する慈雲飲光《じうんおんこう》（一七一八〜一八〇四）が登場することになる（2節）。

ともに漢文学という文学の《雅《が》》の領域を共通の場として持つ僧侶と儒者とは、その場を通して交流を持っていた。とりわけ明の古文辞派《こぶんじは》の文学運動に影響を受けた徂徠の古文辞学派は漢文学とも親和性が高く、多くの僧と交流し、中には大潮元皓《だいちょうげんこう》（一六七六〜一七六八）のように古文辞学の地方伝播に一役買う者もいた（3節）。

徂徠は古文辞学が持っている《言葉》に対する探究心を推し進め、周囲に僧侶も多かったことから、梵学への関心を示した。それを実践した一人が、徂徠の高弟の春台に学んだ文雄《もんのう》（一七〇〇〜一七六三）である。文雄は中国音韻学を究めるが、その最終目的は、漢字に音写された梵字を正確に読むことであった。古文辞学を介した《言葉》の学問が、ここでもゴータマ・ブッダへの回帰と聯関してゆく（4節）。

第六章　仏教の革新と復古

儒教側からの仏教批判の基本型の一つが倫理の面からの批判であり、その最も大なるものが《孝》との矛盾である。しかし、中国仏教は早くから孝の取り込みを行い、日本でも九世紀初めの『日本霊異記』に不孝者が地獄に堕ちるという説話が散見される。近世において、この仏者の孝を強く主張したのが元政《げんせい》（一六二三〜一六六八）の著した『釈氏二十四孝』であり、元政自身も母親への孝養を尽くした人物であった（1節）。

白隠慧鶴《はくいんえかく》（一六八五〜一七六八）による臨済宗の中興、浄土真宗最大の異安心事件である三業惑乱、曹洞宗の古規《こき》復古運動など、江戸時代の仏教改革運動を、地方と中央との空間軸、現在と過去との時間軸によって作られる表の中に位置づけることを試みた（2節）。

曹洞宗の古規復古運動によって排斥されたのが、江戸時代初めに伝来した黄檗《おうばく》宗によって伝えられた明《みん》仏教の念仏禅である。また、白隠にも念仏禅批判の言葉が見られる。正三や雲居希《うんごき》膺《よう》（一五八二〜一六五九）などにこの念仏禅の影響が見られるが、念仏禅排斥の結果、日本の禅は兼修を排する《純禅》となっている（3節）。

第七章　宇宙論の科学的批判

先にヨーロッパからの情報が仏教の相対化をもたらしたと記したが、蘭学（洋学）の発展はひとり仏教だけではなく、儒教や神道の価値の相対化をもたらした。山片蟠桃《やまがたばんとう》（一七四八〜一八二一）は、儒教の蓋天説《がいてんせつ》・大九州説、仏教の須弥山《しゅみせん》宇宙説、そして服部中庸《はっとりなかつね》（一七五七〜一八二四）の『三大考』の国学的宇宙論をまとめて否定している（1節）。

宇宙論の否定は蟻の一穴となり、世界すべてを説明する体系的思想を崩壊させる。多くの僧侶はそのことに無関心であったが、一部の僧侶が梵暦《ぼんれき》運動という仏教的宇宙論の補強・再建に乗り出す。しかし代表者である円通《えんつう》（一七五四〜一八三四）にしても、科学的方法によって明らかとなった経験的世界から宗教的真実を切り離す二元論的な手段をとる他はなかった。一方、国学は仏教とは異なり、ヨーロッパの科学知識を大胆に取り込み、国学的宇宙論の証明に援用した（2節）。

近世以降の仏教を貶める文脈で《葬式仏教》という言葉が使われるが、寺請制度によって《死》を専管する仏教の社会的な影響力は圧倒的であった。儒教や国学は《死》の儀礼を仏教から奪おうとして制度の壁に阻まれる。一方、理論の面では、篤胤は『霊の真柱《たまのみはしら》』で国学的宇宙論の中に《死》を位置づけ、復古神道の教義を整備する（3節）。

Ⅲ　《日本》というイデオロギー

第八章　キリスト教との対峙

《還俗《げんぞく》》には、江戸時代初めと幕末とに大きな動きがあった。江戸時代初め、禅林で学んだ山崎闇斎《やまざきあんさい》（一六一八〜一六八二）、佐々十竹《さっさじっちく》（一六四〇〜一六九八）などが還俗するが、彼らの還俗は安定した身分を捨て、新しい思想である儒教に身を投じ、儒教倫理によって社会に関わっていこうという《投企《プロジェクト》》であった（1節）。

幕末の還俗は、儒者ではなく志士への転身である。欧米列強による日本の植民地化への危機感が彼らを志士へと駆り立てるが、その好例が伴林光平《ともばやしみつひら》（一八一三〜一八六四）である。彼は初め勤王僧として活躍するが、尊王思想の深まりにより、儒教、仏教もまたキリスト教と同じく異国の教えであるというパラダイムの転換が起こる（2節）。

日本人のキリスト教理解が本地垂迹《ほんじすいじゃく》的思考法の枠内で行われていたことが、ロレンソ了斎《りょうさい》（一五二六〜一五九二）の報告にも記されているが、排耶《はいや》書『対治邪執論』を著した雪窓宗崔《せっそうそうさい》（一五八九〜一六四九）は、キリスト教の教義は仏教の教義の剽窃《ひょうせつ》であると断定した上で、「実有《じつう》の見《けん》」に陥った異端・外道《げどう》であるとして批判している（3節）。

誤解があるとは言え、雪窓の批判は宗教間の対話という面があったが、禁教後は、キリスト教の正しい理解は望むべくもなく、キリスト教は《侵略の先兵》であり、バテレンは怪しげな妖術を使う魔法使いに変化してしまう（4節）。

第九章　《日本》における他者排除のシステム

仏教には禁教政策の核として宗門改の役目が与えられるが、この寺請によって仏教の社会内での地位が確保される一方で、僧侶の堕落への誘い水ともなった。早くに蕃山は寺請制度の問題点を指摘し、蟠桃や中井竹山《なかいちくざん》（一七三〇〜一八〇四）は、寺請に代わる宗門改制度を提案する。日本が開国すると《侵略の先兵》論が現実の問題として復活し、対キリスト教政策における仏教のキリスト教防遏《ぼうあつ》の役割についての批判が起こり、仏教側では龍温《りゅうおん》（一八〇〇〜一八八五）のように仏教の役割を強く主張する論陣が張られるが、それは仏教自らが社会的有用性という議論に陥ってゆくことになった（1節）。

仏教の排耶における有用性を主張する基本テキストとなったのが、月性《げっしょう》（一八一七〜一八五八）の『仏法護国論』である。仏教の存続（護法）と仏教が信仰されている《国家》の存続（護国）とが等号で結びつけられるが、仏教が護国のための一手段となる危険性をはらむ理論であった。

《国家》＝天皇との距離を問題にした光平は、《国家》＝天皇に近接する神道に対し、仏教をそれより外側に位置づけることで神道が仏教に優越するとして、《護法＝護国》の方程式を解体してゆく（2節）。

第十章　歴史と宗教

将軍が天皇から政治を委任されているとする大政委任論は、幕府に力がある時には将軍と天皇の二つの権威の均衡を保つことができるが、幕府の権威が失われると容易に破綻する。このことに早くから気づいていて、新しい社会制度の構築を提案したのが、白石と徂徠の《徳川王朝論》である（1節）。

天皇と儒教との関係を緊密にする泰伯《たいはく》皇祖説を羅山、蕃山は支持するが、白石は儒教的合理主義の立場から否定する。しかし、儒教的合理主義の方法は神話を《歴史》に還元するもので、《神話的知》が失われることに対し宣長は反論を加える（2節）。

谷秦山《たにじんざん》（一六六三〜一七一八）は仏法王法相依《そうい》論の歴史的証明を行う『元亨釈書《げんこうしゃくしょ》』から、皇統の万世一系の言説を見出し、仏書であってもこれを高く評価した。大我《だいが》（一七〇九〜一七八二）は、三教一致論書『三彝訓《さんいくん》』でこの仏教的な万世一系の主張を近世の文脈においてリフレインした（3節）。

Ⅳ　近世的なるものと近代的なるもの

第十一章　庶民の信仰

近世社会では、消費財としての信仰の客体化が進行し、遊興化した社寺参詣が庶民によって積極的に消費された。十返舎一九《じっぺんしゃいっく》（一七六五〜一八三一）や式亭三馬《しきていさんば》（一七七六〜一八二二）の滑稽《こっけい》本にはその姿が生き生きと描かれている（1節）。

庶民の信仰の代表例に妙好人《みょうこうにん》が挙げられることがあるが、現在の妙好人像には近代的なバイアスがかかっており、近世の妙好人は篤信《とくしん》者であるとともに儒教的世俗倫理を両立させる理想的人格として表現されていた（2節）。

その一方で、既成の宗教では救いきれない者のために新宗教が生まれてくる。本門仏立《ぶつりゅう》講、隠し念仏、如来教などに見られる近世の仏教系新宗教の特徴は、現世利益《げんぜりやく》を説きながらも、価値の源泉を来世に求めていた（3節）。

終章　近代への傾斜

尊王思想の代表とも言えるのが水戸学で、国体論や国家神道の形成において大きな影響を近代国家にもたらしたのは国学ではなく、儒教と国学との混合種《ハイブリッド》である水戸学であった（1節）。

維新のイデオロギーとして水戸学と並び称される国学は、明治政府から早々に排除される運命であった。国学がもともと持っていた宗教性は篤胤によって顕在化され復古神道となり、同じく宗教を土俵とすることで仏教とは競合関係になる。この競合意識が廃仏毀釈の培養地の一つとなった（2節）。

慈雲によって提唱されたゴータマ・ブッダの《正法》への回帰は、明治になって仏教研究のインド学への傾斜というかたちで実現するが、宗派を克服して仏教を統一するという理想はいまだ達成されてはいない（3節）。

これより先は近代の問題となるので、別の機会があれば論じてみたい。

さて、それでは案内図を手に多様にして豊穣な江戸思想史の世界に分け入ってゆこう。

＊本書中の引用文の仮名遣いは旧仮名遣いあるいは誤用をふくむ独特の仮名遣いなどすべて出典のままだが、旧字体は新字体に直し、振り仮名は新仮名遣いを付している。なお、引用文中には現代では差別用語とされるものがあるが、その時代の精神を理解するには修正しないそのままの歴史資料を読む必要があるという見地から、原文のまま引用していることをご理解頂きたい。

また、生没年は本書では西暦のみで表し、和暦から西暦への換算を行っている。一例を挙げると、文化元年はグレゴリオ暦で一八〇四年だが、文化元年十二月一日にグレゴリオ暦では年が改まり一八〇五年一月一日となるので、本書では文化元年十二月中に亡くなった人物を一八〇五年没とした。

そのため和年号を西暦と単純に対応させた事典類とは生没年が異なる人物がいるが、それについては繁雑になるため特に注記はしない。

I　交錯する思想たち

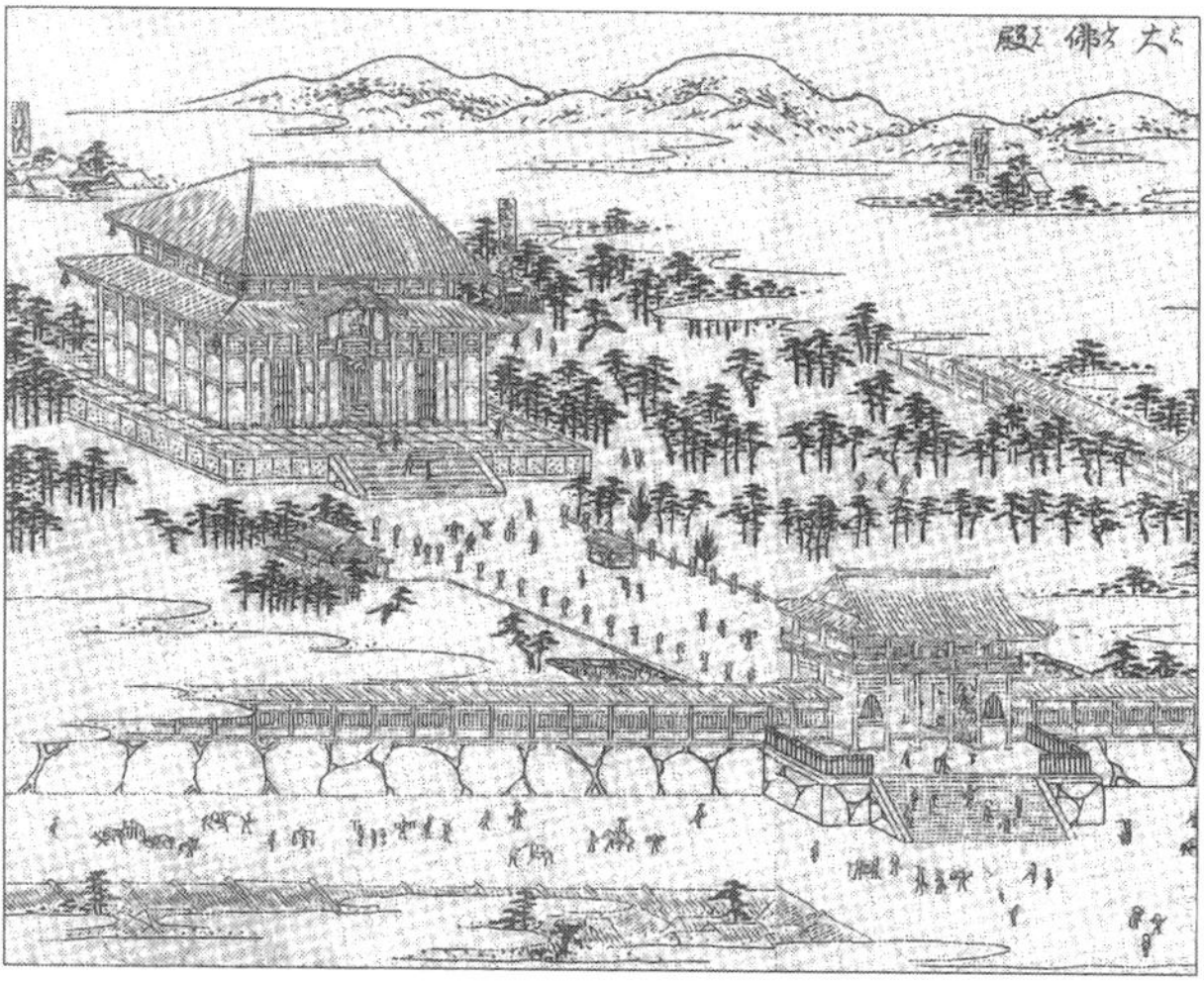

方広寺大仏殿（『都名所図会』巻三）

第一章

幕藩体制と仏教

1 仏教による統治と統治される仏教

†政治と宗教

「日本国憲法」（第二十条および第八十九条）には政教分離の原則が記されている。ＧＨＱの神道指令を経て、戦前の政教一致の国家神道体制の否定として盛り込まれたものだが、この政教分離の原則に宗教そのものに対する偏見が重なり、宗教が政治と関係することに対して、現代の日本とりわけいわゆる知識人などは神経質になっている。宗教に対する偏見については、儒者の排仏論との関係で後に述べることになるが、いまから押さえようと思うのは前者の政教分離についてである。

政教分離の原則は、ヨーロッパでのカソリックとプロテスタントとの文字通りの血みどろの争いの中から生まれた政治思想だが、歴史的に見れば、政教分離である政治体制のほうが特殊で、政治および社会と宗教とは密接な、あるいは不可分な関係にあった。日本においては既存の神祇《じんぎ》祭祀《さいし》に加え、仏教も鎮護国家の宗教として政治の中枢に組み込まれたが、思想的・儀礼的な成熟度の高さから、仏教がむしろ国教の地位を占める状態にあった。高取正男《たかとりまさお》（一九二六～一九八一）が『神道の成立』（一九七九年）で指摘したように、今ある《神道》は仏教との対立・影響関係の中で伝統的な神祇祭祀から再構築されたものである。

近世とそれ以前との違いは、単純化した図式で言えば、政治と仏教との力関係が、ある程度の独立性を保ちながら一体であったという関係から、統治権力の下位にあって管理される関係に変化したというもので、全体的に見れば、政治とかかわっていること自体は一貫していた。

この変化は、ある時期を境に明確に切り替わったものではない。近世を切り開いた織田信長《おだのぶなが》（一五三四～一五八二）・豊臣秀吉《とよとみひでよし》（一五三七～一五九八）・徳川家康《とくがわいえやす》（一五四三～一六一六）らが仏教から次第に政治権力を奪っていったのだが、一方で、従来の鎮護国家的な政治と宗教との関係も維持しつつ、自分たちに都合のいいように改変していったのである。それは武家政権側からの仏教に対する一方的な圧力ではなく、仏教側からもそれに応えることで、両者一体となって形成されていった。

†方広寺大仏と千僧供養会

松永久秀《まつながひさひで》（一五一〇〜一五七七）の焼き討ちによって失われた奈良の東大寺の大仏に代わる《京の大仏》の建立が、豊臣秀吉によって天正十四年（一五八六）頃には計画される。十六年から本格化した大仏の建立は、豊臣家単独の事業ではなく、諸大名の御手伝普請《おてつだいぶしん》による国家プロジェクトとして行われた。文禄四年（一五九五）、方広寺《ほうこうじ》と名づけられることになる大仏殿は完成するが、この年の九月から毎月二十五日あるいは二十九日の命日に「太閤様御先祖」を供養する千僧供養会《せんそうくようえ》が行われるようになり、豊臣家が滅亡する慶長二十年（一六一五）三月まで続けられた。

この千僧供養会に、各宗から百人ずつ僧侶を出仕させることが命じられるが、これが中世と近世とを分ける画期の一つとなった。江戸幕府の寺院統制は本山を頂点に、その下にピラミッド型に末寺が配される本末制度によって行われたが、この本末関係の外枠を決めるのが宗派である。ところが中世以前には、一寺の中に異なる宗派が共存することがまれではなく、むしろ単位は《宗》ではなく《寺》にあった。これを宗単位に変える画期となったのが千僧供養会である。具体的には八宗（真言宗・天台宗・〔真言〕律宗・禅宗・浄土宗・日蓮宗・時宗・一向宗）に命じられるが、ここにもまた時代を区切る画期があった。千僧供養会の八宗は、南都六宗《りくしゅう》（三論・

成実・法相・倶舎・華厳・律）に天台・真言を加えた伝統的な八宗ではなく、鎌倉新仏教を大幅に採用した新儀の八宗であった。いわば豊臣政権によって、鎌倉新仏教が公の《宗》として認証されたかたちである。

†反抗する不受不施派

さらにもう一つ、世間と出世間との対立が表面化し、世俗政権の優位が確定する近世のメルクマールとなる事態が起こる。日蓮宗には他宗の信者からの布施を受けず、他宗の信者に供養を施さない不受不施義《ふじゆふせぎ》という思想があるが、この法義を遵守《じゆんしゆ》し、千僧供養会への出仕に反対する日奥《にちおう》（一五六五～一六三〇）らの一派が登場し、受不施派と不受不施派とに日蓮宗は分裂する。

政権が問題視するのは、後者のほうである。それは言うまでもなく、権力に対する不服従を意味しているからである。多神教であったローマ帝国とキリスト教との間にも同じ緊張関係があったが、キリスト教がローマの国教となることでキリスト教の勝利に終わった。それが古代から中世への変化であるならば、中世から近世へは力のバランスが逆転し、世俗が宗教に対して優位に立つというものであった。権力者が日蓮宗のみに帰依し、その支配下に置かれるという選択肢はない。近世の世俗権力の意志は諸宗派の上にあり、それらすべてに権力を行使することを望み、それを実行した。日奥は対馬へ流罪となり、不受不施派は弾圧を受ける。豊臣政権の方針を継承し、江戸幕府は不受不施派をキリスト教と並んで禁教の対象とした。

†大仏を必要とした豊臣政権

秀吉は仏教諸宗派を自らの権力下に置いたが、《大仏》という宗教施設を必要とし続けたことを見落としてはいけない。木造であった大仏は文禄五年の地震によって倒壊するが、方広寺を廃寺にはせず、今度は善光寺如来像を移座して本尊とする。豊臣政権の安定のためには、宗教の力による《荘厳《そうごん》》（=正当化）が不可欠であり、その中心は大仏であった。秀吉は死後、豊国大明神という《神》として祀られるが、秀吉の遺言では、大仏の鎮守「新八幡《しんはちまん》」として祀るようにされていた。

秀吉の遺子秀頼《ひでより》（一五九三〜一六一五）により、工事中の事故による焼失を乗り越え、大仏の再造が今度は銅造で行われた。その時に鋳造された梵鐘の銘文中の「国家安康」「君臣豊楽」の句に対し、徳川《家康》の諱《いみな》を切り離して貶め、豊臣家が徳川家に優越することを祈る呪詛であるという言いがかりをつけられ、豊臣家滅亡のきっかけとなったのは歴史の皮肉なのか、徳川家康が大仏の存在の意味をよく知っていたせいなのかはわからない。なお、秀頼によって再造された大仏は豊臣家滅亡後も残るが、寛文二年（一六六二）の地震で倒壊した。再び木造で再興されるが、寛政十年（一七九八）、大仏殿への落雷による火災で焼失してしまう。

†寺院法度によって統制

秀吉が模索した世俗権力と宗教との関係は、徳川家康とそれに続く歴代の江戸幕府の将軍によって完成される。

江戸幕府の寺院統制法である「寺院法度《はっと》」は、当初は宗派ごと、その中の本山に相当する寺院ごとに個別に出された。たとえば天台宗の場合では、慶長十三年（一六〇八）に延暦寺に宛てて「比叡山法度」、慶長十八年に川越の喜多院《きたいん》に宛てて「関東天台宗諸法度」が、臨済宗の場合では、元和元年（一六一五）に「五山十刹諸山諸法度」のほかに「大徳寺諸法度」、「妙心寺諸法度」が合わせて出された。多くの法度で条文の中心となったのは、本末制度による寺院の統制と僧侶の身分に関する事柄であった。いずれも宗教界の近世的秩序を確定しようとするものである。それは個々の《寺》から一つの《宗》への移行であり、幕府からだけではなく、各宗派の本山からも求められていた。これらの集大成として「諸宗寺院法度」が出されたのは、寛文五年（一六六五）、四代将軍家綱《いえつな》（一六四一〜一六八〇）の治世になってからである。

「関東天台宗諸法度」八か条の中から条文を挙げてみると、本末体制に関しては、

一、末寺と為《し》て本寺の下知に違背す可《べ》からざる事

とあり、末寺は本寺の命令に従うことが明文化されている。僧侶の身分に関しては、

一、非器の輩は所化《しょけ》に附く可《べ》からざるの事
一、所化衆は法談所の経歴二季を闕《か》く可からざる事

とあり、「所化（修学の僧）」の器量が問われ、二年間の修学が義務づけられている。幕藩体制の一部として統治機構に組み込まれていた寺院の命令系統が滞りなく機能し、それを運営する者としての僧の質の維持は幕府にとっても本山にとっても不可欠であった。

これらの寺院法度の起草に深く関わったのが、「黒衣《こくえ》の宰相《さいしょう》」と呼ばれた以心崇伝《いしんすうでん》（一五六九～一六三三）である。寺院統制の策源地には、官僚と僧とを兼ねる人物がいたのである。

†幕府と天皇が対立した紫衣事件

幕府の統制は、これまで天皇と直接に結びついていた寺院と天皇との間にも及んだ。寛永四年（一六二七）、崇伝や老中土井利勝《どいとしかつ》（一五七三～一六四四）らが、大徳寺・妙心寺の出世入院が「勅許紫衣《しえ》之法度」（慶長十八年（一六一三））や「禁中並公家諸法度《きんちゅうならびにくげしょはっと》」（慶長二十年）に反してい

ることを咎めたのが、紫衣事件の発端であった。

紫衣は本山住職位に就ける高位の僧に許される法衣《ほうえ》で、紫衣着用の勅許は朝廷が有している権限であったが、「勅許紫衣之法度」では、「出世入院」（住持〔住職〕就任）は勅許を得る前に幕府に告知すること、「禁中並公家諸法度」では、紫衣・上人号の安易な勅許の禁止が規定されていた。その僧が紫衣を着用するに足る器量を有しているのか否かを幕府が判断してから、天皇が勅許を与えるようにするという天皇権威の形骸化が法度の趣旨である。

しかし、後水尾《ごみずのお》天皇（一五九六〜一六八〇）はこれを無視した。一つには幕府への対抗心だが、一つには紫衣着用の勅許は事実上の売官制であり、天皇家・公家の収入になっていたという経済的な理由があった。大徳寺・妙心寺側は幕府に対して反論したが、幕府は強硬姿勢を崩さず、反論した者のうち大徳寺の沢庵宗彭《たくあんそうほう》（一五七三〜一六四五）、玉室宗珀《ぎょくしつそうはく》（一五七二〜一六四一）、妙心寺の東源慧等《とうげんえとう》（生没年未詳）、単伝士印《たんでんしいん》（生没年未詳）が流罪となり、幕府の法度による統制が天皇の権威に優越することを示す結果となった。後水尾院は抗議の意味からも譲位する。

沢庵らが抵抗したのは幕府であるとともに、その幕府の宗教政策の中心にいる崇伝に対してであった。大徳寺・妙心寺は在野的位置にある林下《りんか》の寺院として、崇伝の拠る南禅寺などが属する官寺的性格の強い五山十刹《じっさつ》とは対立的な関係にあった。沢庵らは、崇伝が林下を自己の勢力下に置こうとしたことを嗅ぎ取っていたのである。

沢庵らの反論の矛先は、崇伝が起草した「大徳寺法度」が出世入院の条件として三十年の修行と千七百則の公案透過を規定した形式主義に向けられた。これは禅における公案工夫の真意を理解したものとは言えない。崇伝は僧の器量を問うという寺院法度の基本方針に自ら足を取られることになった。

紫衣事件はその後、大御所秀忠《ひでただ》（一五七九〜一六三二）の死による恩赦で沢庵らの流罪が解かれ、三代将軍家光《いえみつ》（一六〇四〜一六五一）の帰依を沢庵が受けることで好転し、寛永十八年（一六四一）に大徳寺・妙心寺の出世入院は旧来通りとすることが認められた。

初期の幕政を支えた僧侶として、崇伝と並び称されるのが南光坊天海《なんこうぼうてんかい》（一五三六〜一六四三）である。崇伝が官僚的技能により、幕府の宗教政策に深くかかわったのに対して、天海は、徳川幕府を宗教的（仏教的）にいかに正当化するかということに深くかかわった。この天海が次なるキーマンとなる。

2　徳川将軍家の仏教的神聖化

†政権の安定と権威

戦いの時代を勝ち残り、安定した政権を打ち立てることを目指した権力者が次に目指すことは、武力に拠らない政権基盤の確保である。武力によって勝ち取った権力は、いずれ武力によって奪われる。そのために武力ではない、権威の力を求めるのだが、徳川家康とその後継者が就いた征夷大将軍という職は、なお武門の長としての権威であって、幕末になって欧米列強の脅威が迫ったとき、《征夷》大将軍が攘夷（＝征夷）を行い得ないことが明らかになり、江戸幕府の権威は失墜する。

武力でない権威、それを提供するのが天皇であった。豊臣秀吉は関白・太政大臣という朝廷の官職を得、「豊臣」という源平藤橘《げんぺいとうきつ》に並ぶ「姓」を創始する。武家の《実》が公家の《名》に一体化することで、天皇の権威を自らのものにしようとした。徳川家康は秀吉の路線を受け継がず、先に述べたように征夷大将軍という言わば実力主義の武官の職に就くが、この征夷大将軍の職とて形式上は、任命権者は天皇である。幕初は武力によって天皇を圧倒していたが、老中松平定信《まつだいらさだのぶ》（一七五八〜一八二九）が寛政の改革を主導した時期にもなると、徳川家は天皇から日本国の政治を一任されているという「大政委任論」が常識となり、天皇権威による幕府権威の補完が行われるようになった。しかし、この思想は諸刃の剣であったため、やはり幕末には徳川家による政治運営がうまく行われておらず、天皇からの負託を果たせていないという議論になり、「大政奉還」という結果を生んだ。

武力、天皇と見てきたが、三番目に挙げるのが宗教による権威である。時代と地域とを問わず、政権の権威の基盤となるものは宗教であった。政教分離の原則に立つアメリカ合衆国ですら、大統領就任式において、聖書の上に手を置いて宣誓を行う。日本において伝統的に天皇は、神道・仏教の二つの宗教によって権威づけられてきた。天皇に代わり実質的な日本の支配者であった近世の武家は、新しい宗教権威を模索する。前に見た豊臣秀吉の大仏に対する執着は、その試行錯誤の表れである。では、徳川家康とその後継者はどういう宗教権威を模索したのか。そこに登場するのが南光坊天海である。

†徳川家康の葬儀をめぐる論争

天海について論じた書籍は、近年でも菅原信海《すがわらしんかい》(一九二五〜二〇一八)や曽根原理《そねはらさとし》などの実証的な研究から通俗的なものまで数多くある。巷間言われるような江戸を四神相応《しじんそうおう》の地に擬す霊的守護を天海が行ったかどうかはわからないが、研究者による地道な研究から、まだ一般には十分によく知られていない《宗教的》守護を天海が徳川家に与えていたことが明らかになってきた。

元和二年(一六一六)四月十七日、駿府城において徳川家康が亡くなり、家康をどのように祀るのかということが幕府中枢で議論となる。すでに先行する例として、豊臣秀吉を祀る豊国《とよくに》神社があった。秀吉は大仏鎮守の「今八幡」として祀られることを希望していたが、朝廷から与えられた神号は「豊国大明神」というものであった。豊国神社の祭祀は吉田《よしだ》兼右《かねみぎ》の子、神龍《しんりゅう》院梵舜《いんぼんしゅん》（一五五三〜一六三二）が吉田神道の祭式によって執り行った。

吉田神道では霊社号を与えるなど、亡くなった人を神として祀る祭式を編み出しており、この時代に亡くなった人を神として祀るには、まず吉田神道に拠るのが自然な流れであった。家康の遺骸もその日の夜半には久能山に移され、十九日には久能山《くのうざん》に建てられた仮殿に遷座している。この際の葬儀を取り仕切ったのが梵舜であった。このまま行けば家康も秀吉と同様に《大明神》となるはずだったが、待ったがかかる。

論争は、吉田神道での葬儀を行った梵舜とではなく、以心崇伝と天海の間で起こる。天海によれば、家康の遺命は「山王一実《さんのういちじつ》神道」で祀られることを望んでおり、今、唯一宗源《そうげん》神道（吉田神道）で祀られているのは誤りであると言う。この論争は、吉田神道によって豊国大明神という神号を与えられた豊臣家はあっけなく滅亡したではないか、藤原氏の祖中臣鎌足《なかとみのかまたり》を祀る多武峯《とうのみね》（現談山《たんざん》神社）の例に倣って祀るべきだという『明良洪範《めいりょうこうはん》』（増誉《ぞうよ》著）巻五に記された有名な主張により、天海の勝利に終わったとされている。家康は山王一実神道により「東照大《とうしょうだい》権現《ごんげん》」という権現号を持ち、本地を薬師如来とする神仏習合の神となる。家康の遺体は日光山に移され、元和三年四月十六日に東照社（宮号宣下は正保二年〔一六四五〕）への正遷宮《しょうせんぐう》が行われる。

元和八年（一六二二）の成立とされる大久保忠教《おおくぼただたか》（一五六〇〜一六三九）の『三河物語《みかわものがたり》』巻下には「東照権現」についての記述があるが、『曾我物語《そがものがたり》』の「八幡大菩薩の事」を下敷きに、「八幡大菩薩」を「東照権現」に置き換える改変を行っている。そのため「（江戸城内の）紅葉山に崇め奉」る「東照権現」の「垂迹三所《すいじやくさんしょ》は、中《ちゅう》（仲）哀《あい》・神功《じんぐう》・応神《おうじん》三皇の玉体なり」という、山王一実神道の教理とは似ても似つかないものになっている。これは、いわゆる武断派に属すとは言え、二千石を領する譜代の名門出身の人間にしても、曖昧な理解しか当初はされなかったことを示している。いまだ教義の整備が求められる状況であった。

†東照大権現と山王一実神道

天海が主張した山王一実神道とは何だろうか。天海以前に存在していた山王神道は、比叡山の地主神である日吉神社の祭神（山王権現）を中心とする天台系の神仏習合神道だが、天海は山王神道を基礎に、新たに異なる神道説を創始した。それが、家康を神として祀る山王一実神道である。山王一実神道とは家康、そして徳川家のための宗教である。徳川家が万世にわたって日本国を統治してゆくための宗教である。

天海が東照宮創建の意義と山王一実神道の教理を書き表した『東照大権現縁起』には、漢字で書かれた「真名《まな》縁起」三巻と仮名書きで挿絵のある「仮名縁起」五巻がある（寛永十二年（一六三五）真名縁起巻上成立。他は寛永十七年に完成）。その中で「真名縁起」巻上は「神道の一軸」とも呼ばれ、最も重要な巻だが、その終わりのほうに、

今、東照大権現正一位と顕じ、剰《あまつさ》へ現世安穏・後生善処の法を覚知す。家門繁昌・氏族永栄なるには、必ず山王神道を守り、他流を交ふべからず。但し、作法は多武峰に準ずべし。子孫繁栄の故なり。

という一節がある。山王一実神道とは、家康を習合神東照大権現として祀り、その神威によって徳川家の「現世安穏」「後生善処」を祈り、「家門繁昌」「氏族永栄」を保証するものであった。この徳川家の繁栄は、藤原氏の繁栄になぞらえられている。

家康を祀る東照宮が、親藩や有力な外様大名の城下町（名古屋・和歌山・水戸の御三家、有力な外様大名の金沢・広島・鳥取など）、徳川家と天海に縁《ゆかり》のある地（寛永寺・三河大樹寺・世良田・川越喜多院など）に鎮座し、八幡宮・天満宮・稲荷のように町や村の鎮守となっていないのは、そもそも町民や農民が自らの生活の安穏と発展のために祀るような神ではないからである。勧請《かんじょう》は徳川家による統治を分担する大名家に主に許された。

山王一実神道は徳川家の繁栄のための宗教であったが、「他流を交ふべからず」という言葉

が示唆するように、天台宗内における習合神道説という限界を超えることはなかった。

†浄土宗における徳川家の神聖化

天台宗のほかに、江戸幕府の宗教的権威の創出に寄与した宗派はなかったのだろうか。たとえば、天台宗の寛永寺と徳川家の菩提寺を二分した増上寺が属する浄土宗にはなかったのだろうか。大桑斉《おおくわひとし》が注目した、様々な名称の写本によって伝えられているが仮に『松平開運録《まつだいらかいうんろく》』系諸本と名づけるようなテキスト群が伝わっている。たとえば『松氏開運記』という刈谷《かりや》中央図書館が所蔵しているテキストを見てみると、まだ家康が松平元康《まつだいらもとやす》と名乗っていた時に、三河の大樹寺の登誉《とうよ》（生没年未詳）が天下取りの予言をする。

弥陀如来より天下を受取る時節を待玉へし。必すはやく天下をとらんと思ふことなかれ。（中略）たとひ其勢い第一ならん人とても劫盗の心なれは、自滅して弥陀如来には天下を君に授たまふへし。

歴史の事実として、豊臣家の衰亡を受けて江戸幕府が成立しているため、この予言は阿弥陀如来が江戸幕府の成立を保証したことになる。さらに登誉は自らが往生した後のことについて

触れ、

我か是の還想回願〔還相廻向《げんそうえこう》か〕の心はおのすから君の治国利民を助くるに足れり。さるにより是世あらんかきりは松平の天下と思定玉ふへし。

と、江戸幕府の「国を治め民を利する」政治を還相廻向によって助け、その結果、徳川家の天下は永遠であることが予言されている。浄土宗においても、江戸幕府を宗教的に権威づけるための言説が生み出されていたのである。しかしこの『松平開運録』系諸本の言説も、山王一実神道と同じ限界を有していた。それは浄土宗内でしか機能しないということである。

†江戸幕府の宗教的権威づけの限界

天台宗、浄土宗ともに内に秘して伝えなかったというわけではなく、東照宮は各地に勧請されているし、『松平開運録』系諸本には『浄宗護国篇《じょうしゅう》』四巻という刊本があるなど、個別の《徳川家の宗教》は江戸幕府の宗教的権威として広められたが、結局のところ、日本人の共通理解となり得る《徳川家の宗教》というものはついに生み出されなかった。

第三番目の宗教による権威づけにおいても、江戸幕府の永続は完全には保証され得なかったのである。それは一つには、江戸幕府が唯一の公認宗教（宗派）というものを置かず、仏教諸宗派の共存を許した結果、宗教的権威の源泉が分散していたのが原因であった。仏教による江戸幕府の権威づけではなく、天台宗による、浄土宗による、某々宗による個別の権威づけにとどまったのである。江戸幕府が個々の《宗》を単位とする仏教統制を行った以上、これは当然の結果であった。

さらに第三番目の別の道、あるいは第四の道と言ったほうがよい、儒教による江戸幕府の正当化の試みについて最後に触れておこう。将軍を名君と称《たた》える定型的なものから、理論を突き詰めた結果、新井《あらい》白石《はくせき》（一六五七～一七二五）、荻生徂徠《おぎゅうそらい》（一六六六～一七二八）などが目指した征夷大将軍を名実ともに日本の主権者とするラディカルなものまで幅がある。白石、徂徠の理想はいわゆる《徳川王朝論》と呼ばれるものだが、天皇と幕府の関係の最終的解消を要求することになるこの道に対して、幕府の中枢にその覚悟はなく、徹底されることはなかった。江戸幕府はその結果、同じく儒教の思想から導き出される大義名分論の前に倒れることになる。徳川王朝論については第十章1節で詳説する。

3　近世仏教と職分論

†《憂き世》から《浮世》へ

近世は世俗化の時代である。世俗化の前提となるのは現世の肯定である。自らが生きるこの世こそが自らの生きる場であり、この世のほかの別の世の存在を否定し、あるいは否定しないまでも別の世の権威を相対化し、そこから自由になること、それが世俗化の精神である。古代・中世語の「憂き世」に対して、近世語「浮（き）世」が生まれたことが時代の変化を象徴している。

その浮世のありさまを活写した浮世草子作家井原西鶴《いはらさいかく》（一六四二〜一六九三）の『西鶴織留《おりどめ》』巻一（「本朝町人鑑」）にある十七世紀後半に早くも始まった蚊帳《かや》製造の工場制手工業の様子を描いた章に、「一人のはたらきにして数百人《すひやく》をはごくむ事、大かたならぬ慈悲ぞかし」という箇所がある。多くの針娘たちに仕事を与える一人の経営者の行為が《慈悲》という言葉で表現されている。また、同書巻六（「世の人心」）には「壱人の心ざしを以て、家内の外何人か身をすぐるよろこび、是にましたるぜんごんなし」と、労働者を雇用して仕事を与えることが《善根》と表現されている。《慈悲》も《善根》も仏教語である。浮世の社会の中にある者の行為が、仏教の徳目によって律せられている。

西鶴の活躍した元禄時代は、新井白石、室鳩巣《むろきゆうそう》、浅見絅斎《あさみけいさい》、伊藤仁斎《いとうじんさい》、荻生徂徠など日本儒教史を代表する儒者が相次いで登場した時代である。いまだ儒教が上層の文化であり、下層にまで達していなかったことを割り引くとしても、その同時代に仏教語によって町人道徳を説いたという西鶴の事例は、単純に世俗主義の儒教と脱俗主義の仏教とは割り切れないことを我々に示している。

仏教の出世間《しゅつせけん》性は仏教の哲学的純粋性を主張する文脈、あるいは原始仏教への回帰を主張する文脈の中で、とりわけ近代になって強調されるようになったものである。むしろ江戸時代には、時代の要請に応じて社会の《浮世》化と対峙し、仏教の社会的有用性を説く仏教者たちが登場した。

†鈴木正三の『万民徳用』

江戸時代における仏教と社会倫理との関係で、現在、一般によく名が挙がるのは鈴木正三《すずきしょうさん》（一五七九〜一六五五）だろう。大東亜戦争末期に鈴木大拙《すずきだいせつ》（一八七〇〜一九六六）が『日本的霊性』（一九四四年）で注目し、戦後、中村元《なかむらはじめ》（一九一二〜一九九九）が『近世日本における批判的精神の一考察』（一九四九年。のち一九六五年に改訂して『近世日本の批判的精神』）を発表したことで、社会思想家としての正三像がほぼ確立した。

しかし、正三を社会思想家という枠組みにのみ収めてしまうのは、正三像を歪めてしまうことなるだろう。織豊期《しょくほうき》から江戸時代前期にかけて生きた文化人の常として、正三は多分にルネッサンス人としての性格を有している。同時代人の林羅山《はやしらざん》(一五八三〜一六五七)に『徒然草』の註釈『野槌《のづち》』があるように、正三の著述も仮名草子、排耶《はいや》書など多岐にわたっている。

徳川秀忠に仕えた三河武士である正三は、関ヶ原の戦、大坂冬の陣・夏の陣を経験するが、元和六年(一六二〇)に出家してしまう。宗門内での出世には関心を払わない一方、教化活動には積極的な関心を向けた。『万民徳用《ばんみんとくよう》』一巻もそのために記された著作である。もとは『武士日用』『三宝徳用』『修行念願』など個別に書かれていたものを、正三歿後に弟子がまとめ寛文元年(一六六一)に出版したものである。

『武士日用』の内容はさらに細かく、士農工商の「四民」に配当するように分けられている。四民は現実の社会の構造とは必ずしも一致しないが、すでに『漢書』「食貨志上」に「士農工商、四民業有り」とあるように、職分論的に社会を説明するうえで便利なツールとして広く浸透していた。先に引用した『西鶴織留』にも「惣じて人間、其家にうまれて道にかしこき事、士農工商にかぎらず、腹の中よりそれにそなはりし家業を、おろかにせまじき事なり」(巻六)とある。正三の思想も、大きくはこの職分論の範囲に含まれる。

仏法修行は諸の業障を滅尽して、一切の苦を去。此心即士農工商の上に用て身心安楽の宝なり。（『三宝徳用』）

「仏法修行」というものが、「士農工商の上に用」いるものであると説くことによって、それぞれの職分の者すべてが社会全体を構成する一員であることが宗教的（仏教的）に保証される。禅においては作務を修行の一つとして重要視するが、しかしそれは僧侶の集団内のことで、正三のように四民それぞれの行為が仏道修行であると説くことは飛躍であった。たとえば『職人日用』では、「何の事業も皆仏行なり。人々の所作の上にをひて、成仏したまふべし」とし、仏道修行を四民に解放している。正三が四民に仏道修行を解放する上で用いた回路が《正直》という徳目である。

仏法も世法も、理を正、義を行て、正直の道を用の外なし。（『武士日用』）

この《正直》の徳が、士農工商それぞれの職分において普遍的に有効であると正三は説いている。正三の職分論は《正直》という心のありように帰結する。

すべての議論を最終的に心の問題、すなわち心学に収斂させてしまうのが仏教の特徴である。仏教の社会思想化といっても具体的な社会改革のプランを生み出すのではなく、それを行う心のありように議論は止まる。先の西鶴の引用で見れば、人々に職を与えるという行為は《慈悲》にかなうが、《慈悲》という徳目から直接に工場制手工業が生み出されるわけではないのだ。

†職分論と《武士》

正三の職分論と比較して興味深いのは、江戸時代の儒者が職分論で行った《侍》を《武士》に読み替える思想的操作である。そもそも中国の概念である《士》は、日本の《侍》とイコールではない。封建貴族的性格を有する古代中国の《士》ならまだしも、近世中国における《士大夫》とは地主・富商層を出自とする読書人であり、科挙官僚のことである。

山鹿素行《やまがそこう》（一六二二〜一六八五）の『山鹿語録』巻二十一「士道」に、次のような一節がある。「天下ノ万民」には必ず「人倫」の道というものがあるが、「農工商ハ其職業ニ暇」がないので「常住相従テ其道ヲ尽スコト」ができない。しかし、「士ハ農工商ノ業ヲサシ置テ此道ヲ専ツトメ、三民ノ間苟《いやし》クモ人倫ヲミダラン輩ヲバ速ニ罰シテ、以テ天下ニ天倫ノ正シキヲ待ツ」という役目がある。ここでいう「人倫」とは、つまり父子の親・君臣の義・夫婦の別・長幼の序・朋友の信の「五倫（五常）」のことである。農・工・商は家業が忙しいため、代わりに《士》が「人倫の道」の実践に努め、乱す者がいればこれを罰する役割を担うというものである。

素行のいわゆる「士道」とは、戦争がなくなり不要になった戦闘者である《侍》を、儒教的に優れた官吏である《士＝武士》に鍛え直す言説である。《武士》になった《侍》には、農・工・商の道徳的指導者としての行動が求められることになる。こうした侍を《士》の鋳型にはめる議論は、「儒道がすなはち士道」（中江藤樹《なかえとうじゅ》『翁問答』）、「義理と中もの一つをば、士の職と定申事にて候」（室鳩巣『明君家訓』）など、いくらでも同様のものを挙げることができる。

そもそも職分論は政治思想の問題であるため、政策としての具体性が求められる。格物・致知から始まり、誠意・正心・修身・斉家・治国・平天下までを一本の筋で結ぶ儒教、とりわけ朱子学以降の新儒教の立場からすれば、心のありようの議論で事足れりとすることは許されない。儒教が仏教を批判するのに仏教の脱俗――出世間性を標的の一つにするのも、その表れである。

†沢庵宗彭の『上中下三字説』

正三は中年から武士を辞めて出家したこともあり、説教の対象として語録には小身から大身まで多くの武士が登場する。弟子の恵中《えちゅう》（一六二八〜一七〇三）がまとめた正三伝『石平《せきへい》道人行業記』には、「越前の太守」に説いたという言葉が記録されている。「一国を主どる者は、寧ろ一国を掌に運《めぐ》らすべくして、之を斂《おさむ》るに、厥《そ》の本慈悲より成る」と、ここにも《慈悲》が出てくる。これに継いで、其の主は父の如く、其の民は子の如し。是を以て心地歴歴然として、明鏡の物を現すが若くなる時んば、賞罰厳正にして、国豊かに、民康き事必然なり。

とあるが、藩政を主導する要諦としては、心のありようがよい結果を導くという心学的な議論にやはりとどまる。

徳川家光、小出吉英《こいでよしふさ》（但馬出石《いずし》藩主）、土岐頼行《ときよりゆき》（出羽上山《かみのやま》藩主）、柳生宗矩《やぎゅうむねのり》（幕府大目付）など将軍、大名といった最上層の武家から帰依されていたのが、正三と同時代人の沢庵宗彭である。そうした沢庵には治道論を問われる場合もあり、『上中下三字説《じょうちゅうげさんじせつ》』という治道論が残されている。初め上山流罪中の寛永六年（一六二九）に『三字説』を土岐頼行のために著し、寛永十九年に小出吉英のために『上中下三字説』という前掲書の解説を著した。

沢庵の言う「上中下」とは、「天ノ陽気」「中和ノ気」「地ノ陰気」の三つの気のことで、それぞれ「大人（天下ノ主）」「明臣」「庶人」に相当し、この三者が上中下の秩序を維持しつつ調和することで国が治まると説くものである。やはり大きくは心学的な議論の範疇だが、上下の仲介者として中の「明臣」の役割に注目しているところに特徴がある。

仁愛フカキ君タリト雖トモ、明臣ノ口ナクンバ、ソノ仁徳ヲアマネクホドコスコトハ、成マジキホドニ、臣ヲ能クヱラミ玉ハン事専用ナリ。

その「明臣」の解説には、「道明ラカニ正直ニシテ依怙《えこ》ヲ思ハズ、上ノ意ヲ下へ通ジ、下ノ心ヲ上へ通ズルヲ、明臣ト云」と、「明臣」の性格を規定するのに、おなじみの《正直》という徳目が出てくる。ただし本書中には、ほとんど仏教語は出てこない。この点からどこまで仏教治道論としてよいかという問題はあるが、江戸時代初期の禅僧の治道論として注目すべきものだと考える。あるいは仏教語がないことに、仏教治道論の限界を見てもよいかもしれない。

家光からは期待されていたものの、沢庵は宿敵以心崇伝のように宗教行政に関わることは避け、家光の相談役という限定的な立場で間接的に政治に関与した。護持院隆光《りゅうこう》（新義真言宗）や祐天《ゆうてん》（浄土宗）など将軍から帰依される僧侶は登場するものの、沢庵以降は、幕府の組織や法制度が整ってくるに従い顧問的性格に留まり、いわゆる黒衣の宰相と呼べるような存在は現れなくなる。

4　近世思想における《聖徳太子》という存在

†「法王」となった厩戸皇子

《聖徳太子》と一般に呼ばれる用明天皇の第二皇子厩戸《うまやど》皇子について、その実在非実在から始まり、業績とされるもの――冠位十二階、十七条憲法、三経義疏《さんぎようぎしよ》――の真偽など、現在でも議論は尽きることがない。

『日本書紀』の敏達《びだつ》天皇五年三月の条に初めて「東宮聖徳」という人物が登場する。この「東宮聖徳」が誰であるかは、その後の用明天皇元年正月の条の「厩戸皇子」に対して「更《また》は名《なづ》けて豊耳聡《〔マヽ〕》聖徳といふ。或いは豊聡耳法大王と名く。或いは法主王と云《まう》す」と付けられた割註により、用明天皇と穴穂部間人《あなほべのはしひと》皇女の間に生まれた皇子ウマヤドがトヨトミミとも言い、彼は《聖徳》であり、また《法大王《のりのおおきみ》》《法主王《のりのうしのおおきみ》》でもあることが明らかにされる。

『上宮《じようぐう》聖徳法王帝説』では「上宮聖徳法王」、また『聖徳太子伝私記』（顕真《けんしん》。十三世紀中頃）が引用する「法起寺三重塔露盤銘」には「上宮太子聖徳皇」という記述があり、早い段階から太子が《法王》として、日本における仏教の外護者、さらには仏教の代表者であることが主張され、認識されていたことがわかる。

この聖徳太子と仏教との関係は、天台智顗《てんだいちぎ》の師南嶽慧思《なんがくえし》の生まれ変わりであるとか、観音菩薩の化身であるなど、太子そのものを信仰の対象とする太子信仰に発展し深化してゆくが、いまは道を急ぎ古代・中世を飛び越え、江戸時代における《聖徳太子》と仏教との関係を取り上げることにする。太子信仰は引き続いて盛んであったが、近世は古代・中世とは異なり、排仏論が盛り上がった時代である。それまでは尊崇や信仰の対象であった聖徳太子が、排仏論の矢面に立たされることになる。そのことによって太子は、政治的言説に絡め取られてゆくことになる。

†偽書『先代旧事本紀大成経』の思想

聖徳太子の業績で、今では完全に偽作と認定されているものに、『先代旧事本紀《くじほんぎ》』および『先代旧事本紀』を元にした『先代旧事本紀大成経《たいせいきょう》』がある。両書はよく混同されるが、別の書物である。『先代旧事本紀』は、推古天皇の命で聖徳太子と蘇我馬子《そがのうまこ》が編纂したとされるもので（序文）、『日本書紀』『古事記』とともに「三部本書」とも呼ばれたが、現在あるものはおそらく平安時代初期に偽作されたものである。多田南嶺《ただなんれい》（一六九八〜一七五〇。『旧事記偽書明証考』）、伊勢貞丈《いせさだたけ》（一七一七〜一七八四。『旧事本紀剝偽《はくぎ》』）ら江戸時代中期の考証家によって偽書説が唱えられ、現在では定説になっている。諸書からの引用によって再構成された『先代旧事本紀』だが、巻五「天孫本紀」と巻十「国造本紀」については引用元がわからないことから、これらについてはかえって資料価値が認められている。

一方、延宝三年（一六七五）に『宗徳経』『神教経』『聖徳太子五憲法』といった一部分が出現し、延宝七年に全容を現した『先代旧事本紀大成経』は、黄檗《おうばく》宗の僧潮音道海《ちょうおんどうかい》（一六二八〜一六九五）と志摩伊《い》雑《ぞう》宮の祠官永野《ながの》采女《うねめ》（一六一六〜一六八七）とが共謀して作った偽書である。天和元年（一六八一）に幕府はこれを禁書とするが、偏無為《へんむい》（依田貞鎮《よださだしず》。一六八一〜一七六四）、大我《だいが》（孤立絶外《こりつぜつがい》。一七〇九〜一七八二）など、この『大成経』を祖述する者は後を絶たなかった。それは太子の権威をもって三教一致を主張するのに格好の書であったからである。

先に世に出た『聖徳太子五憲法』（延宝三年刊本）は、『大成経』の「憲法本紀」に当たり、十七条憲法を敷衍《ふえん》する「通蒙憲法」のほか「政家憲法」「儒士憲法」「釈氏憲法」「神職憲法」から成る。この構成からも本書の意図するところは察せられるが、「通蒙憲法」で十七条憲法に加えられた改変から、偽作者の意図はよりいっそう明白になる。十七条憲法の第二条は「篤く三宝を敬へ。三宝とは仏法僧なり。則ち四生の終帰にして、万国の極宗なり」という有名な言葉から始まるが、これを「通蒙憲法」では、

> 十七に曰く、篤く三法を敬へ。三法とは、儒と仏と神となり。則ち四姓の総《もと》より帰〔する〕ところ、万国の大宗なり。

としている。仏法僧の「三宝」が神儒仏の「三法」に、生物分類である「四生」が、内容から考えて士農工商の四民を意味するであろう「四姓」に変えられている。ここから、神儒仏の三教一致の主張と近世の身分社会への適応とを読み取ることができる。さらに注目すべきは、第二条ではなく最後の第十七条に置かれ、憲法の結論という位置づけが与えられていることである。

†『大成経』の祖述者

浄土宗の大我はこの神儒仏三教一致の思想を祖述し、その著『三彝訓《さんいくん》』（宝暦八年〔一七五八〕刊）に「聖皇の曰く、政は学にあらざれば立たず。学の本は儒釈神なり（下略）」（「憲法本紀」）など、『大成経』からの引用を行っている。この「聖皇」とは聖徳太子のことである。

三教、途を殊にすといへども、その帰、一なり。善を勧め悪を懲して、人心を正しくする所以なり。この故に、三道の学者、鼎《かなえ》のごとく立ちて、各《おのおの》万邦に嚆矢《こうし》して、人をして悪を止め善を修せしめば、則ち以て天下を安んずべし。

「三教」も「三道」も神儒仏のことである。『三彝訓』での大我の主張は、儒教からの仏教の出世間性についての批判に対して、仏教の側からの反論として、仏教も社会的な役割を果たしているというものだが、その特徴は儒教や神道を排除するのではなく、神儒仏の三教一致という共存のかたちを選んでいることである。その根拠となるのが偽書『大成経』であり、その『大成経』を権威づけているのが、聖徳太子という存在なのである。

批判される聖徳太子

『聖徳太子五憲法』とは写し鏡に当たるものに、林羅山《はやしらざん》の「十七条憲章弁《じゅうしちじょうけんしょうべん》」がある。羅山は第二条のみを取り上げ、太子は真の三宝を知らないと批判し、『孟子』尽心下に拠って真の三宝とは「土地・人民・政事」であるとしている。

儒者の聖徳太子批判の戦略は、仏者が賛仰するほど太子が優れた人物ではないと証明することにある。熊沢蕃山《くまざわばんざん》（一六一九〜一六九一）も『三輪《みわ》物語』（巻一）で、「十七ヶ条の憲法を見るに、道理分明ならず、本才のかたにうとくして、定見なし。学問の才はありても、愚なる心の筆法也」と手厳しく批判しているが、儒者の立場から許すことができないのが、崇峻《すしゅん》天皇を弑逆した蘇我馬子と太子が協力して政治を行ったことである。これは君臣道徳上、許されるものではない。羅山も「蘇馬子弁」を著して太子を批判しているが、蕃山は『三輪物語』で、馬子は主君を弑したる悪人也。諸人のにくむ所なれば殺さん事はいとやすし。人々太子にすすめければ、太子云、前世に天王馬子を殺し給ひたるもの故、其むくひにて今又馬子に殺され給へり。我今馬子を殺せば馬子また来世に我を殺す。是を以て伐ずと也。かやうの愚成《なる》人、いかでか初て聖経を解し給はん。（巻一）

と太子を誤った因果応報の思想に囚われた愚人とこきおろし、ついに「日本のかやうに悪しく成たるも、皆上宮太子におこれり」と言い放つ。

太子を批判するのは儒者だけではない。国学者も同じく太子を批判する。本居宣長《もとおりのりなが》（一七三〇～一八〇一）は『玉鉾百首《たまぼこひやくしゅ》』で、やはり崇峻天皇弑逆の一件に触れて「くなたぶれ馬子が罪も罰《きた》めずて賢《さかし》ら人の為《せ》しは何わざ」と詠んでいる。「くなたぶれ」とは「頑狂な」という意味である。「賢ら人」は太子を指している。

宣長死後の弟子平田篤胤《ひらたあつたね》（一七七六～一八四三）になると、太子批判は一層過激さを増す。『出定笑語《しゅつじょうしょうご》』巻下では「聖徳太子は馬子が婿で、夫に仏法を弘めんとなさるる御心より、馬子とかれこれ、示し合されたることのある故でござる」と、太子は弑逆に手をこまねいていたどころではなく、積極的加担者とされている。その理由が仏法を広めるためであったという点に、篤胤の底意は明らかだろう。

さらに篤胤は、十七条憲法もその批判の対象とする。やはり核心は第二条である。羅山が仏教のみで儒教をないがしろにしていることを批判したように、篤胤は国学者として、神道をないがしろにしていることを批判する。

己命《おのれ》は其御子と坐《まし》ながら、其大御神の御定を、御掻乱《かきみだ》しなされて、聊《いささか》も神の御事をば、十七ヶ条にも宣《のたま》はぬは、何と御不埒《ふらち》であるまいか。

太子に対して、日本の政治の根本を「神事」とした天照大御神の「御定《さだめ》」を皇統に繫がる身でありながらないがしろにし、仏教にうつつを抜かしている「御不埒」な人物であるという評価が下されている。

篤胤が批判の足がかりにした太子が皇統に繫がるということが、仏教の護法論の側からすれば重要になってくる。太子は仏教と天皇家とを媒介するのである。

†《聖徳太子》という媒介

神道家矢野《やの》大倉《おおくら》の排仏論に対抗し、文化八年（一八一一）に浄土真宗の僧曇龍《どんりゅう》（一七六九〜一八四一）が著した護法論『垂釣卵《すいきんらん》』には、次のような記述が見える。

吾大東は仏の懸記にあたりて流通ことに盛なるの地なり。（中略）太子たとひその道を闢《ひら》きたまひてより、天下靡然としてこれに従に、上下翁々としてこれに帰し、数千歳の間、一天子としてこれに奉したまはさるはなく、一将軍としてこれを崇めたまはさるはなし。（中略）天照太神もし仏法をいみたまはは必す力を大連（＝物部守屋）に加へて太子を滅したまふへし。然るにかへて大連を滅し太子をしてかたしめ、且つその太子所興の仏法をして天壌とともに無窮ならしめたまへるは何ぞ。（初編巻二）

「大東」とは日本のことである。曇龍によれば、歴代の天皇・将軍が崇敬する仏教というものの日本における始まりにいる存在が聖徳太子なのである。しかも、それが神慮にかなったものであることが、仏教が日本で盛んになったという《歴史的事実》によって証明されるというのが曇龍の主張である。

したがって十七条憲法の第二条の位置づけも、「太子既に太神の御心に称《かなひ》たまはは、その余の帝王臣民の凡そ仏に帰し道を修するもの、亦何そ神慮に称（ママ）はさらん」（初編巻二）と、天照大御神の御心が日本における仏教の盛行と位置づけられた以上、篤く三宝を敬うことは皇統に繋がる者の立場と矛盾しなくなる。さらに、歴史を《再解釈》して新たな意味を見出すことにこり、『大成経』のような偽書による歴史の《創造》を不要にした。このことは、中世的な言説から近世的な言説への変化と軌を一にしている。

聖徳太子が仏教と天皇とを媒介するという考えは、釈宗演《しゃくそうえん》（一八五九〜一九一九）の『筌蹄録《せんていろく》』（明治四十二年〔一九〇九〕刊）に見られるように近代に受け継がれるが、皇統に連なる者としての太子が篤く三宝を敬うという条文を記したことについて、「国恩に報答すると云ふ事は仏教者が深く関係して居る」と述べ、仏教の存在証明の天皇への依存も引き継がれることになった。

第二章

儒教という挑戦者

1 儒者の仏教批判の構造

†《政治の言葉》と仏教

古代・中世が仏教の時代であるのに対して、近世は儒教の時代と認識されている。もちろん時代の大きな潮流として、とりわけ政治に携わる者——江戸時代においては即ち武士——が政道を語るうえで拠って立つ基盤となるものが、江戸時代を経過するなかで仏教から儒教へと移っていったことは間違いないが、すべてが儒教に取って代わられたわけではない。武芸を職能とする武士と禅とは密接な関係があり、参禅によって精神を鍛錬した武士は、たとえば幕末に至っても、井伊直弼《いいなおすけ》や勝海舟《かつかいしゅう》の名を挙げることは簡単で、列挙することにそれほど意味は見出せない。意味があるとすれば、参禅を否定するような言説を残した武士を見出すことのほうだろう。

取って代わられたのは《政治の言葉》である。この点では本来的に政治思想という色彩の濃い儒教に対して、『法華経』『仁王般若経《にんのうはんにゃきょう》』『金光明経《こんこうみょうきょう》』のいわゆる「護国三部経」などの鎮護国家の経典とされるものはあるが、《政治の言葉》を語ることを仏教の本旨と言い切ることは正しい評価とは言えないだろう。

仏教の《政治の言葉》は「般若波羅蜜を講讃せば、七難即ち滅し、七福即ち生じ、万姓安楽にして帝王歓喜せん」（『仁王般若経』受持品）というように、仏法僧の三宝に帰依することで、結果として国家が安泰となるという段階を踏むのに対して、儒教では人倫の外にあるものに期待するのではなく、あくまで人倫の内にあって、政治の当事者として自らが理想の為政者である君子となることが、初めは国王諸侯に、後に新儒学と呼ばれる宋学が登場して以降には、官僚およびその候補者すべてに求められる。江戸幕府が武士の教養として儒教に目を付けるのも、長期的な安定政権を目指すうえでは当然であった。

近世儒教史の始まりに林羅山《はやしらざん》という存在は欠かせないが、往々にして研究者たちの羅山評価は高くない。その多くは近代の基準から羅山を断罪するものである。しかし堀勇雄《ほりいさお》（一九〇九～一九八八）や近年の鈴木健一《すずきけんいち》など、実証的な研究がなされていないわけではない。先学の研究を踏まえ、近世の儒仏関係における羅山の重要性について再検討してみたいと思う。

†儒教という挑戦者

儒教は近世という時代の当初は挑戦者であった。そもそも「儒者」という独立した身分は、江戸時代の初めには日本に存在していなかった。存在していたのは、儒教を家職とする清原氏のような公家でなければ、中国から禅を学ぶうえでの必要性から、中国の知識人と共有する教養としての儒教の知識を備えることになった五山僧であった。室町幕府では五山僧がその学識により、宗教や文化の面だけでなく、諸法度や外交文書の起草などの役割を担った。豊臣秀吉における西笑承兌《さいしょうじょうたい》、徳川家康における三要元佶《さんようげんきつ》、以心崇伝などは、室町幕府における五山僧の役割をそのまま近世政権においても引き継いだものである。

幕府儒官として大きな権威を有することになる林家であっても、その祖羅山の初めの処遇は学問によって仕える者として、五山僧に準じて行われた。慶長十二年(一六〇七)、家康に出仕するに際して又三郎信勝《のぶかつ》(羅山)は剃髪し、道春《どうしゅん》という僧名を名乗ることになる。これに対して、中江藤樹(一六〇八~一六四八)は痛烈な批判をする。それは寛永六年(一六二九)に道春が、「民部卿法印《みんぶきょうほういん》」という高位の僧位に叙せられたのを契機としている。

林道春は記性穎敏《えいびん》にして博物洽聞《こうぶん》なり。而して儒者の道を説き、徒《いたず》らに其の口を飾り、仏氏の法に効《なら》って、妄《みだ》りに其の髪を剃《そ》り、安宅を曠《むな》しうして居らず。正路を舎《す》てて由らず。朱子の所謂《いわゆる》能く言ふの鸚鵡《おうむ》なり。而るに自ら真儒と称するなり。(『林氏剃髪受位弁《りんしていはつじゆいべん》』)

この批判を書いた後の寛永十一年(一六三四)、藤樹は伊予大洲《おおず》藩加藤家を辞し、儒者という新たな身分になる。もちろんそれは自称であり、社会的には浪人である。藤樹は「真儒」になるため藩士の身分を捨て、羅山は幕府に仕えるため、外見は儒者とも僧侶ともつかない得体の知れないものになった。僧形であるため士分ではない。藤樹の処世は潔く、一方の羅山の道は曲学阿世の道だが、儒教を近世社会に認知させるためには通らなければならない道であった。

羅山自身は剃髪(祝髪《しゅくはつ》)について、「然れども祝髪する者の久しく、国俗に随ふ。太伯《たいはく》の断髪、孔子の郷服と何を以て異ならんや」(「叙法印位詩幷序」『羅山林先生詩集』巻三十八)と述べ、呉の泰伯や孔子のような先賢のように土地の風俗に従ったまでだと苦しい弁明をしている。「儒者」が存在しなかったように、「儒教」もまた、初期の幕府では政権のイデオロギーなどではなく、数ある教養の一つとしての儒教という扱いに甘んじなければならなかった。

今夜御いもゐなりければ、御つれづれなりとて、儒臣林道春信勝をめし、四書講説を聞しめたまひ、近臣にも聞せしめらる。(『大猷院殿《たいゆういんでん》〔家光〕御実紀』正保四年〔一六四七〕十月二十四日)

家康の命により、崇伝が起草した武家諸法度（元和令）を改訂した寛永令を家光の命により羅山が起草するなど、幕府の文書担当官として羅山の地位が上がった家光の代になってからの状況ですら、羅山の講釈は「御つれづれ」に聞くようなものであった。

儒者としてはこうした境遇から脱し、儒教の地位を上げなければならない。社会における儒教の有用性を主張する正攻法とともに、仏教批判という搦《から》め手《て》からの攻撃も行われた。日本の近世儒教における初期の排仏論は、先行する中国の排仏論も踏まえながら、儒教の存在を新しく社会に認めさせるものとして積極的に主張される必要があったのだ。

†儒教の仏教批判の基本型

羅山による排仏論には、儒者の仏教批判の基本型が早くも揃って現れている。大きくは①倫理の面、②経世論の面、③国粋主義《ナショナリズム》の面からの批判の三つにまとめることができる。

①の倫理の面とは、仏教の出世間性への批判である。中国の排仏論では出家による家族制度と祖先祭祀の否定、すなわち伝統中国において中華を中華たらしめる倫理である《孝》および社会制度である《礼》への抵触の問題として仏教批判の核心を形成する。中国撰述の偽経『父《ぶ》母恩重経《もおんじゅう》』『盂蘭盆経《うらぼん》』などは、仏教における孝の存在を主張するため作られたものである。

日本でも中国での議論を前提としながらも、儒教の孝と結びつくべき祖先祭祀において、寺院が葬式を独占している寺請制度が存在することや、そもそも儒教の礼そのものが日本には存在していないことから、《人倫》とは何かということをまず明らかにする段階を踏まなければならなかった。

二氏（老子・仏氏）の云ふところの道は、果して虚無にして無、寂滅にして滅なり。（中略）それ道は人倫を教ふるのみ。倫理の外、何ぞ別に道あらんや。彼（老子・仏氏）は、世間を出づと云ひ、方外に遊ぶと云ふ。然れば則ち人倫を捨てて虚無・寂滅を求む。（中略）人倫の教へと曰ふは、父子親有り、君臣義有り、夫婦別有り、兄弟序有り、朋友信有りなり。これを五典と謂ふ。また、これを五達道と謂ふ。古今不易の道なり。

引用した羅山の「釈老」（『羅山林先生文集』巻五十六）には、倫理の面からの批判の典型が表れている。仏教の出世間の教えは、儒教の社会規範である「五倫（五典・五達道）」に反するものとして規定され、批判される。江戸初期において儒者たちが新しい時代の規範として提示したのが、この五倫や五常（仁義礼智信）である。伝・藤原惺窩《ふじわらせいか》『仮名性理《かなせいり》』、松永尺五《まつながせきご》『彝倫抄《いりんしょう》』、中江藤樹『翁問答《おきなもんどう》』など諸書に、五倫五常の徳目の教説を見ることができる。五倫とは、藤樹の言葉を借りれば「世間に五倫にもれたるにんげんは一人もなきもの也」（上巻之本）と、社会的存在としての人間の根本的原理なのである。

②の経世論の面とは、基本的に寄進によって成り立ち、それ自体では非生産的な寺院経営を、国家およびその支出が転嫁される先の庶民に対する負担として、経済の元々の意味である「経世済民」の立場から批判するものである。為政者の立場からは最も受け入れやすい仏教批判で、中国での廃仏として著名な三武一宗の法難の本音は国家財政の再建のためであったし、水戸藩や岡山藩では、江戸初期の寛文年間に寺院整理が行われている。

羅山は「大仏殿」（『羅山林先生文集』巻五十六）で、「大殿・大像は養教の具にあらず。今、養ふべく教ふべきの民を率《ひき》ゐて、これを寒餓し、これを欺惑す」と、豊臣氏が行った京の大仏の造営による庶民の疲弊を批判するが、「浮屠《ふと》（仏教）の世を惑はすの勢、ここに至る」と、仏教にその根本的な原因を求めている。

③の国粋主義《ナショナリズム》の面とは、端的に言えば「華夷《かい》の別」に拠る排外主義である。韓愈《かんゆ》の『論仏骨表《ろんぶっこつひょう》』にその典型を見ることのできる外来思想排除の役割を儒教が担当することになるのは、中国においては自然な配役であるが、日本においては、自らが中国から伝来したものでありながら国粋主義を主張するためには、神道と結びついて神儒一致思想を形成する論理操作が必要であった。

「随筆二」の第十三条（『羅山林先生文集』巻六十六）で羅山は、

嗚呼《ああ》、王道一変して神道に至り、神道一変して道に至る。道は吾が所謂儒道なり。所謂外道《げどう》に非ず。外道は仏道なり。

と述べ、儒教と神道の一致と、そこからの仏教の排除を主張している。羅山の主張した神儒一致の神道説は、『神道伝授』において理当心地《りとうしんち》神道と名付けられているが、実はこの神道から排除されるのは神仏習合神道だけではなく、「卜祝随役《ぼくしゅくずいやく》神道」と名付けられた伝統的な神祇祭祀もまた、神社を管理するための程度の低いものとして排除された。こうした儒教に引き寄せた神道理解は、山崎闇斎《やまざきあんさい》（一六一九～一六八二）の垂加《すいか》神道や水戸学に引き継がれ、近代の国家神道にもその影響は及んでいる。

†儒教の定着

以上、駆け足で見てきた三つの仏教批判の基本型からの発展については、今後も折に触れて述べることになるが、ここで確認しておきたいことは、繰り返しになるが、羅山において基本型がすでに出揃っていたということである。儒者と儒教とを近世社会に位置づけるため、僧形に甘んじた人物の蒔いた種が、その後の近世仏教の運命に大きな影を落としてゆくことになる。

林家の当主が大学頭《だいがくのかみ》の官途《かんと》名を名乗り、蓄髪して士分に列したのは元禄四年(一六九一)のことで、羅山の孫鳳岡《ほうこう》(一六四四〜一七三二)の代になってからである。現在の湯島の地に孔子を祀る聖堂(大成殿)が将軍の命で建立されたのも、この時である。当時の将軍は、自らも儒教の経典の講義を行った五代綱吉《つなよし》であった。これは、儒者という身分が公式に独立したものとなった時期のひとつの目安となるだろう。しかし、聖堂の学問所はいまだ林家の私塾であり、幕府の学校となるには、寛政九年(一七九七)の昌平坂《しょうへいざか》学問所の開校までさらに百年を要した。

長い時間をかけ、しかし着実に《政治の言葉》を担うようになった儒教により、近世社会の再認識が行われる。儒者の仏教に対する姿勢は単純な排仏一辺倒ではなく、社会の構成要素の一つとして仏教の位置を定める方向へも向かう。それは儒教にとって挑戦者からの脱皮を意味した。

2 仏教優位から儒教優位への移行

†生類憐みの令と隆光

五代将軍徳川綱吉（一六四六〜一七〇九）が「犬公方《いぬくぼう》」とあだ名されるゆえんとなった「生類憐みの令」は、綱吉とその生母桂昌院《けいしょういん》（一六二七〜一七〇五）が帰依していた真言宗新義派の僧隆光《りゅうこう》（一六四九〜一七二四）の勧めによるものとされている。しかし、この説の根拠となった『三王外記《さんのうがいき》』は江戸城内の噂話を集めたもので、史料として扱うには注意を要する。また、『隆光僧正日記』にも該当するような記事が見当たらないことから、近年では隆光の関与を否定する説が有力視されているが、「生類憐みの令」は貞享二年（一六八五）から段階を経て徐々に厳罰化された法令の集合であり、全期間を通しての隆光の一切の関与を否定するのも早計である。むろん法令を考え出した主体は綱吉本人以外にはあり得ない。関与と言っても、綱吉の意を受けて隆光が賛嘆するといった程度のものだろう。むしろ、隆光が綱吉に何らかの影響を与えたとすれば、毎月十七日の江戸城内紅葉山《もみじやま》東照宮社参後に、元禄二年（一六八九）以降、隆光によって行われた仏経講義で、密教経典に混じって鎮護国家を説く『仁王般若経』が講じられたことに注目すべきだろう。

隆光が綱吉・桂昌院母子の寵愛を受けた護持僧であったことは明らかな事実で、『三王外記』で語られる噂話があり得る話として受け取られたのもそのためである。元禄元年（一六八八）、隆光は江戸神田橋外に五万坪の土地を与えられ、自らが住職をしている湯島の知足院を移し、同三年、真言宗新義派の祖覚鑁《かくばん》に対する興教大師の諡号《しごう》の宣下《せんげ》を勝ち取り、同八年、加増を受け寺領千五百石となった知足院を護持院に改め、新義派を統括する僧録に命ぜられ、同派としては初の大僧正となっている。また東大寺、室生寺《むろうじ》、長谷寺《はせでら》、根来寺《ねごろじ》など隆光の生国の大和国を中心に寺院の復興に尽力しているが、綱吉・桂昌院母子の一連の寺院復興への支援が幕府の財政に与えた影響は小さくはない。しかし、綱吉が歿すると隆光の運命は一転し、隆光は失脚して大和超昇寺に退隠することになる。

†武家諸法度の改正

綱吉の治世を観ると仏教興隆の時代ととらえることもできるが、一方で儒教が江戸の社会に根付いていった時代であった。会津藩主保科正之《ほしなまさゆき》(一六一一〜一六七二)と山崎闇斎、水戸藩主徳川光圀《みつくに》(一六二八〜一七〇一)と朱舜水《しゅしゅんすい》(一六〇〇〜一六八二)、岡山藩主池田光政《みつまさ》(一六〇九〜一六八二)と熊沢蕃山など、藩政に儒者の意見を取り入れる大名が幕府に先んじて存在していた。むしろ、幕府は儒者の採用という点では、先端をゆく藩からすれば遅れていた。前にも触れたように、僧侶のように剃髪していた幕府儒官林家の三代目当主春常《しゅんじょう》に蓄髪が命じられたのが元禄四年(一六九一)のことである。春常は鳳岡《ほうこう》と名乗り、従五位下に叙せられ、大学頭に任じられる。この時、現在の湯島の地に、上野忍岡《しのぶがおか》にあった林家の孔子廟を移し、大成殿と改称した。合わせて林家の私塾も湯島に移る。また、元禄六年には木下順庵《きのしたじゅんあん》(一六二一〜一六九九)

にも蓄髪が命じられている。幕府は《儒者》という身分をようやく《公許》したのである。綱吉の政治における儒教の存在感は、天和《てんな》三年（一六八三）に出された武家諸法度に窺《うかが》うことができる。武家諸法度は将軍代替わりごとに発令され、綱吉のものは「天和令」と呼ばれる。家綱の寛文令は家光の寛永令の部分改訂にとどまっているので、寛永令と天和令の第一条を比較してみる。

文武弓馬の道専ら相嗜《たしな》むべき事。（寛永令）
文武忠孝を励し、礼義を正すべき事。（天和令）

寛永令では戦闘者としての武士道（「弓馬の道」）が前面に出ているのに対し、天和令ではそれが「忠孝」「礼義」という儒教的な徳目に置き換わっている。天和令に続く家宣《いえのぶ》（一六六二〜一七一二）の宝永令の第一条も「文武の道を修め、人倫を明かにし、風俗を正しくすべき事」と天和令の方針を踏襲し、これが幕政の大綱として引き継がれる。むろん徳川幕府は武家政権であるため、戦闘者としての武士を完全否定することは政権の根底を揺るがすことになる。そこで天和令では第二条の参覲《さんきん》交代に続き、第三条に「人馬兵具等、分限に応じ相嗜むべき事」として規定されている。

また、正月の行事にも儒教の地位の向上が表れている。天和元年（一六八一）には、一月三日に行われていた兵法初めが十八日になり、代わって三日には御読書初めが行われるようになる。御読書初めで読まれたのは、朱子学の基本テキストである「四書」の一つ『大学』であった。ここでも武士道を否定しないながらも、儒教と武士道との地位の交代が観られる。

では武士道と儒教との交代と同様に、仏教と儒教との交代が行われたのか。これは先に見た隆光に対する帰依のように、単純なものではなかった。綱吉はおそらく、仏教中心から仏教・儒教との両輪による宗教・思想政策への転換を考えていたように思われる。

†『観用教戒』の思想——綱吉と儒教

綱吉が元禄十五年（一七〇二）に寵臣柳沢吉保《やなぎさわよしやす》（一六五八〜一七一四）に与えた『観用教戒《かんようきょうかい》』には、次のように記されている。

釈迦孔子の道は、慈悲を専《もっぱ》らにし、仁愛を要《かなめ》とし、善を勧め悪を懲《こら》しめ、真に車の両輪の若《ごと》し。最も恭敬を篤《あつ》くすべきものなり。（『常憲院殿〔綱吉〕御実紀附録』巻中）

続けて綱吉は、仏教と儒教に一方的に拘泥することの弊害を説くが、仏教に対しては、その出世間の教えが君臣や親子といった五倫を乱すことを指摘するのに対して、儒教に関しては、中国文化を背景とする儒教が日本の風俗を乱すこと、具体的には中国と日本とでの肉食に対する禁忌の意識の違いを指摘し、「夷狄《いてき》の風俗」（中国）は「不仁」であるとまで述べている。「儒仏を学ぶものは、其の本を失うべからず」と締めくくり、為政者として仏教、儒教それぞれの得失を観て、政治の本質を見失わないことが述べられている。この一文からも、綱吉がなみの《暗君》ではなかったことがわかる。

しかし、両輪であるはずの仏教の地位が、儒教とくらべて相対的に下がってゆくのは、綱吉の儒教への傾倒とは無縁ではない。綱吉が自ら儒書の講義を行ったことは前にも触れたことだが、元禄四年（一六九一）四月二十一日から月六回と決めて行われた『周易』の御講書は家門、国持、譜代の大名、旗本ばかりでなく、日光門主や諸寺の高僧、碩徳から社人、山伏に至るまで好学の志のある者には聴講を許している。自らが行う儒書の講義を通して、仏教・神道などすべての思想・宗教を国政の統括者として自らの「仁政」の一部として組み込んでゆこうとする綱吉の企図が感じられる。

また、武家諸法度に立ち戻ってみれば、「弓馬の道」と置き換えられたのは「忠孝」という儒教の徳目であって、「慈悲」などの仏教の教えではなかったのである。

執政の人に対し事を議す時、仁を説けば則ち耳に忤《さか》らひ、慈悲を説けば則ち耳に忤らはず。言を択《えら》ばざるべからざるなり。（『土津《はにつ》霊神言行録』巻下）

綱吉の前代の将軍家綱の補佐役であった保科正之のこうした嘆きは、過去のものとなりつつあった。

儒教が為政者の側に受け入れられたのは、《政治の言葉》としての他の思想・宗教に対する優位性であった。たとえば社会秩序を何よりも優先する五倫五常の思想は、社会の安定を求める政治の要請に合致したものであった。綱吉は貞享元年（一六八四）、服忌令《ぶっきりよう》を定めるが、これは喪に服する期間を親疎の別によって規定する儒教の礼の思想と合致するものであった。社会秩序にかかわる様々な決まりごとの総体が儒教の「礼」である。この服忌令制定のために儒者の林鳳岡、人見《ひとみ》友元《ともとも》、木下順庵、神道家の吉川惟足《よしかわこれたり》（一六一六〜一六九五）に調査が命じられたのは当然のことであった。

熊沢蕃山の提言

綱吉の仏教に対する視線は、征夷大将軍として諸思想の上に君臨する冷徹なものであったが、儒教の側に立って一方的な仏教批判を展開すると思われる儒者においても、為政者として冷めた視線を仏教の現状に注ぐものがある。それは儒教の《政治の言葉》を担う儒者に要請されるものであり、自覚されるものであった。たとえば熊沢蕃山の『大学或問《わくもん》』には、具体的な仏教批判がある。

堂寺の多きと、出家の多きとを以て見れば、仏法出来てより已来《このかた》、今の日本のやうなるはなし。仏法を以て見れば破滅の時至れり。出家も少し心あるものは、今の僧は盗賊なりといへり。真実に仏法によりて出家したるものは、万人に百人ならん。其次は其身かたはなるか、士農工商の一人の働きならざる者、是非無く出家したるもの、万人に千人もあらん。其外は皆渡世の為に姦謀をなして、淫欲肉食に飽きたる事在家に勝れり。(下冊)

外見上の仏教の隆盛に対して、仏教の内部崩壊が起こっていることが指摘されている。それは蕃山の分析では、僧侶にふさわしくない資質の人間が僧侶となっていることに起因するが、彼らを領民たちが容易に排斥できない原因は幕府の政策としての寺請制度にあった。彼ら悪僧の不興を買って宗門人別改帳から外されるようなことにでもなれば、帳外の無宿者となり、キリスト教徒であるとの讒訴《ざんそ》でもされれば、生命の危機にすらさらされる。

これに対する蕃山の提言は、実際の政治に携わるものとして現実的である。単なる仏教批判一辺倒ではなく、仏教を社会の中へどう位置づけてゆくかということが問題となる。まず「昔の得度の法を再興して、猥《みだり》に我と出家することを禁じ」（上冊）れば、僧侶の質が向上するとともに、出家者は千分の一に減らすことができる。さらに不適格者は「還俗せしめて、渡世だにあらば、還俗するもの多かるべし。文字達者なるものは在々所々にて小学の役人ともなるべし」（下冊）と、しかるべき職業を与えて不要の僧侶を整理してしまえば、仏教の再興は可能であると主張している。

僧少く作法正しくば、貪《むさぼ》らずして法力を以て日を送るべし。樹下石上・麻衣草座の昔に返り、戒・定・慧の三学全くば、仏法の再興にあらずや。（下冊）

こうした寺請制度の批判は幕府批判とも受け取られかねないものであるため、かなり際どい発言だが、岡山藩主池田光政は蕃山の提言を受け入れ、岡山藩において実際に寺院整理に着手する。一〇四四カ寺、僧侶一九五七人、寺領二〇七七石九斗余あったものが、寛文の寺院整理において四六一カ寺、僧侶一一一〇人、寺領一九三七石余に減らされている。また並行して神社整理も行われ、一一一三〇社のうち六〇一社を存続させ、残りの一〇五二九社は七六カ所ある代官所ごとに寄せ宮を作って合祀している。これには悪僧を追放し、正しい仏教の姿に戻すという社会秩序の維持に加えて、藩財政にかかわる経世論的な目的が加味されている。

†儒教優位の思想体系

しかし、儒者である蕃山としては、むろん仏教の立場から仏法の再興を願っているのではなく、儒教絶対優位の上に立って仏教に対峙しているのである。

夫我道(=儒教)は王道也。王道は大道なり。大道は大路の如し。仏法ごときの小道は、夷《い》中《なか》の小路のごとし。異端の品々は川流の如し。我道は大海のごとし。皆受入て辞せず。何のふせぎ退ると云事かあらん。防ぎ退るは同じ小道のわざなり。(『集義外書』巻七)

仏教はあくまで儒教という「大道」に対する「小道」として位置づけられている。

このような儒教優位で、他の思想をその下位に位置づける体系的な発想は、太宰春台《だざいしゆんだい》(一六八〇~一七四七)においても顕著である。冒頭に見た『三王外記』は「訊洋子」という謎の人物の著作だが、この訊洋子の正体と目されている春台の『弁道書《べんどうしよ》』には、より整理されたかたちで儒教と仏教の関係が神道も交えて述べられている。

近世とそれを受け継ぐ近代日本における仏教のありかたの実際を認識することは、いま見た蕃山や春台のような儒教本位の立場からの儒仏関係を跡づけてゆかないと明らかにすることは難しい。

3 儒教による近世的政教分離

†儒教の普及と展開

四代将軍徳川家綱《とくがわいえつな》以降、文治政治に舵を切った徳川幕府が、庶民教化の役割を仏教のみならず儒教にも期待するようになったことを受けて、儒教的立場の多数の啓蒙書が出版されるようになった。そうした啓蒙書の中でも、山崎闇斎の『大和小学《やまとしょうがく》』（万治三年〔一六六〇〕刊）や貝原《かいばら》益軒《えきけん》の『大和俗訓《ぞっくん》』（宝永五年〔一七〇八〕刊）などが「大和」を冠していることからも察せられるように、漢文ではなく和文で著され、当時の日本の現状に合わせて儒教思想を嚙み砕いて説いたものが現れるようになり、儒教の広範な層への普及を助けることになった。幕府のほうでも八代将軍吉宗《よしむね》が、琉球国を経由して薩摩藩より献上された『六諭《りくゆ》衍義《えんぎ》』――范鋐《はんこう》著。明《みん》の洪《こう》武帝《ぶてい》の発した教訓「六諭」の解説書――の和解《わげ》を室鳩巣《むろきゅうそう》（一六五八〜一七三四）に命じて作らせ、和文の『六諭衍義大意』として享保七年（一七二二）に刊行している。

もう一人、『六諭衍義』の訓読を吉宗から命じられた者がいる。荻生徂徠である。中国の俗語で記された『六諭衍義』の訓読という点では、唐話《とうわ》（中国語）に優れた徂徠のほうが勝っていたが、寺子屋の教科書にも使われて普及したのは鳩巣の『大意』のほうであった。「和解」というのが吉宗の意図にも沿い、社会の需要にも適していた。

鳩巣は吉宗のブレーンであったが、徂徠もまたブレーンの一人であった。鳩巣が朱子学者であったのに対し、徂徠は朱子学から脱し、独自の思想体系である古文辞学《こぶんじがく》を構築していた。仏教・道教との交渉の中で唐に萌芽し、宋時代を通じて儒者たちが試行錯誤し、南宋の朱熹《しゅき》が大成した朱子学という巨大な体系を、徂徠は、朱子学以前の古代の儒教の姿を明らかにする古文辞学という方法を用いることによって、もとの状態へと解体してしまう。

朱子学では、『大学』の格物・致知・誠意・正心・修身・斉家・治国・平天下の八条目を重要視し、自己の修養の延長線上に天下国家の統治者の理想像への到達を想定していた。それが「聖人学んで至るべし」という言葉で象徴されている。一方、徂徠は文物制度を初めて制作した人物（「作者」）を聖人と呼び、特別な存在として他とは区別する。そのため、聖人となる要請から解放された儒者たちの一部は漢学の教養を持った「文人」に生まれ変わり、江戸後期から明治期にかけての漢詩文の隆盛をもたらすが、修養からの解放は一部に自堕落《じだらく》な生きかたをする者も生み出し、批判の的ともなる。

漢詩文をめぐる僧侶と儒者との交流については第五章3節で述べることになるが、今は先を急ぐ。

†荻生徂徠『政談』の思想

近世の文人を生み出した一方で、朱子学がややもすると道徳偏重のため非政治的になるのに対し、徂徠の文物制度の制作に限定された聖人理解は、儒教を制度面、とりわけ政治技術に偏《かたよ》って理解することになった。徂徠やその高弟であった太宰春台などには、幕府や諸藩の運営に対して、政権担当者の人格の修養を求めるのではなく、具体的な対応を事細かに献策した仕事が残されている。儒教と政治技術のバランス次第では、その学脈の先に海保青陵《かいほせいりよう》（一七五五〜一八一七）のような藩経営コンサルタントめいた経世論家を生み出すことになる。

徂徠が吉宗の諮問に答えた『政談』の論点は、上下の経済的困窮の原因として、武士が城下町に暮らす「旅宿の境界」にあること、幕府に「制度」がないことの二点に集約して結びつけられている。個々の具体的事例の分析は鋭いのだが、徂徠の処方箋は、武士土着論と身分制度の再編強化という当時としても保守的（特に前者）なものであった。

その『政談』で仏教のありかたに触れ、近世的政教分離とも言うべき重要な提言をしている。

寺領に代官を置くべきではなく、また寺社門前を寺社奉行ではなく町奉行の支配にするべきだという議論の中で、寺院は領地経営にかかわるべきでない理由として、仏教に統治能力がないことが挙げられている。

殺生戒を第一とし、一大蔵経の内に国を治《おさむ》る道は一向にこれ無く、公の法の咎人をも慈悲の為に命をもらひ、或は構《かまい》これ有る者をもわび言をすること、当時の僧の所作也。土地を持て民を支配するときは、刑罰無ては法の立ぬこと也。(『政談』巻一。「構」は追放刑)

徂徠の言う意味では仏教は、その経典に《政治の言葉》を有していない。領民を統治するため、刑罰を用いることを避けることは現実にはできないが、殺生戒を説く仏教には、その統治能力はない。さらには網野善彦《あみのよしひこ》(一九二八〜二〇〇四)の著作(『無縁・公界《くがい》・楽』など)によって一般に知られるようになった寺社のアジールとしての性格から、領土の一円支配をめざす近世政権と寺社は相対立するものであった。儒者として武家政権の側に立つ徂徠が主張する改正案は、「近村の御料・私領より支配して、年貢計りを其寺に渡すべき事也」という、この近世政権の意志の貫徹に沿うものであった。

ただし徂徠が、ここで寺社を破却せよと言っているのではないことを見落としてはいけない。

あくまで統治機構の下位に組み込まれるのならば、寺院経営の必要経費として年貢徴集の代行をしようというものであった。

凡《およ》そ彼の為す所、治に害有る者は、官皆之を制して、為すを得ざらしめて、復た其の釈迦の道に於て何如なるかを顧みず。(『徂徠集』巻十七「対問」)

これは徂徠の「対問」という文章からの引用である。先に見た『政談』の具体例に対し、これは原則論に当たるものである。統治に不都合のあることがらについては制限を加えるが、「釈迦の道に於て何如なるか」——仏教の教義内容については不問に付すということである。

なぜこうした近世的政教分離の思想が生み出されたかと言えば、徂徠にとって仏教は仏を祀る「鬼神の道」に過ぎず、一方、「天下国家を治むるの道」である儒教は「聖人の道」であり、同一のレベルで語るべきものではない。いわば仏教が《私》なら、儒教は《公》の思想なのである。

†太宰春台『弁道書』の衝撃

こうした徂徠の考え方を弟子の太宰春台が敷衍してまとめたのが問題の書『弁道書』である。

匿名の某公への諫言書《かんげんしょ》という体裁をとる『弁道書』は享保二十年（一七三五）に刊行されるが、三教一致論に異を唱え、儒教と仏教・神道との違いを述べ、多数の反論書——佐々木高成《ささきたかなり》『弁道書』、度会常彰《わたらいつねあきら》『神道明弁』など。平田篤胤の処女作『呵妄書《かもうしょ》』も『弁道書』の反論書——を生み出した。とりわけ「日本には元来道といふこと無く候。近き比《ころ》神道を説く者いかめしく、我国の道とて高妙なる様に申候へ共、皆後世にいひ出したる虚談妄説にて候」といった『弁道書』の神道否定の言説が国学の形成に大きな刺激を与えたことが、これまでの思想史研究では注目されてきた。

国学の基本理論書である本居宣長の『直毘霊《なおびのみたま》』で「道」について触れ、「古の大御世には、道といふ言挙もさらになかりき。（中略）物のことわりあるべきすべ、万の教へごとをしも、何の道くれの道といふことは、異国《あだしくに》のさだなり」とある記述は、『弁道書』の主張を念頭に置いて書かれた皮肉の利いた反論である。

†三教一致論の超克

春台が当時の神道を否定したのは、言うまでもなく、「道」とは「聖人の道」「先王の道」のことであり、本来の「神道は実に聖人の道の中に籠り居」るもので、「今の世に神道と申候は、仏法に儒者の道を加入して建立したる物」という認識によっている。

他方、仏教は「此道を修する者は士農工商の業をなさず」、父子・君臣・夫婦・長幼・朋友の五倫の道からはずれ、「覚者になり候を修行成就の至極」として、「只是一心を明《あきら》むる道」である。そのため、仏教は「天下を治《おさむ》る道にあらず、独身の一心を治る道」である。それに対し、「先王の道（＝儒教）は天下を治る道」であって、同等に論じることができないと春台は説く。儒教の政治思想としての面に力点を置いて構築した理論では、政治技術としての有効性が評価の基準となる。従って、

凡そ天下国家は聖人の道を捨ては一日も治まらず候。天子より庶人まで是を離れては一日も立申さず候。仏法はいかほど向上に広大に説《とき》候ても、畢竟《ひつきよう》一心を治て独身を自在に安楽にするのみの道にて、天下国家を治むる道にあらず。僧はいかほどの学問いかほどの智恵ありても、天下国家の政にあずかることを得ず、却《かえり》て天下の法制を受け士民の末に列する者にて候。

というような、あくまで政治という視点からの社会における地位の序列が説かれ、僧侶は支配する側ではなく、支配される側に属すことになる。しかし、先に徂徠のところでも見たように、儒教は天下国家という《公》を担当し、仏教は個人（「独身」）の《私》を担当するという棲み分けを乱さない限りにおいては、仏教の存在を否定してはいない。

釈氏は国家に預からぬ者にて、僧は古の巫祝《かんなぎ》の類なる者なれば、上の政たゞしき時は国家の害になる事もなく候。日本の神道は又殊に小き道にて、政を妨ることあたはず候。畢竟諸子百家も仏道も神道も、堯舜《ぎょうしゅん》の道を戴かざれば世に立ことあたはず候。

ここでは「堯舜」という古代中国の聖王の道に言い換えているが、「聖人の道」「先王の道」と同じ意味である。この道がピラミッドの頂点であり、かつ全体であって、この道の下位に位置するとともに包含されて、仏教、神道そして諸子百家の雑多な思想が存在する余地を得ると

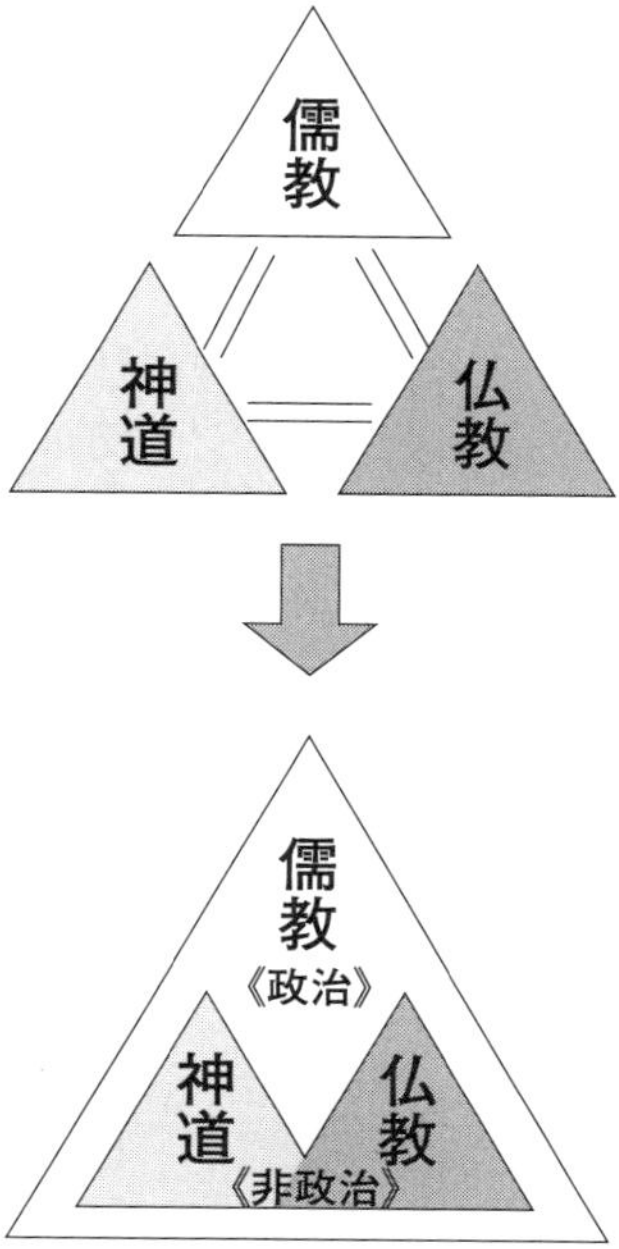

図１　「三教一致」から「近世的政教分離」へ

いうのが、『弁道書』に説かれている階層的棲み分け論である。

仏教側からこれに反論した人物に、摂津国の生國魂《いくにたま》神社の社僧（持宝院・真言宗）であった聖《しょう》応《おう》（?～一七八七）がいる。

太宰が云ごとく、仏法は一心を治め身一ツを安ずるのみならば、如来何ぞ十六大国を経廻りて、種々の方便利益を説、比丘《びく》、比丘尼《びくに》、優婆塞《うばそく》、優婆夷《うばい》等の弟子どもを世話して、身心を労すべけんや。（『胡蝶庵随筆』天明七年〔一七八七〕刊）

ここに引用した聖応の反論は、ブッダの摂化衆生を治国のための行動と見なし、仏教にも《政治の言葉》を語る権利があるとするものだが、まさに春台が『弁道書』で批判の対象とした儒仏二教、あるいは神儒仏の三教の一致を説く護法論の言説のステレオタイプそのものである。

†近世的政教分離の行方

春台の『弁道書』がはらむ問題は、三教一致型の言説を脱し、近世的政教分離の理論を構築している点と、さらに春台の意図とは異なり、「聖人の道」が座っていた地位に他のものを置き換えた近代日本における政教体制の雛形となっていることである。言うまでもなく置き換わるものとは、近代天皇制国家を支える国家神学としての国家神道である。春台が儒教に対して「殊に小き道」で、「政を妨ることとあたはず」と評価したものが、ピラミッドの頂点に君臨することになる。

思想の歴史の複雑さは、その国家神道が説く徳目が忠孝という儒教的徳目に由来していることである。これは神儒一致なのだが主導権は神道側、より正確には尊王思想に移ってゆく。そこで大きな働きをしたのが水戸学である。

この江戸後半期の政治をめぐる《言葉》の流れの中で仏教がどう身を処したのかは、Ⅲでさらに詳しく述べることにしたい。

4　近世仏教の《横》の広がり

†《縦》と《横》

寺院に《戸籍係り》の役目を負わせて領民支配の末端に位置づける寺請制度、それらの寺院を組織し、本山を中心に統制させる本末制度という江戸幕府の宗教政策は、近世の宗教の景色を単色に塗り込めてしまったように見えるが、江戸幕府は基本的には《小さな政府》で、幕府の定めた秩序に抵触さえしなければ、人々の信仰には許容される領域が残されていた。それらが一過性のものならば「流行神（仏）」となり、組織が作られ維持されれば「講」となった。また、講組織のようなまとまりではなく、日常の習俗として定着してゆくものもあった。

近世における《縦》の宗教統制――寺請制度――に対して、ここで取り上げる各種の講、開帳《かいちょう》、廻国行者などの《横》の仏教の広がり、これに対して、肯定的に評価すれば仏教の「民衆化」、否定的なニュアンスを加えると「世俗化」という評価が与えられてきた。前者は政府・教団による統制に対して仏教の《民主主義》を説くもので、後者は信仰の純粋性を求める《原理主義》の立場からの批判で、いずれも近代の視点から自由なわけではない。実際の姿は民衆化とか世俗化とか、近代的なイデオロギーの裁断とは別のところにあるのだろう。

また、「民俗化」という言い方もされる。どちらかと言えば肯定的なこの概念を、民俗学者高取正男はさらに「土着化」と表現したが（『仏教土着』一九七三年）、高取のこの表現は、外来宗教としての仏教という理解を前提として成り立つものとしての「民俗化」がはらむ言葉の底意を透《す》かし出している。本書ではこれ以上、言葉の定義をめぐる詮索はしないが、読者には、「〇〇化」という言葉が帯びてしまうイデオロギー性に注意さえしてもらえれば十分である。

そこで、ここでは「《横》の広がり」という熟していない言葉で、近世仏教の展開を見ていきたいと思う。

†念仏講と参拝講

一向衆や時衆と呼ばれた専修念仏《せんじゅ》の結社は、近世宗教秩序の確立に間に合い、教団として認知されて「宗」になったが、一方で教団の統制とは異なる地縁的な信仰集団である念仏講が各地に存在し、現在でも民俗行事として伝えられている。念仏講は、講中の葬儀に際して行われるものと、日を決めて定期的に行う月並みのものがある。

念仏講は民俗的な仏教行事とそれを行う結社としてもよいだろうが、庚申《こうしん》講や恵比寿《えびす》講となると習合色が強くなる。また、社寺への参拝を目的とした参拝講、あるいは講中で金銭を積み立てて代表者を送り出す代参講の中でも、善光寺講、成田講あるいは伊勢講のような著名な寺社への参拝講のほか、「富士山――信仰の対象と芸術の源泉」の登録名で富士山が自然遺産ではなく、文化遺産として世界遺産に登録されたことで注目を浴びるようになった富士講のような宗教的な独自色の強い参拝講もあり、「講」という括りだけでは《横》の広がりを一様に語ることは難しいのだが、民衆の宗教世界は統制が弱いだけに、個々の要素の組み合わせが無限にあり得る。月並みの念仏講には日待、月待などと組み合わさり、十九夜講、二十三夜講という形態を取る例もある。

そうした中に、参拝講と念仏講を横断した播隆《ばんりゅう》上人（一七八二〜一八四〇）のような宗教者も登場した。播隆は宗派としては浄土宗に属するが、その実態は念仏行者である。美濃国（岐阜県）を中心に、播隆が独自の書体で書いた「播隆名号軸」を掲げる念仏講が現在でも活動しているが、播隆の名を歴史に刻んでいるのは、文政十一年（一八二八）の槍ヶ岳開山《かいざん》である。「開山」とは本尊を山頂に安置するなど宗教登山として整備することで、初登頂自体は文政九年に済ませている。

「一向専修念仏行者」という肩書きで播隆が著した『信州鎗《やりがたけ》嶽畧縁起』（天保五年〔一八三四〕）の結びで、

冀《こいね》がはくは、有縁の道俗衆等、この大業を嘉《よみ》し玉ひて、山頂にのぼり、尊像を拝したまはんことを。登山の人々、現当二世の所願成就せん。更に願くは、此功徳《くどく》をもつて、普《あまね》く法界に施し、諸の衆生と共に、安楽国に往生せんと。

と述べ、念仏と登山とが結びつけられている。槍ヶ岳登拝のために播隆は念仏講を組織したようだが、現在では消滅してしまっている。

†御嶽講と富士講

播隆よりやや先に、二人の中興開山――覚明《かくめい》行者（一七一八～一七八六）が天明五年（一七八五）に黒沢口を、普寛《ふかん》（一七三一～一八〇一）行者が寛政四年（一七九二）に王滝口を開いた木曽御嶽《おんたけ》の場合は、御嶽講が定着し、修験系の信仰が大打撃を受けた明治の神仏分離の波を乗り越え、神道十三派の一つ御嶽教《おんたけきょう》に受け継がれている。覚明以前にも御嶽登拝は行われていたのだが、百日あるいは七十五日の精進潔斎《しょうじんけっさい》が必要とされていた。ところが覚明は、水行だけの軽精進での登拝を既存の宗教勢力の圧力を振り切って強行し、御嶽登拝を庶民に解放した。

これには「民衆化」よりはイデオロギー性を薄めた「大衆化」という言葉を使ったほうがよいのだろうが、信仰に限らず文化の大衆化は近世の特徴である。富士講などは「江戸八百八講、講中八万人」と称されるように、江戸を中心に爆発的に流行したが、これも講という《横》の広がりであって、《縦》の寺請制度とは抵触しないものであった。

たしかに安永四年（一七七五）の町触れ以降、江戸町奉行所から取締令が富士講に対してたびたび出されているが、これらは異装をして騒ぐ輩に対する風俗取締りであって、食行身禄《じきぎょうみろく》（一六七一～一七三三）の『御添書之巻《おそえがきのまき》』に見える社会批判を過度に読み込んだ研究者が期待するような宗教弾圧ではない。

富士講はキリスト教や日蓮宗不受不施《ふじゅふせ》派のような近世の社会秩序への挑戦者などではなく、むしろ身禄が庶民に向かって説く言葉は「めんめんのそなわりたるかしやうく〔家職〕お〔を〕して、はたらき申せば、天と一体のこころに御座候」(『一字《いちじ》不説《ふせつ》の巻』)という四民思想の規範における家職の励行である。これが弟子たちによってまとめられた基本経典『三十一日《さんじゅういちにち》の御《おん》巻《まき》』では、「四民の内、取分て士に取て言はゞ、主君ゑ勤、能寔《まこと》お〔を〕以〔て〕尽〔す〕時は、今日より明日直《ただち》に生れ増《ます》の理分明也。農・工・商は其身に業を懈怠《けたい》なく勤る時は、今日より明日、富貴自在の身に生れ増の利、但生死の約束斗《ばかり》になし」と整理される。そこにあるのは、近世社会に生きる普通の生活者の倫理観である。

†流行仏と出開帳

寛永の頃、江戸に於《お》竹大日《たけだいにち》という「生き仏」が現れる。

元文五年(一七四〇)の於竹大日堂の江戸出開帳に際して刷り出された『於竹大日如来略縁起』によれば、江戸大伝馬町《おおでんま》の佐久間家の下女お竹は「常に仏名を称して慈悲の心深く、かゝる豪富の家に仕へて、聊《いささか》不足なき身にはあれども、仮初《かりそめ》にも五穀を捨ず、我食を減じて乞食、牛馬に施し、厨《くりや》の水盤《ながし》の水落しには、布の袋を絞《くく》り置て、洗ひ流す雑菜といへども、総て徒《いたずら》には」しない、信心深く慈悲と倹約の心を兼ね備えた女性であったが、出羽羽黒山で修行していた武蔵国比企《ひき》郡の行者が羽黒山の玄良坊宣安《せんあん》とともに訪れ、行者が見た大日如来の夢告にあった大日の化身であるとお竹に伝える。お竹は念仏三昧の生活に入り、寛永十五年（一六三八）三月二十一日に大往生を遂げる。

略縁起に記された生き仏誕生の経緯は、羽黒山修験の働きかけがあることを主張している。羽黒山の荒沢寺正善院《こうたくじしょうぜんいん》には於竹大日堂が建てられ、元文五年から最後の嘉永二年（一八四九）まで計四回、江戸で出《で》開張を開き、江戸と羽黒山を結ぶ信仰のネットワークを維持した。

於竹大日の事例は、たびたびの出開帳から都市指向が窺える。出開帳の目的の一つが勧進である以上、大きな収入が見込める都市を指向するのは自然な流れであった。出開張は都市と地方の寺社とを寺檀関係を超えて結びつける。喜多村節信《きたむらときのぶ》（一七八三〜一八五六）の『嬉遊笑覧《きゆうしょうらん》』には、「江戸にて開帳あるに何時にても参詣群聚《ぐんしゅう》するは善光寺の弥陀と清凉寺の釈迦仏また成田の不動などなり」（巻七）と、江戸の人々の人気を集めた寺院の名が挙がっているが、出開帳に群参した人々がこれらの寺社の檀家であったわけではない。信仰心から、あるいは向学心、さらには興味本位まで様々な思いから人々が集まった。

都市あるいは村々と聖地を結ぶネットワークが恒常化されれば、御師《おし》〔おんし〕、先達などの名で呼ばれる巡礼のオルガナイザーによって、非日常であった旅が日常の延長線上に持ち込まれるようになる。安全で整備された《非日常》を享受すること、これもまた近世的な現象である。お伊勢参りでは、古市での「精進落とし」も道中を歩く者にとって大きな楽しみであった。そして巡礼者は日常へと帰ってゆく。

†漂泊の行方

一方、作仏聖《さくぶつひじり》として著名な円空《えんくう》（一六三二〜一六九五）や木喰行道《もくじきぎょうどう》（一七一八〜一八一〇）などの廻国行者は、その身を《非日常》に置いたまま、漂泊それ自体を指向した。

日本順国八宗一見之行想拾大願之内本願として仏を仏師国々因縁有所にこれをほどこす。みな日本千躰之内なり。（木喰行道『四国堂心願鏡』享和二年〔一八〇二〕）

円空は、東日本を中心に北は蝦夷地から南は大和国まで、木喰行道は蝦夷地から薩摩国まで、日本全国に足跡を残している。彼らから見た《横》の広がりは、廻国先で彼らが受け入れられ、仏像を残していったということにある。木喰行道が民藝運動の柳宗悦《やなぎむねよし》（一八八九〜一九六一）に再発見されたのは、木喰が作仏聖として作品を残していたおかげであるが、形あるものを残さない無名の諸国廻国の行者（聖）が日本国中を巡っていた。ただし、組織されない廻国行者の存在は、むしろ中世的なるものの近世における生き残りと捉えたほうがよいのかもしれない。

彼らのような民間宗教者は、寺請制度や本末制度を否定するのではなく、その周縁に居場所を見出している。

同じく中世の漂泊の聖を起源に持ちながら、時宗《じしゅう》の遊行《ゆぎょう》上人の廻国には、慶長十八年（一六一三）、遊行三十四代上人燈外《とうがい》に幕府から伝馬五十匹の朱印状が与えられて以降、歴代の遊行上人に継続して発給される。これは宗祖一遍《いっぺん》の遊行とは異なり、制度として保護された廻国ということを意味する。

保護と管理は表裏一体である。そのため廻国もやがて形式化してゆく。念仏聖の《横》の広がりを出発点にした時宗を《縦》の宗教統制に組み込む近世仏教のありようが、露頭を顕している。しかし、遊行上人が廻国先で多くの参詣者に念仏札の賦算《ふさん》を行い、宗派を厭わず過去帳に戒名を書き記したのは、《横》の広がりがまったく否定されていたのではないことを示している。

もちろん遊行上人は特殊な事例で、一般化することはできないが、幕府の《縦》の宗教統制に対する様々な《横》の広がりの一例と言うことはできる。講、開帳、廻国行者と足早に見てきたが、人々の手に触れた近世仏教の生身の姿が《縦》と《横》の交錯したところに立ち顕れたこと、まずこのことを押さえておきたいと思う。

第三章　国学と文学

1　三教一致思想を語る《場》としての近世小説

†口承メディアと出版メディア

口承メディアが限定された場所、限定された時間で特定の聞き手に情報を伝えるのに対して、出版メディアでは場所・時間は限定されず、情報を受け取る者も不特定である。口承メディアは寺院での説教や塾での講義など、近世においても継続して存在し、もちろん現代においても存在しているが、近世の特徴は、出版メディアが以前の時代に比べ大きく広がったことである。出版メディアによって、より多くの人々が情報を受け取ることができるようになった。意志と資金さえあれば、都市から遠く離れた農村においても本を入手し、それにより情報を得て、独学自習する――文化の裾野は格段に大きくなった。

口承メディアと出版メディアは対立的なものではなく、説教や講義をもとにして本が作られるような相互補完的な関係にある。本になることで、特定の聴衆から不特定の読者へ受容者は大きく広がることになる。たとえば入我亭我入《にゅうがていがにゅう》（曲亭馬琴の説によれば二世並木正三）の演劇随筆『戯財録《けざいろく》』（享和元年〔一八〇一〕成立）では、浄瑠璃作者近松門左衛門《ちかまつもんざえもん》（一六五三〜一七二四）の作品を《読む》ものとして認識している。

元来近松は衆生化度《けど》せんための奥念より書作する故、これまでの草子類とは異り、俗談平話を鍛錬して、愚智蒙昧の者どもに人情を貫き、神儒仏の奥義も残る所なく顕はし、俗文は古今の名人、あつぱれ古今一流の文者といふもさらなり。近松の浄瑠璃本を百冊読む時は、習はずして三教の道に悟りを開き、上一人より下万民に至るまでの人情を貫き、乾坤《けんこん》の間にあらゆること、森羅万象弁《わきま》へざることとなし。

近松に対して手放しの褒めようだが、その評価の基準は人情の機微をうがつものとして、さらに三教一致の教えが記されたものということに置かれている。我々が知っている近松とは違った近松がそこにはいる。

ここで「これまでの草子類《そうし》」として批判しているのは、「仮名草子」から始まると総称される江戸初期の仮名書きの小説群だが、啓蒙教訓的な内容の作品が多く含まれている。『戯財録』には、近松の前身を「肥前唐津近松禅寺小僧古潤」（のち義門）と記している（現在の主流の説は福井藩士杉森信義の子信盛《のぶもり》）。近松の浄瑠璃は僧侶の教化の一手段として、仮名草子の延長線上に認識されているのだ。

浅井了意の『浮世物語』

江戸初期の禅僧鈴木正三《しょうさん》は、『因果物語』『二人比丘尼《ににんびくに》』『念仏草紙』といった仮名草子を著している。むろん庶民に娯楽を提供しようというのではなく、明白に教化のためである。しかしこれらを「仮名草子」に分類するのは現代の視点であって、江戸時代に何度も増補を繰り返しながら出版された出版書総目録である『書籍目録《しょじゃくもくろく》』類のうち、イロハ順ではなく、部類分けの『書籍目録』では、いずれも正三の著作は「仮名和書」ではなく「仮名仏書」という項目に掲載されている。このことで現代の認識が間違っているということを指摘しようと言うのではなく、もともと教訓を目的とする著作には多義性があるということである。著者が正三であり、内容が仏教中心の真面目なものであったから仏書とされたのだろうが、作者が僧侶であっても、内容によっては仏書の扱いを受けないものも出てくる。

『堪忍記《かんにんき》』（教訓）、『東海道名所記』（紀行）、『御伽婢子《おとぎぼうこ》』（怪談）、『むさしあぶみ』（明暦の大火の記録）など多様なジャンルの浮世草子を著した浅井了意《あさいりょうい》（？〜一六九一）などはその一例である。了意は一方で、本性寺《ほんしょうじ》了意という浄土真宗の僧侶であった。別人説もあるが、現在では同一人物とされている。了意の仮名草子は教化の目的から著され、了意の『法華利益《りやく》物語』などは『書籍目録』でも仮名仏書に分類されている。しかし、一般に江戸文学史においては、了意には仮名草子の代表的作家であり、浮世草子への橋渡しをした人物としての地位が与えられている。

了意の仮名草子の代表作『浮世物語』（寛文五年〔一六六五〕頃刊）は、道楽息子の瓢太郎《ひょうたろう》が博奕・傾城《けいせい》狂いで身を持ち崩し、職業を転々とした末、出家して浮世房と名乗り、ある大名の咄衆として仕え、最後には仙人になるという粗筋で、咄衆として仕えるまでは浮世房（瓢太郎）の失敗から教訓を得、後半は浮世房の口から教訓が語られる。

了意が浮世房の姿を借りて語る教訓は、濃厚な三教一致の世界である。巻五の「家を治むる慎《つつしみ》の事」では、家を治めるにはどうしたらよいかと大名から尋ねられた浮世房が、道教経典『太上感応篇《たいじょうかんのうへん》』、宋の儒者胡安国《こあんこく》の言葉などを引きながら、「常には天道に背きて利欲を貪り、一国一郡の主ならば百姓を痛めて非法を行ひ」、「家老《おとな》・出頭《しゅつとう》ならば主君を欺き晦《くら》まし」、「商人《あきうど》ならば人を抜き、惣じてあらぬ外の悪事を致す」ような者たちは、自らの行いによって災いを引き寄せてしまうということを説いている。

これ皆天理に背く故に、災《わざわい》来りて身に蒙《こうむ》る時に当りて、天に祈り神に申て遁《のが》れん事を求むといへども、我身天理に違《たが》ひ、仏神に背き、世に捨てられ、人に疎《うと》まれ果てゝ、かの災を払ふべき所無し。天の作《な》せる孼《わざわい》は猶遁《のが》るべし。自ら作せる孼は遁るべからず。

教訓としては陳腐な教えだが、世俗から抜け出した陳腐ではない教訓というのは世俗倫理としての役目を果たさないため、そのことを問題にするのではなく、ここで注目すべきは神道、儒教、仏教、そして道教や当時流行した天道思想まで、禁制のキリスト教を除くありとあらゆる要素が渾然となっている点である。

仏教の立場からの「揉賽《もみざい》に目を乞ひ、重《ちょう》・迦《か》鳥《う》に絵を念ずる、これを念仏に移すならば、生《いき》ながら光明輝き、弥陀の来迎を拝むべし」（巻一。「揉賽」「（追）重迦鳥」は博奕の一種。「追重迦鳥」は今の「おいちょかぶ」）というような記述もあるが、本書は仏教教訓一色ではなく、しかも一方で浮世房の真面目《しんめんもく》としての滑稽味から、浮世房が大名に初めて会った際に宗旨を問われて「上戸衆《じょうご》」（浄土宗）と答え、所依の経典を問われて「酔狂経」（随求《ずいぐ》経）と答え、いかなる仏の説法かと問われて「酒女来《さかにょらい》」（釈迦如来）と答える（巻三）といった、むしろ仏教を笑いの材料にするような場面も多くある。

こうした三教一致の思想と、それを語る《場》の空気としての滑稽味は、十七世紀の仮名草子から浮世草子を経由し、十八世紀の談義本へと受け継がれる。

†教義問答と三教の優劣

仮名草子が三教一致の思想を基盤にしていると言っても、そこには三教いずれかへの偏向というものが存在する。教義問答のスタイルで構成された朝山意林庵《あさやまいりんあん》（一五八九〜一六六四）の『清水物語』（寛永十五年〔一六三八〕刊）と、著者不詳（清水寺の執行職《しぎょう》である人物）の『祇園物語』（寛永二十一年刊）は一対をなす作品である。『清水物語』は仏教に対する儒教の優位を主張し、『祇園物語』は『清水物語』に対する反駁を護法の立場から行っている。

『清水物語《きよみず》』の排仏論は、「三綱五常の道破れなば、来世によき事ありとも、それまでゆき着かぬさきに罪に落ちぬべし」（下巻）というような、本書ではおなじみの仏教の出世間性への批判である。

これに対する『祇園物語』の反論は、「凡《およそ》仏の出世は、勧善懲悪を以て根本」としていて、「仏法は今生の善悪によりて、未来に善悪の報をうくるとをしへ〔教〕候により、すこしの悪をもおそれ、善にすゝむ事つよし」（下巻）と、今生《こんじょう》だけの勧善懲悪の儒教より三世にわたって説く仏教のほうが優れているという、これまたおなじみの議論である。仏教が出世間性の正当性を主張するのではなく、仏教の教えは世俗倫理を包括するのだという主張が、仏教側からの三教一致論を支える論理となる。おなじみとは書いたが、『祇園物語』は寛永年間という江戸初期の作品で、この『祇園物語』の立場が一つの典型として継承されていったと評価するのが学問的には適当である。

また、如儡子《によらいし》こと斎藤親盛《さいとうちかもり》（?〜一六七四）は『百八町記』（承応四年〈一六五五〉成立）を著し、教義問答のスタイルで仏教の世俗倫理としての有効性を「天下国家太平安穏の守治全盛の法」（巻五）であると説きながら、「漢より以来の、賢人君子明徹の人々、いづれも三教一致の詞あれば、釈迦老子孔子の三法は、一言一句も隔て去《さる》べきにあらず」（巻一）というような典型的な三教一致思想を述べている。

†仮名草子から談義本へ

談義本はその名が表す通り、口承メディアを出版メディアへ定着させたスタイルで、文芸としての生命は語り口にある。増穂最仲《ますほもなか》（似切斎残口《じせつさいざんこう》。一六五五〜一七四二）の神道講釈（「残口八部書」）を先駆として、続いて佚斎樗山《いつさいちよざん》（一六五九〜一七四一）の『田舎荘子《そうじ》』においておよその枠組みが決まり、静観房好阿《じょうかんぼうこうあ》（生没年未詳）の『当世下手《いまようへた》談義』（宝暦二年〈一七五二〉刊）で談義本というジャンルが確立する。『当世下手談義』は、文芸の中心が上方から江戸に移る文運東《とう》漸《ぜん》期の最初期に位置する文字通りの《江戸の小説》である。談義本は教訓書から出発して世相批判という面が肥大化し、やがて江戸戯作《げさく》（洒落本《しゃれ》・滑稽本など）が生み落とされる。

残口の神道講釈では排仏・排儒思想が注目されがちだが、実際には《神道》を主にした三教（既存の神道を含む）の再編が説かれている。ただし残口の《神道》というのは夫婦和合を基軸にしたもので、水戸学的な、あるいは国家神道的な神道観の影響の残る現代の日本人には奇異に映るであろう。

易《えき》の序の卦《か》の伝に曰《いわく》、「天地あつて然《しこうして》後男女あり。男女あつて而《しこうして》夫婦あり」と。其後神も仏も聖人も出給ふ事ぞ。男女の形出来るまでは造化の妙にして、交合の情は人の作業に成れば、人道立ての仏法・神道、老・孔・荘・列なり。然らば夫婦ぞ世の根源と知れたるか。

（『艶道通鑑』正徳五年〔一七一六〕刊。巻一）

残口が談義本に与えた影響は、この特異な神道説ではなく、風流講釈とも呼ばれる軽妙な語り口である。平賀源内《ひらがげんない》（風来山人《ふうらいさんじん》、一七二八〜一七七九）の『風流志道軒伝《ふうりゅうしどうけんでん》』（宝暦十三年〔一七六三〕）などはその嫡流《ちゃくりゅう》とも呼べるもので、残口に倣《なら》って自作を『風来六部集』にまとめている。

†三教のヘゲモニー

潁斎主人《えいさいしゆじん》（生没年未詳）の『当世穴さがし』（明和六年〔一七六九〕刊）にも、神道、儒教、仏教それぞれの立場の人物から、神儒仏三教の現状に対する痛烈な批判が主人公の印籠サイズの小人「豆男」を聞き手にして、軽妙な語り口で語られている。

唐人は儒道、天ぢく人は仏道、日本人は神道があたりまへなれど、日本は儒仏入こんで、めずきしだいに成から、何成《なんなり》とほんとの所を、一いろきはめるがよい。（中略）正法の仏道が渡れば、仏じやとて邪魔にはならぬ。邪法がわたつたから、神道・儒道のじやまになる。然らば、儒道・神道がよいかと思へば、是も取ちがへて、神道は両部となり、儒道は古学のとりちがへと成て、詩文斗《ばかり》にまなこをさらし、行ひはと思へば、親の日もおぼへず、吉原に行たり、ばくち打たり、たわいはなく、これでも孔子の思召にかなをふか。（巻二「さがの釈迦もんどう」。「めづき」は目移り、「親の日」は親の命日）

引用したのは仏教の立場からの神儒仏三教の世相批判だが、語り手を儒教、神道に変えても批判の内容は共通している。「穴さがし」という書名の通り、世相をうがつ筆致は強烈である。

しかし、本書の最後の「万度御はらいの託宣」（巻五）では、「儒者は儒を学《まなん》で、眼から血の出るほど書を読《よむ》が神道と云物。出家は欲情をはなれて仏学を学び、油気のぬける程蛍雪のまどに戒をたもつが出家の神道」と、儒仏は神道に回収され、神道中心に三教の一致が図られている。幕府御家人の鈴木某と推測される穎斎主人によって、儒仏の選択を許容しながらも、「日本人は神道があたりまへ」という記述がなされるところに、国学が市民権を得るようになる江戸時代後期の風潮が反映されている。

三教一致思想は三教を平等に扱うようでいながら、筆者の思想的立場によって神道、儒教、仏教のいずれかを主体とし、三教の一致を図るという構造を有している。時代の傾向は、儒仏の主導権争いに、発言権を増した神道が参入するようになるが、時代の画期となるのは神仏習合を否定する垂加神道、さらにはそれを超えて神儒習合をも否定する国学の登場であった。むろん習合を否定する思想と三教一致思想とが直接に接続するわけではない。習合を否定する思想が作ったのは時代の空気である。それを反映させたのが、人々の実際の語りの場に近いところにある口承メディアと出版メディアとを媒介する談義本という《場》であった。

2　国学と仏教・儒教との弁証法的関係

†古典学と古道学

国学の起源をどこまで遡るのかは、国学の定義にかかわってくることである。広義の国学は国文学の古典研究だが、古典研究をそのまま国学としてしまうと、林羅山が『徒然草』の注釈『野槌』を著し、熊沢蕃山が『源氏物語』の注釈『源氏外伝』を著したことまでを国学が含んでしまい、国学の輪郭はずいぶんとぼやけてしまう。古典研究一般を含め広義の国学を和学と言い換えたりもするが、古典研究の中でも、ある明確な方法論を持ったものが狭義の国学である。この方法論の創始者は、真言僧の契沖《けいちゅう》（一六四〇〜一七〇一）に求められる。

契沖の方法論というのが、仏教や儒教など古典の外部にあって、その古典そのものとは無関係なものによる価値判断を排し、根拠となる文献を挙げて実証的に古典の本意を探るという、今なら当たり前の研究態度だが、中世から近世に受け継がれた古典学がいまだ秘事口伝の世界の中にあった時、契沖の方法論は革新的なものであった。この契沖に始まる国学が賀茂真淵《かものまぶち》（一六九七〜一七六九）を経て、本居宣長に至って完成されたとするのが、「国学の三哲」という学統のとらえ方である。浄土真宗本願寺派の僧であった立綱《りゅうこう》（一七六三〜一八二四）の『三哲小伝』（文政元年〔一八一八〕序）は、この学統観に立って記されている。

一方、世間に流布しているのは「国学の四大人《うし》」の方だろう。平田篤胤の門人大国隆正《おおくにたかまさ》（一七九三〜一八七一）の『学統弁論《がくとうべんろん》』（安政四年〔一八五七〕成立）によって主張されたこの学統観は、国学の祖を伏見稲荷神社の社家荷田春満《かだのあずままろ》（一六六九〜一七三六）に求め、そこから真淵、宣長を経て篤胤に至るものであった。この四人を貫いているのは古典学ではなく、古《こ》道《どう》学である。古典を拠って立つ基盤としながら、力点は、その地盤から立ち顕れる《日本》に回帰するナショナリズムにあった。

契沖（真言宗）、立綱（浄土真宗）など《三哲》の系統では、僧の存在は排除されていない。古典学としての国学は、仏教を排除することはなかった。

たとえば、宣長が松坂（現・松阪）で行っていた嶺松院《れいしょういん》歌会の様子を描いた「鈴屋円居《すずのやまどい》の図」に描かれた八人の門人の一人として、僧衣をまとった戒言《かいごん》（天台宗。?〜一七九一）の姿を見出すことができる。また、活用の研究で国語学研究に業績を残した義門《ぎもん》（一七八六〜一八四三）は、宣長の息子春庭《はるにわ》（一七六三〜一八二八）に学んだ浄土真宗の僧である。義門は手に入れた国語学の知識を、『真宗聖教和語《しょうぎょうわご》説《せつ》』『末代無智御《お》文《ふみ》和語説』などの浄土真宗の宗典研究に応用している。

しかし、いったん国学が古道学としての顔を表すと、既成事実としての仏教・儒教の許容と、理念としての仏教・儒教の批判に分裂することになる。

†万葉的自然人

真淵や宣長にみられる仏教・儒教批判は、もともと日本にはなかった外国の教えであるという表面的な排他主義を通り抜けて、その批判は仏教・儒教の反人情性に突き当たる。いや、むしろベクトルは逆で、真淵や宣長にとっては外国の教えであることよりも、人の心の自然なありように反することのほうが問題の根源であった。それは国学というものが、国文学の古典研究に根ざしているからである。

『万葉集』の研究に精魂を傾けた真淵は、「上《かみ》つ代《よ》には、人の心ひたぶるに、直《なお》くなむありける」(『歌意考《かいこう》』。明和元年〔一七六四〕成立)という人間観に到達した。真淵によれば、古代の人は一途かつ純真であった。そうした古代の人から感情のままに自然と口をついて出た言葉が、おのずからリズムとなったものが「歌」であった。

言佐敏《ことさへ》〔ママ〕ぐから〔唐〕、日の入国人《いるくにびと》の心言葉しもこきまぜに来まじはりつつ、ものさはにのみなりもてゆければ、ここに直かりつる人の心もくま出る風のよこしまにわたり、いふ言の葉

もちまたの塵の乱れゆきて、数しらずくさぐさになむなりにたる。(『歌意考』。「ことさへく」は「から」の枕詞)

この反文明主義の人間観から、真淵は文明主義の側に立つ仏教・儒教を批判することになる。中国(唐)、天竺(日の入国)の教えが伝わると人間の感情は複雑になり、いきおい純真さが失われて邪悪なものとなり、言う言葉もまた複雑なものとなった――『歌意考』はこの後、そのため「歌」は自然なものではなく、技巧に頼る不自然なものになったと続く。『万葉集』を最上の歌集と考える真淵は、「歌」の堕落の始まりに仏教・儒教の伝来を据えている。言わば仏教・儒教は和歌版「知恵の樹の実」であったのだ。「さかしら」な近世風を払拭し、古代の精神を復興するため、「ただ古き書古き歌をとなへて、われもさるかたに読みも書《かき》もせよ」と、『万葉集』を学び、万葉風の「歌」を実作することで、その精神を体得することを真淵は説くが、その「良く貴かりける」古代の精神は、「懸《かけ》まくも恐《かしこ》き吾皇神《すめがみ》の道の一の筋を崇《たふと》むにつけて、千五百代《ちいほよ》も安らに治れるいにしへの心」と、天皇と結びつけられることでナショナリズムと融合する。

言さへぐ国々の上つ代のさまをよく知れる人に向ふにも、直き筋のたがはぬも多かりけり。

(『歌意考』)

しかし、真淵は外国であっても、その国の古代においては日本と同じように純真な心を持っていたとも述べて、単純な排他主義とは一線を画している。問題は自然な心のありようにあった。

†『源氏物語』の本意

宣長は『源氏物語』の研究から、「物《もの》の哀《あわ》れ」論という主情主義的な人間論を描き出す。『源氏物語』と作者の紫式部に対して、仏教からは、紫式部は「不妄語戒《ふもうごかい》」を破ったとして、死後に地獄に堕ちたと非難され、また、儒教からは、たとえば蕃山の『源氏外伝』では、教戒のためにわざと好色な物語を書いたという勧善懲悪的な読み替えが行われる。先に契沖が『源註拾遺』(元禄十一年〔一六九八〕成立)を著し、勧善懲悪的な読み替えを批判するが、この流れの先に宣長の「物の哀れ」論がある。

宣長は、和歌においては必ずしも『万葉集』のみに傾倒せず、伝統的な中世歌学の二条派の和歌を自らの好尚に合うものとしている。そのため真淵と宣長の師弟は、たびたび衝突を引き起こしている。しかし、平安文学の研究から出発した宣長が、郷里松坂に京都遊学から帰ってきて早々に真淵の枕詞《まくらことば》研究『冠辞考《かんじこう》』（宝暦七年〔一七五七〕刊）に出会い、宝暦十三年にいわゆる「松坂の一夜」で直接面会した真淵から『古事記』研究を託され、宣長の大著『古事記伝』が喚び起こされたことは国学史の大きな画期であった。『古事記伝』については後述するとして、今は宣長の『源氏物語』研究に沿って見てゆこう。

宣長は『紫文要領《しぶんようりょう》』（宝暦十三年〔一七六三〕成立）巻上「大意の事」上で『源氏物語』の大意を論じ、『源氏物語』中の「古物語」への言及の分析から「物の哀れ」に迫る。

右のやうに古物語を見て、今に昔をなぞらへ、昔に今をなぞらへて読みならへば、世の有様《ありさま》、人の心ばへを知りて、物の哀れを知るなり。とかく物語を見るは、物の哀れを知るといふが第一なり。物の哀れを知ることは、物の心を知るより出で、物の心を知るは、世の有様を知り、人の情《こころ》に通ずるより出づるなり。されば『源氏の物語』も、右の古物語のたぐひにして、儒仏百家の人の国の書のたぐひにあらざれば、よしなき異国の文によりて論ずべきにあらず。ただ古物語をもて理《ことわ》るべし。（『紫文要領』巻上）

物語は物語として自立した存在であり、物語の仏教・儒教からの独立を宣長は宣言する。その物語の自立の原理が「物の哀れを知る」ということであった。そして『源氏物語』五十四帖とは、「物の哀れを知るといふ一言にて尽き」るものであった。この「物の哀れ」とは何か、長くなるが、厭わず宣長の言葉から直接聞いてみよう。

世の中にありとしある事のさまざまを、目に見るにつけ耳に聞くにつけ、身に触るるにつけて、その万の事を心に味《あじわ》へて、その万の事を心わが心にわきまへ知る、これ、事の心を知るなり、物の心を知るなり、物の哀れを知るなり。その中になほくはしく分けていはば、わきまへ知るところは物の心事の心を知るといふものなり。わきまへ知りて、その品にしたがひて感ずるところが、物の哀れなり。（巻上）

物事の本質をわきまえ知り、その物事に触れた時に、それにふさわしい感情が動くことが「物の哀れを知る」ということである。これを宣長は桜の花で喩えて具体的に説明している。

いみじくめでたき桜の盛りに咲きたるを見て、めでたき花と見るは、物の心を知るなり。めでたき花といふことをわきまへ知りて、さてさてめでたき花かなと思ふが、感ずるなり。これすなはち物の哀れなり。（巻上。傍点筆者）

宣長は歌論書『石上私淑言《いそのかみのささめごと》』の中で同様の「物の哀れ」論を和歌について展開しているが、和歌、そして物語の伝統の中で受け継がれた美意識の分析であり、第一義的には文学研究であって、人間の心の研究ではないことは注意しておかねばならない。そうしないと、これこれこういう時には、これこれこう感じるべきだという心情のファシズムに転化してしまう。『紫文要領』は決して哲学や倫理の書ではないのだ。『古事記伝』もまた『古事記』という閉じた言語空間の中での議論であって、それを不用意に現実に適応することは避けるべきなのだが、宣長の議論そのもの自体の際どさもあり、宣長の弟子たち、そして我々も往々にしてそのことを誤解している。

†物の哀れを知らぬ法師

『源氏物語』から仏教・儒教を排除するのは、宣長にとっては当然のことであった。それは『源氏物語』という閉じた言語空間への外部からの異なる原理の闖入《ちんにゅう》なのである。まして、「心弱く物の哀れを知りては修行することのならぬ道」であり、「物の哀れを知らぬ人になりて行ふ道」である「仏の道」のような、物語の原理である「物の哀れ」に反する思想ならば、なおさらである。肉親の愛情を絶ち、物質的欲望を断って出家することは「人情の忍びがたき」ものので、「物の哀れを知る」こととは対極にある。

しかし宣長の議論は単純ではなく、閉じた言語空間の内部にあって機能するのならば、それは「物の哀れ」と密接にかかわっている。

仏道は物の哀れを棄つる道にして、かへりて物の哀れあること多し。定めなき憂き世の有様を観じ、しかるべき人に後れ〔大事な人に先立たれ〕、身の歎きに当りて、盛りの形を墨染の衣にやつし、世離れたる山水に心を澄ましなど、その方につきて物の哀れ深き事、また多し。

（『紫文要領』巻上）

仏教の教えによって引き起こされる厭世観などの感情の動きが、「物の哀れ」に回収されている。仏教あるいは儒教の教えが起因となって「物の哀れ」が生じることを敷衍してゆくと、そもそも仏教・儒教そのものすら「物の哀れ」に回収されてゆく。

仏の、深く物の哀れを知れる御心より、衆生のこの世の恩愛につながれて生死を離るることあたはざるを、哀れと思すよりのことなれば、しばらくこの世の物の哀れは知らぬ者になりても、実は深く物の哀れを知るなり。儒道も心ばへは同じことなり。さればこれらは常の物の哀れを知らぬ人と一口にはいひがたし。（巻上）

宣長の「物の哀れ」論は、したたかと言うしかない。古典文学の研究に立脚した単純な排仏・排儒の思想ではないことは、師の真淵と軌を一にしているが、外国にも古代にも「直き心」があったという真淵が単眼的であるのに対し、「物の哀れ」に反することが「物の哀れ」を生むという宣長の思想は視線を屈折させ、別の角度から眺める複眼的な思考を持っている。

ただし、国学が古典文学の研究の内部だけで終わることはなかった。「国学の四大人」の学統で見たように、真淵の古代研究が呼び寄せた天皇との結合が、国学を古典文学の研究にとどめておけない地平へと引き出すことになる。国学も近世社会における「教戒」の座を仏教・儒教と争わなければならなくなる。

3 排儒排仏と容儒容仏の共存

†道といふことの論ひ

本居宣長の『直毘霊《なおびのみたま》』（明和八年〔一七七一〕成稿）は単独で取り扱われることが多いのだが、宣長による『古事記』注釈である『古事記伝』の一部であることを見落としてはいけない。全四十四巻ある『古事記伝』の巻一は総論で、「古記典等総論《いにしえぶみどものすべてのさだ》」「書紀の論《あげつら》ひ」「旧事紀といふ書の論」「記題号《ふみのな》の事」「諸本又註釈の事」「文体《かきざま》の事」「仮字《かな》の事」「訓法《よみざま》の事」と続き、最後が「直毘霊」である。このことを忘れることで、宣長の古道論は排他主義的なナショナリズムとして独り歩きを始める。

『古事記伝』収録の「直毘霊」に至る三種類の未定稿の題名のうち、早い二つは「道テフ事ノ論」「道云事之論」で、第三稿で題名が「直霊」に変わる。初期の題名は副題の「此篇《このくだり》は、道といふことの論《あげつら》ひなり」に残るが、この「道」は、『古事記』の中の「道」にかかるのが第一義である。

宣長が言う「道（古道・神の道）」とは、「天地のおのづからなる道」でも「人の作れる道」でもない。前者は老荘思想や朱子学の理気二元論に見られるような先験的に存在する天地自然の道であり、後者は荻生徂徠が唱えた古代の聖人の作為によって作られた人為的な道である。宣長の「道」は、「可畏《かしこ》きや高御産巣日神《たかみむすびの》の御霊《みたま》によりて、神祖《かむろぎ》伊邪那岐大神《いざなぎの》伊邪那美大神《いざなみの》の始めたまひて、天照大御神《あまてらすおおみかみ》の受たまひたもちたまひ、伝へ賜ふ道」である（『直毘霊』）。つまり神によって始まり、神の子孫である天皇へと受け継がれた道である。このことが記されているのが『古事記』である。「其道の意は、此記（古事記）をはじめ、もろもろの古書どもをよく味《あじわ》ひみれば、今もいとよくしらるゝ」と宣長は、『古事記』ならびに他の古典を読むことの意義を示す。しかし、現実は異なり、「道」はよくわからなくなっている。

世々のものしりびとどもの心は、みな禍津《まがつ》日神《びの》にまじこりて、たゞからぶみにのみ惑ひて、思ひとおもひいひといふことは、みな仏《ほとけ》と漢《から》との意《こころ》にして、まことの道のこゝろをば、えさとらずなもある。（『直毘霊』）

世界のありようを善悪の区別なく、神の働きによってすべて説明する宣長の文脈では、根本的な原因は悪神禍津日神の働きだが、具体的に現れる原因は、儒教経典や漢訳仏典などの「からぶみ（漢籍）」によってもたらされた儒教と仏教の知識によるものである。しかし『直毘霊』を注意深く読むと、宣長は儒教や仏教の道に対抗して、ことさらに「道」の復興を主張しているわけではない。

あなかしこ、天皇《おおきみ》の天下しろしめす道を、下が下として、己がわたくしの物とせむことよ、人はみな産巣日《むすびの》神の御霊によりて、生れつるまにまに、身にあるべきかぎりの行《わざ》は、おのづから知てよく為る物にしあれば、（『直毘霊』）

ここでも産巣日神の御霊の働きによるものとされるが、人は生まれたそのままに「道」を知り、行うものであることが説かれている。それができないのは、やはり儒仏によって目が曇らされているからである。

今はた其道といひて、別《こと》に教を受て、おこなふべきわざはありなむや。もししひても求むとならば、きたなきからぶみごゝろを祓ひきわめて、清々しき御国ごゝろもて、古典《ふるきふみ》どもをよく学びてよ、然せば、受行べき道なきことは、おのづから知てむ。其をしるぞ、すなはち神の道をうけおこなふにはありける。（『直毘霊』）

宣長がここで言う「受行べき道」とは、儒仏のことである。古典をよく学ぶことで、儒仏のようなことさらな道は存在の根拠を失うことがわかるとしているが、幕末の尊王攘夷に身を投じた国学者の言説に比べると、ずいぶんとおとなしい排儒排仏の主張である。

それは当然のことで、『古事記』を『古事記伝』を頼りに読むことで、何がわかるのかが記されているのが『直毘霊』であって、「神の道」を社会における具体的な行動、すなわち政治運動のようなものによって復興しようとアジテートしようとするのが目的の著述ではない。排儒排仏の思想ではあっても、その排儒排仏の思想が働くのは、『古事記』という場においてであることが重要なのである。

†儒教・仏教の非存在

『直毘霊』では高らかに排儒排仏を謳《うた》い上げているが、実際に『古事記』を開いてみると、『日本書紀』と比較して、『古事記』には儒教・仏教に関する記事の量がもともと著しく少なく、儒教伝来の記事は『日本書紀』同様にあるものの五経博士の来日の記事はなく、仏教に至っては、『古事記』には仏教伝来の記事すらない。古代における日本の仏教の《教主》である聖徳太子も、『古事記』では用明天皇の御子として名が挙がるだけである。『古事記』の世界において仏教は存在しておらず、『古事記伝』を著すにあたって、宣長は仏教に言及する必要はない。「きたなきからぶみごゝろを祓ひきよめ」るのは、解釈する側の姿勢において求められるもので、解釈される対象（＝『古事記』）そのものに、そもそも希薄なものであった。

儒教・仏教の影響を拭い去った「古道」というものが支配する世界の存在を想定している宣長にとって、『古事記』の世界は理想の世界であったのだ。『古事記』を注釈する行為からは、儒教・仏教はおのずから排除されてゆくことになる。

さらに『古事記伝』の聖徳太子に対する注釈を見ると、宣長の意図的な仏教隠しを読み取ることができる。『古事記伝』四十四之巻「池辺宮《いけのべのみや》巻（用明天皇）」では、「上宮之厩戸豊聡耳《うえのみやのうまやどのとよとみみの》命」という聖徳太子の名前の注釈に言葉が費やされる。むろんそれは、『古事記』本文が「此の天皇（用明天皇）（中略）庶妹間人穴太部王《ままいもはしびとのあなほべのみこ》を娶《みあい》まして、生みませる御子、上宮之厩戸豊聡耳命。次に久米王《くめのみこ》。次に植栗王《えくりのみこ》。次に茨田王《まむたのみこ》」としか記していないことに対応しているのだが、注釈中に仏教に言及する記述は、宣長自身の言葉にはなく、『日本書紀』推古紀からの引用文中に聖徳太子が慧慈《えじ》に仏教を学んだこと、『日本霊異記』からの引用文中に「勝鬘法華等経疏《しょうまんほっけとうのきょうのそ》」を著したことが見えるだけで、引用文を省略しなかったため、仏教に関する記事が紛れ込んでいたとでもいうような扱いである。

宣長の仏教の無視は徹底している。仏教批判ではなく、仏教無視である。『古事記』の世界から仏教はきれいに「祓ひきよめ」られているのである。村岡典嗣《むらおかつねつぐ》（一八八四〜一九四六）が宣長研究の古典的名著『本居宣長』（一九二八年増訂版）で「自ら古言、古俗、古意に対する嘆美となり、崇拝となつたにも拘らず、しかもその態度が、一方にあくまで客観的歴史的で、勉めて原書の客観的意義を明らめてゐる」という『古事記伝』に下した評価は、仏教、そして後で触れる儒教に関しては、宣長のこうした巧妙な回避行動によって保証されていたのである。

『古事記』から離れて、『続日本紀』に収録された宣命《せんみょう》を宣長が注釈した『続紀歴朝詔詞解《しょっきれきちょうしょうしかい》』（寛政十二年〈一八〇〇〉成稿）を見ると、東大寺の盧舎那《るしゃな》大仏の完成に必要な金《きん》が陸奥国で発見されたことを、聖武天皇が東大寺に行幸して感謝し、その際に自らを仏弟子（「三宝の奴《やっこ》と仕へ奉る天皇《すめ》らが命《おおみこと》」）であると述べた、有名な天平二十一年（七四九）四月一日の宣命に対して、宣長は激烈な対応をしている。

　これらの御言は、天神の御子尊の、かけても詔給《のりたま》ふべき御事とはおぼえず。あまりにあさましくかなしくて、読挙《よみあぐ》るも、いとゆゝしく畏《かしこ》ければ、今は訓を闕《かき》ぬ。心あらむ人は、此はじめの八字をば、目をふたぎて過すべくなむ。（巻二。第十二詔）

宣長は、冒頭の八文字に目をふさぐことを読む者に要求するだけでなく、本文の「三宝乃奴止仕奉流」の八文字の訓読を放棄し、「天皇《すめ》羅我《らが》」以下から訓読を行っている。こうなると、もはや宣長の注釈作業を「客観的歴史的」と評するのは難しくなる。

一方、『古事記伝』に戻って儒教について見てみると、応神朝とともに伝来した『論語』と『千字文』について、応神朝に『千字文』が伝来することはあり得ないことを考証し、にもかかわらず『千字文』が記載された理由について委細を尽くして考察しているが、『論語』については『千字文』の考証の前段階で、「論語はさることなれども」（『古事記伝』三十三之巻「明《あきら》宮《のみや》中巻（応神天皇）」）と簡単に触れるだけで、儒教の経典の伝来ということについて掘り下げた言及はその後一切行われない。やはり、儒教もその存在が巧妙に『古事記』の世界から拭い去られているのである。

宣長を排儒排仏論者とするのなら、それは間違ってはいないが、宣長の主戦場はあくまでテキストの上であり、そこで儒教・仏教は徹底して排除されているのである。

†宣長の政道論

宣長が現実と交錯した時、宣長の言説はどのようなものになるのだろうか。宣長が世界のありようを神の働きに帰していることは先に述べたが、天明七年（一七八七）、紀州藩主徳川治貞《はるさだ》（一七二八〜一七八九）に呈上した『玉くしげ別巻』（のちに『玉くしげ』と改名して寛政元年〔一七八九〕刊行）には、次のような言葉がある。

世中のありさまのうつりゆくも、皆神の御所為《しわざ》なるからは、人力の及ばざるところなれば、其中によろしからぬ事のあればとても、俄《にわか》に改め直すことのなりがたきすぢも多し。然るを古の道によるとして、上の政《まつりごと》も下々の行ひも、強《しい》て上古のごとくに、これを立直《たてなお》さんとするときは、神の当時の御はからひに逆ひて、返て道の旨にかなひがたし。されば今の世の国政は、又今の世の模様に従ひて、今の上の御掟にそむかず、有来りたるまゝの形を頽《くず》さず、跡を守りて執行ひたまふが、即まことの道の趣にして、とりも直さずこれ、かの上古の神随《かむながら》治め給ひし旨にあたるなり。

引用文中の「神の当時の御はからひ」とは、今現在における神の意志という意味であるので、この箇所全体を通して述べられていることは次の通りである。今の社会とは神の意志でそうなっているので、人間の賢《さか》しらな考えで急激に改変することは、復古であったとしても神の意志に逆らうことである。復古は理想であるが、現実の社会の変化の潮流には逆らわないという現状肯定の思想にほかならない。したがってその理論の赴くところ、現実に存在している以上は、徳川幕府が定めた檀家制度もこれを受け入れることになる。

門人から寄せられた質問に答えた『鈴屋答問録《すずのやとうもんろく》』では、「さて何事も神のしわざにて、世中にわろき事共のあるも、みな悪神のしわざに候へば」と、この世界の善悪すべてを神の働きとする自らの主張に従い、儒教、仏教、老荘思想の存在も悪神の働きに起因するとされる。

儒仏老などと申す道の出来たるも神のしわざ、天下の人心それにまよひ候も又神のしわざに候。然れば善悪邪正の異こそ候へ、儒も仏も老も、みなひろくいへば、其時々の神道也。

（十三）

悪神であっても人知を超えた神妙なる神の働きの一環であるため、儒仏老の存在の肯定は、すべて「時々の神道」として神の働きに包摂されるという理論によって可能となる。儒も仏も老も神の働きならば、「儒を以て治めざれば治まりがたき事あらば、儒を以て治むべく、仏にあらではかなはぬ事あらば、仏を以て治むべし」ということが許容され、復古にこだわることは「人の力を以て神の力に勝んとする物」であると批判される。

宣長においては「神の御はからひ」を媒介として、テキストの上での徹底した排儒排仏と、現実の上での復古すら批判するような徹底した容儒容仏とが矛盾なく結びつくことが可能なのだろうが、これは宣長のような特異な個性において《耐えられる》思想であり、多くの国学者にとっては、古典研究から染み出した排儒排仏が現実の世界へと浸潤してゆくことを押し留めることは、理解しがたいことであっただろう。

Ⅱ 復古から生まれた革新

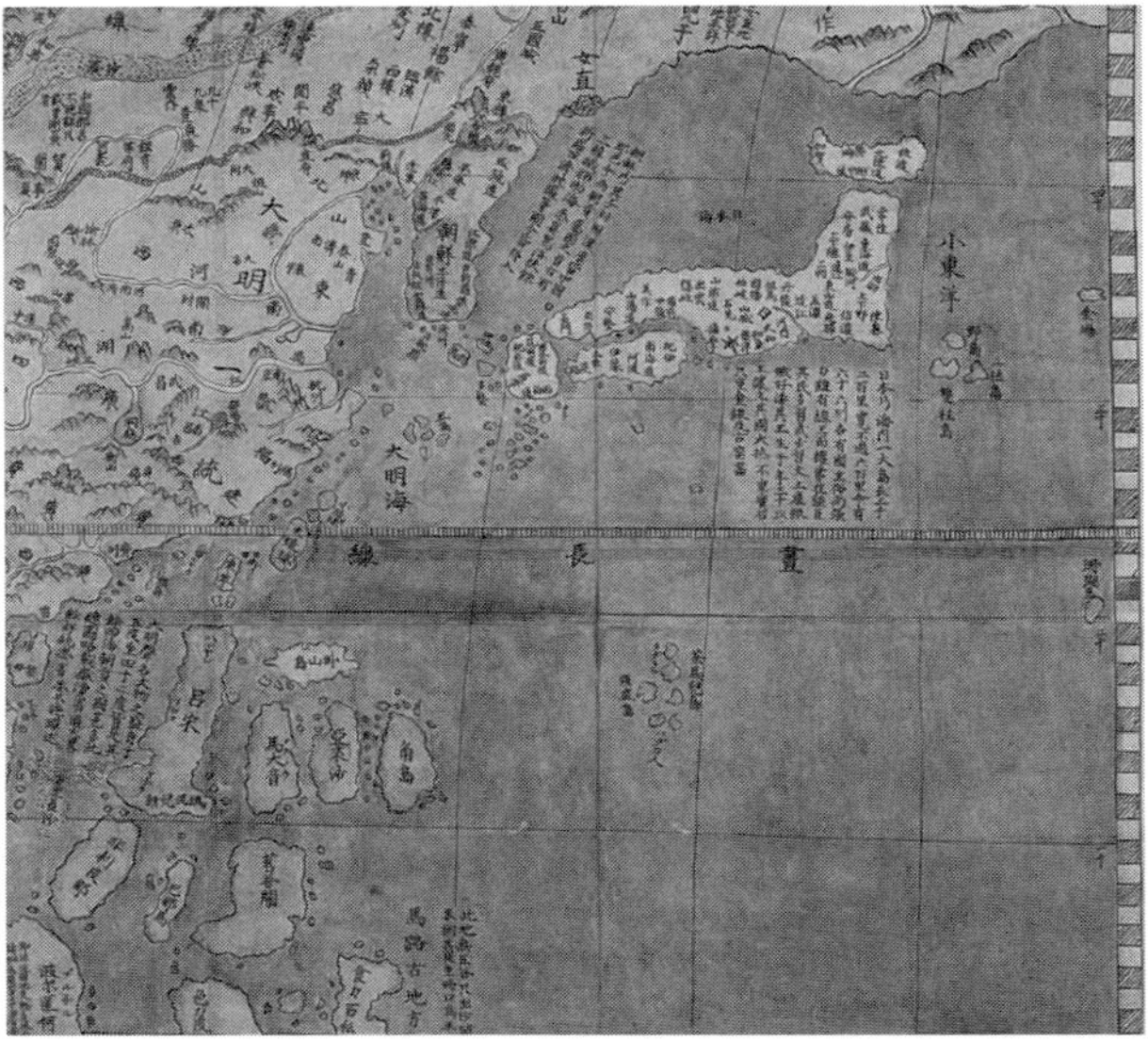

利瑪竇『坤輿万国全図』の日本で作られた彩色写本（部分、東北大学附属図書館蔵）

第四章　天竺像の変容

1　《古伝》の探究と三国世界観の変容

†平田篤胤の方法論

平田篤胤の『古史成文《こしせいぶん》』三巻、『古史徴《こしちょう》』四巻、『古史伝《こしでん》』三十七巻を目の前にしたとき、師の死には間に合わなかった篤胤が夢中に対面して入門を許可されたとまで主張した師・本居宣長との間に見逃すことのできない断絶を認めざるを得ない。宣長がテキストの上に古代の姿を見ようとしていたのに対して、篤胤はテキストの背後に古代の姿を見ようとしていた。

宣長の『古事記伝』が『古事記』の注釈であるのに対して、宣長の『古事記伝』に当たる篤胤の『古史伝』は、『祝詞《のりと》』『日本書紀』『古事記』『古語拾遺』『新撰姓氏録《しょうじろく》』『出雲風土記』それして『古事記伝』などから『古史成文』という「古史」を再構成し、それに注釈を加えるという形式をとっている。この篤胤による再構成が独断によるものではなく、学的手続きを経た上で諸テキストの取捨選択が行われたことを主張するのが『古史徴』である。
たしかに『古史徴』からは篤胤の古典学者としての知識の幅広さ、感覚の鋭さをうかがうことができるが、そもそも伝存する諸テキストの背後に《真の》一つの「古史」が存在するという発想自体が、篤胤を古典学者の範疇から大きく踏み出させている。

篤胤は、何事も神代の伝へと、事実とに徴考《あかしかんが》へて、理の灼然《しるき》ことは、えしも黙止《もだ》さず、考への及ばむかぎりは、いはむとするなり。然るを、それ悪しとて、いはじとのみするは、道に心の厚からぬ人か、然らぬは、理りを尋ていふべき智力《さとり》なき人なるべし。(『霊の真柱』下巻)

『古史』三部作と『霊《たま》の真柱《みはしら》』(文化十年〔一八一三〕刊)との関係は、『霊の真柱』の説が「暁りがたくは、古史伝の出るを待て見るべし」という、要説と長大な本文という関係にあるが、『霊の真柱』で師宣長の死生の認識を批判し、自己の幽冥論を主張する箇所から引用したこの文には、篤胤の学問に対する姿勢が端的に表れている。宣長は「神代の伝」に拠り、「人死ぬれば、善人も悪人もよみの国へゆく外なし」(『鈴屋答問録』)という死後の救済を否定――厳密に言えば、テキストに何も書かれていないため、それ以上は語りようがないという姿勢なのだが、霊魂の行方、つまり死後の安心にこだわる篤胤は「神代の伝」に加えて「事実」を持ち出し、テキストに記されていないことでも、「理」のうえで「考への及ばむかぎり」のことを「古伝」に加えてゆく。

ちなみに篤胤の説は、魂はもともとムスビの神が与えたものなので天に帰るのが道理だが、そのような「たしかなる事実も、古伝もいまだ見あたらず」としながらも、割注では、天に帰ると解釈できる例を古典からいくつか引いた上で、「現《うつつ》に観るところの、事実によりて考ふるに、魂は正しく、此の国土に存《あ》りて、霊異《しるし》を現はす」ので、「この国土に在りつゝも、天上に往来する由の有げに思はるゝ也」(『霊の真柱』下巻)としている。篤胤の力点は、むしろ魂はこの国土に留まるということにあるが、この「事実」を求めて、後で触れる篤胤の異界研究が行われる。

しかし、この「理」とは「事実」によって証明されるにしても、それを判断するのは篤胤本人の「考へ」である。そこには客観性を担保するものは存在していない。篤胤が書き残したものに対峙する者は篤胤の説を認めるか、認めないかという二者択一の態度しか取りようがない。大東亜戦争のイデオローグとして悪名の高い篤胤という人物の方法論であるがゆえに、篤胤の個性に帰せられがちだが、篤胤は後世に与えた影響のあまりの大きさゆえに、このことがとりわけ問題視されているだけで、初めに結論ありきという論述は、多くの人が陥っている落とし穴である。

篤胤は『古史』三部作で自らの「真の古伝」を生み出すが、いったん誕生した「真の古伝」は、諸テキストからの再構成という生成のプロセスを逆転させ、「真の古伝」の欠片をより広範囲に求めるようになる。

†「真の古伝」と「事実」

天地を創造し、万物を化生せる、神祇《じんぎ》の古説などは、必ず彼此の隔《へだて》なく、我が古伝は諸蕃国《ばんこく》の古伝、諸蕃国の古説は、我が国にも古説なること、我が戴く日月《じつげつ》の、彼が戴く日月なると同じ道理《ことわり》なれば、我が古伝説の真正を以て、彼が古説の訛《あやま》りを訂し、彼が古伝の精を選びて、我が古伝の闕《けつ》を補はむに、何でふ事なき謂《ことわり》なれば、此全編もはら、右の心定《こころおきて》を以て、次々に考へ記せり。（『赤県太古伝』巻一）

「真の古伝」と「事実」は相互に証明し合う関係にあるが、それが「事実」の方へ傾くと、『稲生物怪録《いのうもののけろく》』『仙境異聞』『勝五郎《かつごろう》再生記聞』などの篤胤が生きたその当時に起こった異界訪問譚や再生譚といった怪異現象に、「真の古伝」に存在するはずの幽冥界の証拠を追い求めることになる。近年の篤胤の再評価の動きは、この方面からなされているものが大半である。そこには異界を見たという少年に翻弄される好奇心旺盛な篤胤たち知識人サークルの姿はあっても、政治的には無害な言説を見出すことが可能である。

一方、それをテキストの上に求めた場合、篤胤の関心は日本という範囲に収まることなく、海外へと向かう。それは比較宗教学の萌芽を含みながらも、結局は肥大した日本に世界を取り込んでいく無制限の拡大主義なのである。篤胤が大東亜戦争のイデオローグとして迎えられた理由のひとつがここにある。

『出定笑語《しゅつじょうしょうご》』および附録（『神敵二宗論』）で徹底的に仏教を批判した篤胤を排仏論者と呼んで間違いはないのだが、その篤胤が真言宗の儀軌を『密法修事部類稿《みっぽうしゅじぶるいこう》』四巻に抄録し、インド研究の大著『印度蔵志《いんどぞうし》』十一巻（未完）をまとめたのは篤胤が発心したからではなく、より肥大化した篤胤の神学によってインドを、日本を中心とする世界観の中に取り込もうとしたからである。その矛先は仏教にとどまらず、『赤県《せきけん》太古伝』『黄帝伝記』『三五本国考』等々の道教研究によって、中国もまた日本を中心とする世界観の中に取り込もうとした。さらに『本教外編』では、キリスト教にまでその手を伸ばしている。

篤胤の古道の世界観に、仏教や儒教が直接に取り込まれたのではないことには注意が必要である。仏教にはバラモン教が、儒教には道教が対置されて、後者を古道の訛伝《かでん》というかたちで古道と一体化させることで、インドを地盤とする仏教、中国を地盤とする儒教、それぞれの地盤を古道の側に奪い取ってしまおうという戦略なのである。

†篤胤のインド神話研究

『出定笑語』(文化八年〔一八一一〕成稿)の書名が富永仲基《とみながなかもと》(一七一五〜一七四六)の『出定後語《しゅつじょうこうご》』(延享二年〔一七四五〕刊)のもじりであることからもわかるように、篤胤のインド思想史理解は仲基の説に大きな着想を得ている。仲基の用語を使えば、仏教がバラモン教に「加上」されたものであるという主張を咀嚼した次のような理解は、仏教の相対化とバラモン教への関心を篤胤にもたらしたことが推測される。

婆羅門どもの説く所は、彼国の古伝説を本とし、今ある事実を見て道を論じ、親妻子も其儘《そのまま》あり、愛情もすてぬもの故、いはゞ其国にはえつきの道でござる。然るに釈迦が立たる趣は、かの婆羅門どもの、謂ゆる天堂地獄・因果報応・治心などの説は理あることで、それは破れぬから、其なりに窃《ぬす》んで我物となし、其中生天の説を破つてひくしとし、親妻子の愛情をさへにすて、生死の海を出ると云《いう》ことを加たるのみのことで、其加たる所は、すべて無理なる事ども故、こゝの訣《わけ》を弁《わきま》へたるものは、釈迦が説には因らぬはずのことでござる。(『出定

笑語』上巻）

国学の仏教批判の定石に従ってその非人情性が批判されている仏教と対比されたバラモン教の教えの本となる「古伝説」と「事実」、親や妻や子への愛情の肯定というものが、国学における古道というものと相似しているように見えないだろうか。しかし、ここで「其国にはえつきの道」であるからと言って、篤胤がインドの独自性を認めたわけではない。ここであえて「其国にはえつきの道」と言うのは、仏教がインドという地盤から乖離した教えであることを主張しようとしているのである。篤胤は続けて玄奘《げんじょう》の『大唐西域記《だいとうせいいきき》』を引き「仏法は婆羅門の道よりも大きに衰へた様子に見える」と、インドの土俗から遊離した仏教の衰亡のにおいを嗅ぎ取っている。

仏教・儒教は、ブッダや孔子という人物が古伝とは異なるものとして作り出した普遍思想であるがゆえに、評価され得ないのである。しかし、篤胤は普遍的なものを否定したわけではない。普遍は存在していた。

彼国にも天津神の、天地を始め、世にありと有る事どもは、その御霊に因て出来るものじゃといふの伝へが有て、これを彼国では、梵天王といひ伝へてをるでござる。（中略）この梵天

王と申すは、即皇産霊神《みむすびの》の御事をかく申伝へたものでござる。是に因て世人も甚た尊みたることでござる。（上巻）

世界の創造者としての天つ神の存在を述べ、インドの創造神梵天王とは皇産霊神であると主張するが、それは単なる一致ではなく、あくまで梵天王の存在は「真の古伝」のインドにおける訛伝であって、本当は皇産霊神なのだ。「真の古伝」とは篤胤の普遍である。広くは反本地《ほんじ》垂迹《すいじゃく》説と呼べるが、皇産霊神が遠くインドの地に垂迹するのではなく、「真の古伝」は世界にあまねく存在していて、それが失われてしまったがために、インドでは「梵天王」と呼ばれるようになってしまったというのが篤胤の説である。そのため必要になるのは「真の古伝」の《発見》という行為なのである。

『出定笑語』で部分的に行われた日本神話とインド神話との比定は、『印度蔵志』でより広範に行われることになる。蘇迷盧山《すめる》（須弥山）を梵文で sumeru と書くのは日本語の「すめる」、つまり「すめらみこと（天皇命）」の「すめら」と同義で、この世界を統治する神々の居ます場所という意味ではないか、蘇迷盧山の四方を守護する四天王とは、天岩戸の神話に登場する「天手力雄命《あめのたぢからおのみこと》の古説を伝たりと所思《おもほ》ゆ」（巻八）とやや抑え気味の表現の箇所もあるが、多くは断定的に「閻摩羅といひ、阿修羅と称する王《かみ》の、速須佐之男神なること、更に疑なき物」で、しかも「大物主大神の、有ゆる鬼神を帥坐《ひきいまし》まし、幽冥府《かくりよ》の事を所治《しろ》し看《めす》に同ければ、其御態《みわざ》を、一つに混じて、訛《あやま》り伝たる」ものであり（巻五）、「大梵自在天神と称する神を、人は何とか思ふらむ、此は我が天皇の皇祖、産霊大神と、伊邪那岐大神の御故事を、一つに混じて、伝へ奉れる古説なり」（巻八）など、縦横無尽に日本神話とインド神話とを牽強付会してゆく。また、儀礼においても日本とインドとは結びつけられる。

火の穢《けがれ》を忌み、其浄不浄を重く論ずること、謂ゆる密理ども、また儀軌と称せる籍等に多く見たる。是みな梵志《ぼんし》の古法の存《のこ》り伝はれる論《さだ》にて、我が古意に符《かな》へること言ふも更なり。

（『印度蔵志』巻二。「梵志」はバラモンのこと）

バラモン教で祭火に供物を投ずる神々への火供《ホーマ》で、香木を用いることについて触れたこの箇所では、密教がバラモン教の儀礼を取り入れているということを押さえたうえで、古道・密教・バラモン教の等号の円環を作っている。先に見た篤胤の密教儀軌《ぎき》研究の成果がここで生きている。

道教研究については簡単に触れるにとどめるが、『赤県太古伝』では同様に、中国神話や道教のパンテオンの神々を、たとえば「上皇太一」を天之御中主神《あめのみなかぬし》、「盤古氏夫妻《ばんこ》」を皇産霊二神に配したりしているが、「赤県州《もろこしのくに》に盤古氏と伝へ、天竺国に梵天王を伝へしは、異名同神にて、此は既に粗弁《ほぼわきま》へし如く、神典なる皇産霊神の事を伝へ奉れる古説なり」（巻二）と、中国とインドとをひとしなみにして、「真の古伝」に包摂する神話体系の構築を試みている。

†平田国学の影響

篤胤の学問の魔術的魅力は、こうした牽強付会説を主張するために、和書・漢籍・仏典そして蘭書の膨大な知識を動員していることである。しかし、膨大な知識を動員しようとも、初めに結論ありきであるのが篤胤の知の体系である。篤胤の中国神話、インド神話の研究がいくら比較神話学の先駆的業績であったとしても、それは古道論に奉仕するものでしかなかった。竹内文書、宮下文書などのいわゆる「古史古伝」の類は篤胤の引いたレールの上に、篤胤が知り得なかった新しい情報を加え、より肥大化してゆく。

宣長の排儒排仏論が心情主義の立場から儒教・仏教を思想の内からなし崩しにしてゆこうとしていたのに対して、篤胤の排儒排仏論は、古道の外延をひたすら拡張してゆき、中国・インドの神話を包摂してゆくことで、儒教・仏教をそれらの下位のカテゴリーとしてその内側に取り込んでゆこうとするものであった。

その方法論の両輪の一つであった「事実」への関心は、社会への関心をいやおうなく高め、

「古学とは、熟《よ》く古の真を尋ね明らめ、そを規則《のり》として、後を糺《ただ》すをこそいふべけれ」(『霊の真柱』下巻)というような、「事実」と「真の古伝」との連関の道を強く押し開け、国学に規範主義的性格をもたらすことになった。この傾向が、国学を教養に留めることに満足できなかった、たとえば下総国香取郡松沢村の名主であった宮負定雄《みやおいやすお》(一七九七～一八五八)の入門というような農村部への平田国学の広がりとなり、一方で生田万《いくたよろず》の乱を起こした生田万(一八〇一～一八三七)のような実践者が現れる契機となり、ゆくゆく平田国学を奉じる人々から幕末の志士が生み出されてゆくことになる。

2　天竺からインドへ

†天竺に渡った日本人

日本人のインドについての地理的知識は、ヨーロッパ人の渡来以前と以後とでは大きく異なる。渡来以前は、日本人のインドについての知識は、唐の玄奘の『大唐西域記』からの情報が圧倒的な位置を占めていた。その他に東晋の法顕《ほっけん》の『仏国記《ぶっこくき》』、唐の義浄《ぎじょう》の『南海寄帰内法伝《なんかいききないほうでん》』『大唐西域求法《さいいきぐほう》高僧伝』など入竺僧による記録は少なくない数あるが、いずれも中国人による記録であって、日本人による見聞記ではない。

日本の渡天竺《とてんじく》は真如《しんにょ》法親王（高岳《たかおか》親王）のほか、奝然《ちょうねん》や明恵《みょうえ》などがインドへ渡ろうと試みたものの、実際に果たした者はいないというのが通説だが、唐の段成式《だんせいしき》の随筆『酉陽雑俎《ゆうようざつそ》』続集巻二に、中天竺に行ったという「倭国僧金剛三昧」から段成式が聞き取ったエピソードが記されている。ただし、この「金剛三昧」に当たる人物が日本側の記録には残されていないため、日印交渉史で話題にのぼることはほとんどない。

皮肉なことに、史料の上で日本人としてインドの地を踏んだことが明らかにできるのは仏教徒ではなく、キリスト教徒である。アンジロウ（ヤジロウ）とその従者ジョアン、アントニオら三人の日本人が、一五四八年、当時ポルトガルの植民地であり、インド交易およびキリスト教布教の根拠地であったゴアに来てキリスト教を学び、洗礼を受けている。このアンジロウらとの出会いが、中国宣教を目的としていた宣教師フランシスコ・シャビエル（一五〇六〜一五五二）が、その翌年には日本へ行くきっかけとなる。

ゴアはまた、伊東マンショ・千々石《ちぢわ》ミゲル・中浦ジュリアン・原マルティノという四人の少年による天正遣欧使節（一五八二〜九〇）の往復の中継地ともなっている。彼ら一行はキリスト教徒であるため、彼らのインドを見る目は、仏教徒の《天竺》とは異なっていた。『デ・サンデ天正遣欧《けんおう》使節記』（一五九〇年刊）では、コモリン岬周辺のマラバル人に対して、「体の色が黒味を帯びているように、精神も魯鈍《ろどん》であって、ともすれば悪に向かいやすい性質」（対話三）であると、否定的にインド人のことを捉えているが、これにはインドにおけるキリスト教宣教が彼らの自画自賛とは裏腹に、必ずしもうまくいっていなかったことが反映されている。彼らが日本・中国への宣教を積極的に行った一因はここにもあった。

マテオ・リッチ（利瑪竇《りまとう》。一五五二〜一六一〇）は中国におけるキリスト教宣教の重要人物だが、インドを含めた世界地理の知識についても、リッチが果たした役割は重要であった。リッチが一六〇二年に北京で刊行した世界地図『坤輿《こんよ》万国全図』は、非キリスト者の中国人の知識階級をも対象にして作成されたため、地名にすべて漢字が当てられていた。漢字化されているということは、日本の知識層にも何が記されているか理解できるということである。この『坤輿万国全図』と、一六二三年に同じく北京で刊行されたジュリオ・アレニ（艾儒略《がいじゅりやく》。一五八二〜一六四九）の漢文の世界地理書『職方外紀《しょくほうがいき》』との二つが日本人の世界認識を大きく広げ、そして変容させることになる。それは《天竺》像の解体だけでなく、仏教に対する認識にも大きな影響を与えることになる。

✝五天竺の地理的混乱

『大唐西域記』にはインドの地理・風俗について詳しく記されているとは言え、それは七世紀のインドの姿である。『職方外紀』には一七世紀、日本では江戸時代初め、その当時のインドの姿が記されていた。『職方外紀』にはムガール帝国（莫臥爾）とそれに属さないインドという、二つのインドが記されている。これは『坤輿万国全図』でも同じである。

> 印弟亜　中国の西南に（ある国を）印弟亜と言う、即ち天竺五印度である。印度河の左右にあり、住民（の肌の色は）皆紫色である。
>
> 莫臥爾　印度の五あるうち、ただ南印度だけ昔のままで、残りの四印度はすべて莫臥爾に併合された。（『職方外紀』巻一。原文は漢文）

中国の知識階級を対象として書かれているため、天竺を中と東西南北に五分する「五天竺」という伝統的な地理概念を用いているが、その記述は同時代の地理情報として正確である。ただし、「南印度」が我々の言うインド亜大陸南半と理解した上で正確という意味で、当時の日本人が正確にそれを受け取っていたかとなると別問題である。

先行する漢訳地理書を利用し、長崎の天文学者西川如見《にしかわじょけん》（一六四八〜一七二四）によって著された世界地理書『増補華夷通商考《かいつうしょうこう》』（宝永五年（一七〇八）刊）では、まず巻三で「莫臥爾《モウル》」について触れている。

暹羅《シャムロウ》の西北にて南天竺第一の大国也。国を十四道に分てり。国主在て仕置《しおき》す。其属国甚《はなはだ》多し。四季暖国也。唐土広東国の気候に同じ。人物シャム人に似たり。下賎は色黒しと云ども貴人は黒からず。詞《ことば》シャムに凡そ通じて少《すこし》別也。（中略）達磨大師は此国の人なる由。

「暹羅」は今のタイだが、ムガール帝国が「南天竺」という地域に含まれている。またムガール帝国の人々をタイ人と似ているとしたり、ダルマの生国としたりする不思議な記述が混じってきている。一方、インドは「莫臥爾」とはかなり間を置いて巻四に登場する。

インデヤ　南天竺にて四季ある暖国也。海辺に及たる大国也。インデヤと云は印度国と云事にて、印度は則《すなわち》天竺の名也とぞ。モウル国と此国とは南天竺にて第一の国なり。此国の人の色は皆紫色なりと云。人物風俗モウル人に同じ。

やはり南天竺の国として、ムガール帝国と同じ地域に属させている。ムガール皇帝が実権を失って小国化した時代の記述なら矛盾しないが、両方を南天竺で第一の大国としているところから、情報の混乱が起こっていると判断したほうがよいだろう。

†漂流する中天竺

そもそも、ムガール帝国とその他のインドがともに南天竺であるならば、ブッダが主に活動していた中天竺はどこへ行ってしまったのだろうか。『増補華夷通商考』の「暹羅」の記述を見ると、その混乱の解決の糸口が見えてくる。

暹羅　柬埔寨《カンボチヤ》の西北にて唐土よりは西南の方に当れり。則南天竺是也。モウル国の平下《てした》の国なる由。国主有て仕置す。（中略）釈迦の生国中天竺は是より北に当りて、四十日路程《ぢほど》也。暹羅の近辺に琵牛《ペグウ》と云国あり。此所迄《まで》釈迦仏到り玉へる由にて、伽藍等今も歴々之れ有り。尤暹羅にも寺有て出家も多し。唐日本の出家の作法に各別なる事多く、横文字の経はさのみ多からずと也。長崎の町人、天竺渡海の時、暹羅よりモウル国を経て中天竺に往て釈迦の旧跡等を見たる者、三十年已前迄存命せしあり。其咄《はなし》色々有と云ども繁多なる故に之を略す。

（巻三）

「柬埔寨」はカンボジア、「琵牛」はペグーで現在のミャンマーの南部を支配していた王国である。さすがにタイには朱印船貿易で日本人も多く訪れていたため、情報はかなり正確で、大乗仏教とテーラヴァーダ仏教の違いも認識しているようだが、さて「中天竺」の行方はどうだろうか。ますます混乱してきたかもしれない。

寛永九年（一六三二）、森本右近太夫《もりもとうこんだゆう》がカンボジアのアンコール・ワットを祇園精舎と思い込んで回廊の柱に墨書したことはよく知られているが、如見の『長崎夜話草《やわそう》』巻二にも、暹羅に渡ってそこから中天竺へ行き、祇園精舎の跡を見てきた甚兵衛という長崎の町人の記事がある。この記事では「暹羅国へ渡りて琶牛の伽藍に詣で見たりし等《ともがら》は長崎に多かりし」とあり、「寺塔伽藍有て出家も多く、仏法いまなをむかしのしるし」あるペグーが「中天竺」かとも思われるが、『増補華夷通商考』の世界観では中華文化圏のベトナム、またジャワを南天竺の南として天竺から除いているが、ペグーも含め東南アジアの国々を「南天竺の内」としていて、我々が南アジア、東南アジアと考えている地域がすべて「南天竺」に含まれ、それとは別に「中天竺」が存在しているような書きぶりである。

附載された「地球万国一覧之図」は基本的には『坤輿万国全図』をもとにして無数に作られたリッチ系の世界図の一つなのだが、「天竺」の文字が、ちょうどパミール高原のあたりに大きく記されている。どうやら如見は「天竺」の中心はこの辺りと思っていたようである。これは他のリッチ系世界図とは異なる点である。

如見の「中天竺」はインドの北にあったが、それとはまったく別のところに「中天竺」を見出すことができる資料がある。筑前国韓泊《からどまり》の廻船伊勢丸の船乗り・孫太郎（孫七ともいう）の明和元年（一七六四）～八年の漂流の記録の一つに『漂流天竺物語』というものがあるが、そこでは「爰《ここ》は中天竺の内にして、黒坊の国成り。カイタニと云国にして、バンジャラマアシと云所なり。いつの頃よりか初りけん。南京、福州、山東、山西の唐人、出店して借地なり」とある。

ここで華僑がなぜ、この時代にインドにいるのかと疑問に思われた読者は安心してほしい。「中天竺」に関して言えば、おかしいのはこの資料の方である。「バンジャラマアシ」とは現在のバンジャルマシンで、インドネシアの南カリマンタン州の州都のことで、孫太郎はボルネオ島を「中天竺」と認識してしまっていたのだ。

ここで孫太郎が我々からすれば非常識な地理的間違いを犯すことになったのは、「黒坊」というのが重要な要素となる。孫太郎にとって「黒坊」＝「天竺人」であった。これは、孫太郎が教養のない船乗りであったからというわけではない。《黒坊＝天竺人》いう等式は、教養層によっても認められていたのである。

†インドと東南アジア

幕府お抱えの蘭方医桂川《かつらがわ》家の三代目甫三《ほさん》の次男で、『解体新書』の翻訳にも加わった四代目甫周《ほしゅう》の弟甫粲《ほさん》こと森島中良《もりしまちゆうりよう》（一七五六～一八一〇）というとびきりの教養人が著した啓蒙書『紅《こう》毛《もう》雑話』（天明七年〔一七八七〕刊）には、オランダ人が使用人として引き連れて長崎にやってくる「黒坊」について、次のような記述がある。

生国は南海の内咬𠺕巴、榜葛剌、マレイス、ブーギス、マロワル等の土人なり。日に近き国に生るゝ故、色焦れて黒きなり。相対にて紅毛人に抱えらるるもあれど、おほくは其国の人かどひ、幼少の児童をかどはかして、蛮人に売といへり。性あくまで愚にして、強力の者もあり。常に飯と肴を喰ふ。豕《ぶた》をば決して食せず。鶏なども自ら殺して、引導をわたしたる物にあらざれば食はず。四足の内にて牛ばかり食ふ。是は天竺地方の常食なるが故なり。文字はマレイス文字を以て通用す。形梵字に似たり。（巻一）

「咬𠺕巴」はジャカルタ、「榜葛剌」はベンガルである。豚を食べない、「引導をわたしたる物にあらざれば食はず」（ハラル食品）など明らかにイスラームの教義で、これほどまで堂々とインドと東南アジア、インド人とマレー人、ヒンドゥー教徒とイスラム教徒を混同していると、我々のほうが間違っているのではないかという気すらしてくる。

それもそのはずで、実は東南アジアとは第二次世界大戦後に定着した地理的名称で、それ以前には如見が除外したように、中華文化圏のベトナムを除く東南アジアの地域は、ヨーロッパ人の目から見ると同じインド文化圏であり、ヨーロッパから見てインドの奥にあることからFarther India（遠インド・後インド）という名称もあった。歴史の教科書で「蘭領東インド」と教えられる今のインドネシアのオランダ語での名称が、Nederlands-Indië（オランダ領インド）であるのは当然のことであった。オランダ人が連れてくる「黒坊」を「インド人」と認識することは、オランダ人にとっても日本人にとっても当時の認識としては《間違って》いなかった。

地域としてのインド、民族としてのインド人、そういった観念はいまだ不定形であったのだ。ヨーロッパ人の到来によって世界地理の知識は格段に広がったが、しかしそれには欠落している部分もあった。それは彼らがキリスト教徒であり、仏教とは偶像崇拝を行う邪教であったため、インド学成立以前のヨーロッパにおいては、無関心による情報の少なさや、その情報にも理解の浅さによる誤解が含まれていたのである。しかし、インドでは仏教が滅び、また、インドが植民地になっているという情報もやがて日本に伝わる。それが、近世における仏教評価にも影響を与えることになるのである。

3　ヨーロッパ人が教えたインドの実像

†新井白石とシドッティ

ジョリオ・アレニ（艾儒略）の『職方外紀』（巻二）の「印帝亜」の項目には、「最も貴い者を婆羅門《バラモン》と言い、次を乃勒《ナイロク》と言う。ほとんどが仏を信奉し、多くの祭儀を行う」という記述がある。「乃勒（Nair か?）」はインド南西部の王族を指していると推定され（謝方《しゃほう》『職方外紀校釈』）、司祭階級が王族階級より上にある四姓制度の一端を認識していたようだが、ここで注目すべきは、原文では「大抵奉仏、多設斎醮」とある「仏」である。『職方外紀』が著された十七世紀のインド南西部で仏教が盛んに信奉されていたのならば、一一九三年のゴール朝によるナーランダ大学の破壊をインドにおける仏教の衰亡の指標とする仏教史を書き換えることになるが、残念ながらそうではない。実際にはキリスト教の宣教師たちには、ヒンドゥー教と仏教との区別がついていなかったのである。

イタリア人宣教師ジョヴァンニ・バッティスタ・シドッティ（『西洋紀聞』ではヨワン・バッティスタ・シローテと記述。一六六八〜一七一四）は、キリスト教禁教下の日本に潜入して宣教を行うため、宝永五年(一七〇八)八月二十九日(旧暦)、屋久島に上陸するが上陸早々捕らえられ、長崎に送られたのち、さらに江戸へ送られる。江戸でシドッティを尋問したのが新井白石である。白石は朱子学者とされるが、朱子学的合理主義者と呼ぶほうがふさわしく、彼の関心は哲学よりもむしろ歴史、言語、地理といった方面に向けられた。当時、シドッティの尋問者として、これ以上の配役を当時は望めなかっただろう。

白石によってシドッティへの尋問から『西洋紀聞《きぶん》』がまとめられ、世界地理書『采覧異言《さいらんいげん》』が著される。当然、キリスト教に関する記述も多く、公にはされなかったが、密かに筆写されて広まり、近世知識人の海外情報の重要な情報源となった。

その『采覧異言』には、インドにおける宗教についての情報が記されている。

邏馬《ローマ》人の説《いわ》く、「大抵天下の教法は、其の宗三有り。曰くキリステヤン、曰くヘイデン、曰くマアゴメタン。其れキリステヤンは、是れ我が大西の教なり。マアゴメタンは、是れ莫臥児《モゴル》の法なり。而して今亜細亜《アジア》及び都児《トルカ》の諸国、亦皆これに従ふ。ヘイデン亦の名はゼンテイラ、二教の方に熾《まさか》んなるに及んで、其の法即ち衰ふ」と。印度の浮屠《ふと》の法にして、其の衰ふこと亦かくの如し。(巻三)

「邏馬人」とはシドッティのことである。シドッティは世界には三つの宗教があり、一つは「キリステヤン」、これはキリスト教のことである。一つは「マアゴメタン」、これはイスラム教のことである。ムガール帝国の宗教であり、アジアからトルコ（ここではアフリカに含まれる）まで広まっていると、ここまではよいのだが、残る「ヘイデン」あるいは「ゼンテイラ」とは何か。「ヘイデン（heiden）」はオランダ語で、「ゼンテイラ（gentilis）」はラテン語でそれぞれ多神教を信じる異教徒に当たる。必ずしも仏教を指しているわけではなく、『西洋紀聞』（巻下）では「此法を問ひしに此宗には、仏を多く立てゝ、それにつかふると也といひて、其教とするところは、つまびらかならず」としているが、『采覧異言』では、仏教（浮屠の法）がインドで衰えたのは、このようにキリスト教とイスラム教に圧迫されたからだと踏み込んでいる。

白石には、長崎で貿易を行っているオランダ人という別の情報源があった。わかっているだけで四回、白石は江戸に参府したオランダ商館長一行と会っている。インドにおける仏教（らしき教え）の衰亡の情報は、別ルートからも入ってきていたはずである。

†西川如見と『町人嚢底払』

長崎の人であった天文学者の西川如見は、『町人嚢底払《ちようにんふくろそこはらい》』巻下（享保一四年〔一七二九〕成立）で次のように三つの疑問を挙げている。一つは、仏教はインドの風土に合致した教え（水土相応の教）であるはずだが、中国に伝わったのち、「本土には仏法衰微し経論紛失せりとかや」というのは、自分の国の教えが他国へ伝わったのち「吾国にはとり失ひたるいといぶかし」が第一。

「南天竺」のなかで、近年、他国に侵略された国が多いと聞き伝えている。「しからば仏法の徳用は天竺の為には非ずやといぶかし」が第二。

最後は痛烈な皮肉だが、大蔵経二千五十八部九千七百余巻はただこれ、即身成仏の教えだという。「然るに自の国をもつて他の為に奪はるゝは、是をや即身成仏なるといといぶかし」が第三である。

如見はその土地の自然・社会・歴史に合った教えこそが優れているという「水土《すいど》論」の立場に立つため、仏教がインドという風土で生まれたのであるならば、そのインドで衰えたのはなぜなのか。ここにはインドの風土と上手く合致していなかったのではないか、という底意がある。インド仏教の衰亡については様々な意見があるが、如見の疑問は、奈良康明（一九二九〜二〇一七）が『仏教史I』（世界宗教史叢書、一九八〇年）で唱えたような、ヒンドゥー教という、よりインド的な宗教の中へ溶解してしまったという説の先触れと言ってもよいものであろう。

さらに、如見の残り二つの「いぶかし」は近世の仏教評価にかかわる問題がその姿を現している。それはつまり、仏教が護国の教えとして機能していないということである。近代人である我々からは、ピントの外れた批判であるように思われる。しかし、本書を頭から通して読んでいる読者であれば納得すると思うが、仏教は古代以来の鎮護国家の役割を江戸時代にも引き続き担っており、儒教との間では治国利民の教えの座を争っていたのである。その仏教が何ら護国の教えとして効力を発揮しないというのは、近世人にとっては重大な批判であった。

†山村昌永と『訂正増訳采覧異言』

インド亜大陸を完全に支配した国家は（皮肉なことに）大英帝国以前にはなかったが、前近代に《インド》という国家があるとしたうえでの議論では、《インド》という国家の消長は、排仏論の文脈へと取り込まれてゆく。近世日本で最高レベルの地理学者であった山村昌永《やまむらまさなが》（才助。一七七〇〜一八〇七）は、白石の『采覧異言』五巻に大幅な加筆訂正を行い、『訂正増訳采覧異言』十五巻（享和二年〈一八〇二〉成立）を著すが、その中で、日本は中国、ムガール、ペルシアなどと比べると小国のようだが、「其地の南北十余度に亘《わた》るときは決して小国と云ふべからず」と、地理学者らしく日本の国土が南北に長いことをもって、決して小国ではなく、またボルネオ、スマトラ、ジャワといった他の大島が分割支配されているのに対し、日本は「帝国一統」していることを指摘する。

然るに吾邦古来浮屠氏の説を用ひて、或は粟散辺土《ぞくさんへんど》の小国など丶称して自ら其己れが本国を賤むは愚昧の甚しき者と云べし。彼浮屠氏の国の如きは古へは厄勒祭亜《ギリシア》に破られて帝王擒《とりこ》となり。今は莫臥児《モゴル》に併せられて回々教の国となるは、豈《あに》我か萬古不易神霊伝統の帝国と同日の談ならんや。（巻十）

日本の小国意識の原因の一つとして仏教（「浮屠氏の説」）の「粟散辺土」を取り上げ、その考えが間違っていることを、インドが外国から侵略された歴史に落とし込んで、古くはアレキサンダー大王のインド遠征、近年ではムガール帝国に支配されてイスラム教の国になったことを理由に挙げている。そして「萬古不易神霊伝統の帝国」である日本とは比較にならないと高らかに宣言する。インドが国家として優れているか否かと、そのインドに生まれた仏教が宗教として優れているか否かとは、等号で結ぶことはできないのだが、「粟散辺土」という小国意識の払拭の言説が二つの価値判断を架橋してしまっている。

†山片蟠桃と『夢ノ代』

山片蟠桃《やまがたばんとう》（一七四八〜一八二一）になると、インドにおける仏教の衰退と合わせて、世界規模での宗教としての勢力図が問題となっている。

かりそめにも三千大千世界十方の衆生などゝ大言を吐くといへども、唯《ただ》一世界にて見るべし。漢土も仏法ありといへども、聖学明らかなるゆへに信ずる人少し。西洋は耶蘇《やそ》宗にて寄付《よりつく》ることなし。その他の国々、漢土の属国五七国は仏あるべし。本源の天竺近国は衰微なるよし。南蛮の島々はみな西洋人往来して、耶蘇を弘むるなれば、仏とも法ともしたりたる国はなかるべし。今考ふるに、地球の内、仏のある国々は、大てい五十分の一にもあるべからず。
(『夢《ゆめ》ノ代《しろ》』異端第九)

「聖学」とは儒教のこと、「耶蘇宗」とはキリスト教(「耶蘇」はイエスの音写)のことだが、インドでも中国でも、むろんヨーロッパはなおさらのこと、世界中で仏教の勢力は微々たるもので、「今さかんなるは日本のみ」(地理第二)という状況になっている。これが護法論の文脈ならば、「日域は大乗の相応の地なり」(『高田開山親鸞聖人正統伝』などが引く「三夢記」)ということになるのかもしれないが、蟠桃の文脈は「異端」という篇名でもわかるように排仏論の文脈である。仏教の「三千大千世界十方の衆生」という用語を荒唐無稽なものとして批判するために、現実の世界における仏教の宗教としての勢力を問題としているのである。

†平田篤胤と『出定笑語』

昌永や蟠桃の著作などは、読者層は一部の高級な知識層に限られていたかもしれないが、こうした当時の世界における仏教の退勢というものを中下級の知識層にまで広げたのが、平田篤胤の言説である。篤胤は文化八年（一八一一）、講説を門人に筆記させて『古道大意』『俗神道大意』など一連の「大意物」をまとめてゆくが、『出定笑語』の名で知られる仏教批判書も『仏教大意』という別名を持っている。

釈迦が出生したる、かびらゑ国は、とくに、その子孫も、みな亡びて、今はかの崑崙ぼの国と共に、阿蘭陀に、せしめられて、仏法も大半亡びて、切支丹宗に成て、しまつたる故、長崎へ来る、阿蘭陀人が、召仕ひに、いつも、彼くろんぼを、つれて来る。なぜなれば、人がおろかで、至極骨を、をしまず、働く故じやと云ことでござる。（巻上）

『大唐西域記』『訂正増訳采覧異言』のほか、前に取り上げた森島中良の『紅毛雑話』をたびたび『出定笑語』の中で引用していることから、中良の《黒坊＝天竺人》という等式をそのまま受け継いでしまっているため、オランダ人が使役している「崑崙《こんろん》ぼ＝黒坊＝コロンボ」というのが、実際にはジャワ島あたりの人々である可能性が高いが、篤胤の理解の中ではゴータマ・ブッダの生国カピラヴァストゥの子孫たちであるインド人を指しているのは間違いない。篤胤は、フランソワ・ファレンティンの『新旧東インド誌』（一七二六年刊）が流布させたセイロン島に霊鷲山《りょうじゅせん》（実際にはアダムスピークを誤認）があるという説を受け売りした中良の説に従い、「釈迦の生国迦毘羅衛国といふは、印度にある、一つの島国」で「セイラン」と言うとしてしまっているため、オランダ領セイロン（一六五八〜一七九六）の説明と置き換えれば、錯綜した糸がほどけてくる。

ちなみにファレンティン・中良説というものの息は長く、福澤諭吉《ふくざわゆきち》（一八三四〜一九〇一）が明治二年（一八六九）に出版した『世界国尽《くにづくし》』にも、このセイロン島が釈迦誕生の地であるという記述がある。他方、情報源の異なる白石の『西洋紀聞』『采覧異言』では、仏涅槃《ねはん》の地としている。

篤胤はこうした混乱を抱えたまま、「仏法も大半亡びて、切支丹宗に成て」しまったと述べている。

さらに、インドそのものについても、「観経といふ仏経によつて考へたる所が、釈迦の時分までに王にして、父を害するもの、一万八千人、また子として、父を殺すもの、一万人とも記してある。是に因て天竺の国がらを、知るがよいでござる」（巻上）と、『観無量寿経《かんむりょうじゅきょう》』を引いて国柄についての批判を行い、インドを批判することで間接的に仏教を批判するというロジックを展開している。

†インドの衰退をいかに捉えるか

《インド》という国家と、そのインドで生まれた仏教という宗教は、密接に関連してはいても、その価値については単純な等号では結べないはずなのだが、これまで見てきた例はすべて《インド》という国家の国力低下と仏教という教えの衰退を等号で結びつける発想で仏教批判を行っている。一つには、個人の倫理と政治とを一本の筋で連結させてしまう儒教という思想が、近世の知識人の常識を形成してしまったために、こうした仏教批判の言説が力を持ち得たと考えられる。

しかし、インドの国力低下が仏教批判の理由であった時代は、まだ日本は泰平の眠りの中にあったと言えるかもしれない。インドの植民地化は、幕末になると、日本もまたヨーロッパの植民地になるのではないかという危機感の前提へと、その役割を変えるからである。

第五章　ゴータマ・ブッダへの回帰

1　研究対象としての《仏教》

†宗学の時代

江戸時代、仏教において学問と言った場合、それは今の言葉で言えば《宗学《しゅうがく》》と呼ぶべきもので、宗祖の教えを通してブッダの教えを学ぶことが《学問》であり、そこには仏や宗祖に対する信仰というものが前提にあった。

一、山門の衆徒学道を勤めざる者、住坊を叶ふべからざる事。（比叡山法度・慶長十三年）

一、学問のため住山の所化《しょけ》、二十年に満たざる者、法幢《ほうどう》をとるべからざる事。（関東新義真言

宗法度・慶長十八年）

江戸幕府は寺院法度によって学問を奨励するが、それらは宗学を意味しており、住職になる資格と相まって、僧侶の統制とも関連づけられていた。第一章1節で取り上げた紫衣事件でも、紫衣の資格と修業年限との関係をめぐって法文の妥当性が議論された。また宗の範囲を超え、他宗との優劣を競う宗論は、各宗派の並立によって成り立っている近世の宗教秩序を破壊するものとして、宗論に熱心であった日蓮宗に対して寛文三年（一六六三）に「自讃毀他《じさんきた》制止《せいし》之覚《のおぼえ》」が出されるなど、抑制されていた。

内へ向かった宗学の研究は精緻になり、近代の仏教研究がその恩恵を負うところは少なくない。筆者も大学院時代、客員教授として出講されていた田村晃祐《たむらこうゆう》先生のゼミでの天台三大部の講読では、江戸時代の注釈書には大いに助けられた。しかし、多くの近世仏教史の概説では幕府によるこうした宗教統制が仏教の思想的停滞の原因であることが指摘されている。これもまた一方の事実である。

こうした宗学の研鑽の成果が出版されて宗派外の人々の目に触れるようになったのも、また近世社会の特徴である。仏教に対する知識はかなり高度なものでも、出版されることで社会に広まってゆく。

その土壌の上に十八世紀前半、時代を画する学者が大坂に登場する。町人の街大坂に開かれた町人の学校懐徳堂《かいとくどう》に学んだ富永仲基《とみながなかもと》である。仲基は町人学者であり、僧侶ではない。したがって彼には宗学という制約はなく、入手できる限りの仏教書を比較対照し、俯瞰的な見地から仏教を見ることができた。そこから生まれたのが『出定後語《しゅつじょうこうご》』二巻である。

†「誠の道」と三教

『出定後語』の仏教史研究は大乗仏教をブッダの直説《じきせつ》ではないとする《大乗非仏説》論に帰結するため、排仏論書という不幸な受容のされ方をした。本居宣長が、『出定後語』の所説に注目し、平田篤胤が『出定後語』を下敷きにして『出定笑語《しょうご》』を著したのも、『出定後語』を排仏論書というカテゴリーに追いやることに影響を与えたことだろう。

しかし、仲基は仏教を誹謗《ひぼう》しようという気はない。ただし、だからと言って仏教のみ、あるいは一宗のみを讃仰《さんごう》しようというのでもない。仲基の仏教に対する姿勢は『出定後語』の末尾に明言されている。

諸法あひ万すといへども、その要は善をなすに帰す。苟《まこと》によくその法を守りて、おのおの善をなすに篤くんば、則ち何ぞ彼此を択ばん。仏もまた可なり。儒もまた可なり。苟に善をつくるをなせる者は、乃ち一家なり。何にかいはんや、同じく仏を宗として、その派を異にする者をや。いたづらに、その派の異あるを争うて、善をなせることなき者は、われ、これを知らず。（巻之下・雑）

仲基は、宗派の違い、さらに宗教の違いを超えて「善をなす」という公約数において諸々の教えを統合する。仲基の『翁《おきな》の文《ふみ》』では、これに「誠の道」という名を与えている。「誠の道」は天竺や漢から伝わったものでもなく、神代の昔から伝わったものでもなく、天や地から現れたものでもなく、人間が本来持っている善性のことである。

只今日の人の上にて、かくすれば、人もこれを悦び、己もこゝろよく、始終さはる所なふ、よくおさまりゆき、又かくせざれば、人もこれをにくみ、己もこゝろよからず、物ごとさはりがちに、とゞこほりのみおほくなりゆけば、かくせざればかなはざる、人のあたりまへより出来たる事にて、これを又人のわざとたばかりて、かりにつくり出たるにもあらず。

仲基の「誠の道」はひどく楽天的で、いかにも泰平の世の思想のように見えるが、今はこのことについて議論することは措き、重要なのは、仲基が仏教の五戒、十善や「諸悪莫作、諸善奉行」など、儒教の孝弟忠恕、忠信篤敬など、神道の清浄・質素・正直を「皆誠の道にも叶ひ、いたれることばの、ひがごとにもあらぬ、似たる事共なりといふべし」と、神儒仏を「誠の道」で総合してしまっていることである。

少なくとも、これは排仏の立場ではない。しかし崇仏かと言えば、必ずしもそうではなく、僧侶における学問が《宗学》という範囲の中にあって、仏法への信仰が——当然のことだが——絶対化されていることに対して、仲基においては、仏教はあくまで儒教、神道と同等の価値を持つ宗教の一つとして相対化されている。

仏教が相対化されることは、必ずしもそのまま科学的研究の対象になることを意味しない。やはりそこには、仲基を他の思想家とは区別させる指標を見出さざるを得ない。それは、仲基が思想を研究する方法論を明確にしたことにある。

†仲基の方法論

仲基の方法論は次のように整理できる。

第一に「加上《かじょう》」である。思想の発展は以前の説を乗り越えるべく、上に加えられたものであるという説である。仲基の方法論の核心と言うべきもので、この加上説の帰するところは、思想は歴史的発展性を持つということである。仲基をして思想史研究の日本における祖とする理由が、この加上説である。

第二は「三物五類」である。「三物」とは「言に人有り」――学派によって同じ思想内容を意味していても名称が異なる。「言に世有り」――時代によって用語が異なる。「言に類有り」――言葉には様々な変化発展の形があり、それが「五類」で、「偏《へん》」＝言葉の具体的な意味に対し、「張《ちょう》」＝言葉の意味の拡張、「泛《はん》」＝言葉の意味の一般化、「磯《き》」＝「泛」とは逆に意味の限定化、「反」＝言葉の反義的な使用がある。以上の「五類」については、仲基の挙げた例に沿いながら詳しく説明しなければならないが、紙数の都合もあり概略にとどめる。

また『出定後語』の「雑」では、別に「転《てん》」という概念も使われている。これらは言葉の変化についての分析と分類である。この用語の不統一性を仲基は「異部の名字は必ずしも和会し難し」という表現で繰り返し述べ、注意を喚起している。

第三に「国に俗有り」である。言語表現について思想の宗派性・時代性とは別に、地域における文化の風土の特性における違いに着目し、インドを「幻」＝幻想的なものへの指向、中国を「文」＝修辞への指向、日本を「絞」＝簡易平明なものへの指向に分けている。ただし『翁の文』では、「神道のくせ」は秘密主義にあると、いささかニュアンスを異にしている。

いずれも《言葉》の用法についての変化、相違について着目したもので、仲基の方法論は、つまるところ《言葉》の思想史である。

熊沢蕃山や西川如見など、国によって適切な教えがあるべきだという水土論の発想の流れを前提にしているが、仲基の「国に俗有り」は、思想の優劣の問題よりも風土における思考法の特徴に関心の中心があり、思想の相対化が行われていることから、『近世日本における批判的精神の一考察』（一九四九年）で仲基の再評価を行った中村元は、自らが日本で普及に尽力した比較思想研究の先駆者として、その後もたびたび言及している。

†仲基は排仏論者なのか

仲基がこれらの方法論によって研究したのは仏教に限らず、儒教を対象とした『説蔽《せっぺい》』という著作もあったのだが、現在、この本は失われている。仲基に先行して儒教史には伊藤東涯《いとうとうがい》（一六七〇～一七三六）の『古今学変《ここんがくへん》』という優れた著作があり、また、荻生徂徠にも思想史の発達について述べたものも多く、儒教においては、思想は時代を追って変化発展してきたということは、ある程度は自明のことであった。

しかし、仏教では経典のほとんどに「仏説」という語を冠するように、ゴータマ・ブッダが一生のうちにすべての経典を説いたことになっていたため、信仰の上ではそれは疑うべからざる絶対のものであり、それを前提として、経典相互の矛盾を説明しなければならない。この問題に対した時、歴史意識の旺盛な中国人は、ゴータマ・ブッダの生涯の時間的経過の上に、教説の変化というかたちで落とし込むことで解決しようとした。その代表的なものが華厳時・阿《あ》含《ごん》時・方等《ほうどう》時・般若時・法華涅槃時の五つに段階的に分かってゴータマ・ブッダ一代に配置する天台智顗《てんだいちぎ》の五時八教の教相判釈である。

仏教という信仰の上ではそれは妥当なものだったのだろうが、文献考証的な思想史として見た時には、あまりにも無理がある。仏教の教説を歴史の上に配置し直す時に、ただ仏教者の妄説と言えば、それは単なる排仏論者の言葉となるが、仲基のように方法論をもって仏教思想史を描き出す行為は、結果として大乗非仏説に帰着するにせよ、排仏論とは性格を異にするものである。

排仏論者は、仲基の後に続いて『赤倮倮《せきらら》』を著した儒者服部蘇門《はっとりそもん》（一七二四〜一七六九）や篤胤らへのレッテルならば適当だろう。（樋口《ひぐち》）龍温《りゅうおん》（一八〇〇〜一八八五）が『総斥排仏弁《そうせきはいぶつべん》』で、「富永仲基・服部天游〔蘇門〕・中井積善〔竹山〕、已《まこと》に排仏の魁《かい》たるもの。最《もっとも》悪《にく》むべきは、富永が出定後語二巻、服部が赤倮々一巻、幷《ならび》に中井が草茅危言《そうぼうきげん》」と非難したのは、仲基については側杖《そばづえ》を食ったようなものである。

†仏教思想史の開拓

深く仲基の思想に分け入って方法論の画期性に着目するより前に、その結果として表れた仏教思想史が仲基の評価を決定づけることになる。これは仲基にとっても、仏教の側にとっても不幸なことであった。

（外道の徒は）空処・色界・欲界・六天、みなあひ加上してもつて説をなせり。その実は則ち漠然、何ぞその信否を知らん。故に外道の所説、非非想をもつて極となす。釈迦文《しゃかもん》これに上せんと欲するも、また生天をもつてこれに勝ちがたし。ここにおいて、上、七仏を宗として、生死の相を離れ、これに加ふるに大神変不可思議力をもつて、示すにその絶えてなしがたきをもつてす。乃ち外道服して竺民帰す。これ釈迦文の道のなれるなり。（巻之上・教起の前後）

ゴータマ・ブッダの教えがインド思想史の中に位置づけられ、仏教に先行するとする「勝論《かつろん》宗」（ヴァイシェーシカ派）などインド六派哲学に「加上」して、天に転生する生天《しょうてん》説を否定して解脱《げだつ》の法を説いたことが述べられている。この範囲で収まっていればまだしも、やはり決定的な所説は大乗非仏説であった。

釈迦文すでに没して、僧祇《そうぎ》の結集あり。迦葉始めて三蔵を集め、大衆また三蔵を集め、分かれて両部となつて、のちまた分かれて十八部となれり。しかるにその言述ぶる所、有をもつて宗となす。事みな名数にありて、全く方等微妙の義なし。これいはゆる小乗なり。ここにおいて、文殊の徒、般若を作りてもつてこれに上す。その言述ぶる所、空をもつて相となす。しかして事みな方広なり。これいはゆる大乗なり。（前同）

仲基の説では迦葉《かしょう》ら、あるいは大衆部《だいしゅぶ》が結集《けつじゅう》した仏説は小乗であり、その後、文殊菩薩に仮託した一派が「加上」し、小乗の「有《う》」の哲学に対して般若経典を作って「空」の思想を説き、大乗（「方広」）が起こったとする。まさにこれこそ大乗非仏説である。「これ諸教興起の分かるるはみな、もとそのあひ加上するに出づ」と、その次に「諸法実相《しょほうじっそう》」で「有」と「空」とを止揚する法華経が現れ、以下、相次いで華厳経、大集《だいじつ》経・涅槃《ねはん》経、楞伽《りょうが》経（禅）、大日経（密教）の教えが加上されてゆくという仏教思想史が展開する。

しかるに後世の学者、みないたづらに謂《おも》へらく、諸教はみな金口《こんく》親しく説く所、多聞《たもん》親しく伝ふる所と。たえて知らず、その中にかへつて許多《あまた》の開合あることを。また惜しからずや。
（前同）

「金口」はゴータマ・ブッダの直説、「多聞」は直弟子である。また「開合」とは「加上」による思想的発展のことである。現在我々の知る仏教史の常識からすれば、各大乗経典の前後関係の修正は必要だが、仲基の説の大筋は認められる。しかし、当時の僧侶にとって、やはり自らの宗派の所依の経典がことごとくゴータマ・ブッダの直説ではなく、後代に作られたものであるという主張は、僧侶としての自己の存在のみならず自らが属する宗派の立脚点を破壊するもので、到底受け入れられるものではなかった。仲基の賛同者は、多くを仏教教団の外部に求めることになる。

その一人が尾張藩士朝夷厚生《あさいなあつなり》（一七四八〜一八二九）である。厚生が仲基の大乗非仏説を受け継いでいることは、その著作の『釈氏古学考』『摩訶衍《まかえん》不審十条』（「摩訶衍」とは大乗＝マハーヤーナのこと）などによって明らかだが、厚生は、当時のヨーロッパから得ることのできる地理的情報のうえに実証的なインドの地理学的研究を行った『仏国考証《ぶっこく》』を著していて、仏教の科学的研究の方向性は、この厚生などに引き継がれたと評価できるのだが、残念なことに、仲基も厚生も同時代人として横のつながりはあるものの、縦へと受け継がれる学統学派というものを形成することなく、近世思想史の中に特異な人物として名を留めるに終わってしまっている。

むしろ、この仲基の仏教思想史や厚生の仏教地理学を縦横無尽に利用したのは、他ならぬ排仏論者平田篤胤であったのは歴史の皮肉である。

2 《戒律復興》という原点回帰の運動

†社会への二つの対応

現代の文脈で使用される「原理主義（fundamentalism）」という言葉は、もともと自由主義神学に対抗する保守的なキリスト教プロテスタントのうちのある立場を表すものとして二十世紀の初めに登場し、次第に適用範囲を広げて、いまではイスラム教の過激派の主張を示す言葉になっている。そのイスラム教においても、もともとは欧米諸国における中近東を中心とするイスラム教世界の植民地化という状況に対する宗教的自己回復の運動を意味していた。

変化する社会に対して、変化に棹さし自らのかたちを変えてゆこうという対応があり、あるいは、原点へ回帰することによる社会の変化への対応もあり得る。仏教に関して言えば、これまで本書で取り扱ってきたように、江戸幕府は、仏教の統制と仏教の保護とを兼ね備えた巧みな宗教政策を取っていた。前者は、本末制度による末端に至るまでの寺院の統制であり、その統制された組織を駆使した寺請制度を支える機関としての行政の代行である。後者は、前者の寺請制度の見返りとも言える日本人すべての仏教徒化である。仏教には寺院（機関）の存続の保証、信者の確保の保証が与えられた。

たびたび述べてきたが、江戸時代の日本の《国教》は仏教であった。近世初頭は中世の余勢を残し、独立勢力として武家、公家と権力の分有を争う姿勢を見せたが、江戸幕藩体制が確立すると、江戸幕府の保護（＝統制）のもと、与えられた環境に順応することで、仏教の《黄金時代》を謳歌する。教団の趨勢は社会の変化に棹さした。

しかし盛者《じょうしゃ》必衰の理《ことわり》の通り、繁栄は停滞や腐敗をもたらす。まして、寺請制度というのは世俗の統治システムに寺院が組み込まれることであるため、僧侶の世俗化の進行は少なくない数の破戒僧を生み出し、それが排仏論者の格好の仏教批判の口実になった。儒者は為政者の代弁者としてストレートに破戒僧の非行を批判し、国学者はそもそも戒律というものの不自然さ・非人間性を指摘する。

戒律は、仏教者を世俗の人々から分ける重要な指標である。親鸞《しんらん》のように自ら破戒することで、非僧非俗という新しいカテゴリーを生み出す方策もあり得るが、世俗の中に溶解しようとする仏教を再生しようとする一群の人々は、戒律を復興することで仏教の初発の地点に立ち戻り、原点へ回帰することで社会の変化に一から対応し直そうと試みた。江戸時代における戒律復興運動とはこのことである。仏教版の《原理主義運動》とも呼んでよいかもしれない。仏教の《原理》を仏法僧の三宝に当てはめた場合、戒律復興は僧のありかたの原点に回帰しようとするが、それは僧にとどまらず仏と法の原点回帰も促す。

†戒律復興の時代

戒律復興運動が江戸時代中期以降に大きな盛り上がりを見せるのは、仏教史が新しい局面に入ったことをよく示している。この戒律復興運動は、広く諸宗派において見られた。天台宗では妙立《みようりゆう》（一六三七〜一六九〇）が出て、大乗円頓《えんとん》戒に『四分律《しぶんりつ》』の具足《ぐそく》戒（小乗戒）を兼学することを唱えるが、そもそも天台宗の成り立ちを考えれば、最澄《さいちよう》の大乗円頓戒による大乗戒壇の設立誓願に行き着くため、妙立は比叡山を追放され、三井寺に拠る。その後は弟子の霊空が引き継ぎ、元禄六年（一六九三）に輪王寺宮公弁《こうべん》法親王から比叡山横川《よかわ》の安楽院を与えられ、兼学律（安楽律）の本拠となる律院として整備する。宗内ではその後も是非をめぐる安楽律論争は引き続き、一進一退を繰り返すが、安永元年（一七七二）、兼学律が認められて決着がつく。

日蓮宗では元政《げんせい》（一六二三〜一六六八）の「法華律」があり、浄土宗では祐天《ゆうてん》が先鞭をつけるが、霊潭《れいたん》（一六七六〜一七三四）が出て「浄土律」を理論化する。他にも敬首《けいしゆ》、関通《かんつう》、普寂《ふじやく》など優れた提唱者が浄土宗から輩出される。さらに、先に非僧非俗で触れた親鸞を祖とする浄土真宗でも高田派の真淳《しんじゆん》（一七三六〜一八〇七）のように持戒を提唱する者が現れる。

第五代将軍徳川綱吉の帰依を受け、江戸湯島に霊雲寺を開いた真言宗の浄厳《じようごん》（一六三九〜一七〇二）は、戒律復興、悉曇《しつたん》（梵語）研究で慈雲《じうん》の先行者に当たる僧侶である。浄厳は「如法真言律」を唱え、三昧耶《さんまや》戒（密教）に具足戒（小乗）を兼ねる真言律宗中興の祖に位置づけられている。

提唱者それぞれに個性があるため一般化はできないのだが、いずれも孤立した活動ではなく、上は皇族・将軍から下は庶民に至るまで、一定の支持を受けた活動であったということを見落としてはいけない。破戒僧が問題となるのは、持戒堅固な僧侶の存在が想定され、それが社会において理想的な僧侶像として求められ、その対比物として破戒僧がいたのである。

この後で取り上げるが、現実の江戸の社会では飲食をともにし、詩を吟じ歌を詠むような、同じ目線に立つ友人としての僧侶が存在しており、それはそれとして認められていたのだが、社会内の存在として理想型の僧侶は、徳川幕府の制度に寺院が組み込まれている以上は社会制度を維持する上でなくてはならないもので、戒律復興運動というのは、僧侶の自己反省による信仰復興運動というだけではなく、それを社会が要請していたからこそ、諸宗派に広く見られる現象となり得たのである。

†ゴータマ・ブッダへの回帰

戒律復興運動の潮流の中では後期に属する真言宗の慈雲は、「正法律《しょうぼうりつ》」を唱えた。真言律ではなく、ことさらに《正法》を冠したことが意味することは、ゴータマ・ブッダへの回帰を強く意識していることを示している。

正法とは、経律論を多く記したを云《いう》でない。神通あるを云でない。光明を放つを云でない。無碍弁舌を云でない。向上なるを云でない。唯《ただ》仏の行はせられた通りに行ひ、仏の思惟あらせられた通りに思惟するを云。仏の思惟し行はせられた通りとは、近くは八正道じゃ。八正道とは正見・正思惟・正語・正業・正命・正精進・正念・正定の八つじゃ。(『慈雲短篇法語』「正見」)

思想史の発達の上で折り重なった夾雑物を排し、ゴータマ・ブッダが説き、行った通りに自らも行うという原点回帰がそこにはあるが、このゴータマ・ブッダといい八正道《はっしょうどう》といい、仏教思想の発達史を遡上してゆく行為は、単なる原点回帰ではなく、前に取り上げた富永仲基の方法論のカウンターパートの位置に慈雲がいることを意味している。

仏在世に天龍八部・人非人・男子女人を集て垂誡有《あっ》たが今の経文じゃ。其の至れる場処は甚深なるべきなれども、其の文句は人々聞得て利益を得たことじや。むづかしかるべきではない。唯《ただ》支那国、中古已来《いらい》俊邁《しゆんまい》の士が、自己の智慧を極て向上に言ひなす。其の次に出る者は其れより上なることを言ひ出し、其の次に出る者は又其れより上なることを言ひ出して、今の教相学に成《な》つたことじや。仏在世・賢聖在世にはなきことじや。（『十善法語』巻二「不偸盗戒」）

当時の仏教に対する慈雲の批判は、まさに仲基の加上説に則っている。慈雲は『十善法語』巻十「不邪見戒之上」で仏教、儒教、神道などの所説を列挙して批判してゆくが、そこには「誠の道」や「加上」という明らかに仲基のテクニカルタームを用いる「一類偏見の者」が登場することから、偶然の一致などではなく、慈雲は仲基を咀嚼《そしやく》した上で仲基の加上説のベクトルを逆転させ、ゴータマ・ブッダへと回帰していたのである。

『十善法語』十二巻は安永二年（一七七三）から三年にかけて行った法語をまとめたもので、口語体本と文語体本があり、さらに『十善法語』を広本として、その略本に当たる『人となる道』が天明元年（一七八一）に刊行されている。《人となる道》とは、つまり「世間出世間にを（ママ）し通じて大明灯」となる十善戒を行うことだが、さらに細かく、不殺生《せつしよう》・不偸盗《ちゆうとう》・不邪淫を身の三善業、不妄語・不綺語《きご》・不悪口《あつく》・不両舌を口の四善業、不慳貪《けんどん》・不瞋恚《しんい》・不邪見を意の三善業と、身《しん》・口《く》・意《い》の三業に分かっている。

世善相応のなかも、此徳（十善）むなしからず。若真正《もししんしょう》にこの道による者は、諸仏菩薩も自己心中より現じ、一切法門もその身にそなはるなり。（『人となる道』）

「世善」とは忠孝仁義など、ゴータマ・ブッダが現れる前からあった徳を言う。この慈雲が提唱する十善とは世俗と非世俗とを貫く徳であり、それはゴータマ・ブッダへと回帰してゆくものである。僧侶の戒律復興としての正法律と、庶民教化としての十善戒はゴータマ・ブッダで通じ、その他の慈雲の業績として挙げられる『梵学津梁《しんりょう》』一千巻という巨大な悉曇《しったん》（梵語）研究も、『方服図儀《ほうふくずぎ》』という袈裟の制式の探求も、『南海寄帰内法伝解纜鈔《げらんしょう》』という義浄によるインド・東南アジアの紀行の注釈もすべてゴータマ・ブッダ在世の《正法》の復興という一点へと集約されてゆく。ゴータマ・ブッダという最大公約数を設定することにより、仏教諸派に通じる《正法》の通仏教という地平がそこに広がるはずであったが、やはり社会の制約を超えることはなかった。慈雲は真言宗の僧としてその生を終える。

慈雲の影響を受けて明治十七年（一八八四）に十善会を創設した叔父釈雲照《しゃくうんしょう》（一八二七〜一九〇九）の勧めで釈興然《こうねん》（一八四九〜一九二四）がスリランカに渡り、日本にテーラヴァーダ仏教を伝えることになるのは、慈雲の指向したものが、社会の制約がなくなった時に進んでゆく道の一つであったのだろう。

†神儒仏関係の組み替えの試み

慈雲が仏教という《正法》によって出世間と世間を通じて教化しようとした際、儒教と神道をいかに扱うかという近世的な問題が横たわっていた。慈雲の『神儒偶談《ぐうだん》』では、煩悩がない状態である「無漏《むろ》」「無為《むい》」(その反対が煩悩のある「有漏《うろ》」「有為《うい》」)を用いて儒教と仏教との関係を整理してみせる。彼は「仏法は無漏道なり」「仏法は無為を主とす」という定義の後、「仏法既に無漏無為ならば、治国平天下は用なきか」という質問を想定する。それに対し、

我是を師に聞けり。瑜伽論《ゆがろん》第六十二巻に、弥勒菩薩仏説王政経を引て、末世治国の要を示せりと。又諸経論の十善、全くこれ治国平天下の道なりと。若《も》し無漏の人、願輪に乗じて世に権に現ぜば、その天下を治《おさむ》る、掌を指すが如くならん。(巻上)

「師に聞けり」と述べているが、慈雲の言葉と考えてよいだろう。十善戒が世俗において通用するのは再説するまでもないが、ここでは「無漏の人」が「世に権に現」れると、仏教の完全

なる世俗化を保留する姿勢を見せている。
さらに神道については、「儒典は五倫に就て教を立《りっ》す。神道は一箇の赤心、君臣の大義のみなり」（巻上）と、神道を儒家神道的な文脈である君臣論の中に位置づけるが、価値の優劣は神道が上位にあり、『神道要語』では「真正の大道もし世間に顕現せば神道となる」、「此人間に在てこの道に志すならは、本心おき処全く神道にあり。事の始末を全《まっとう》するに儒道を借り用《もちう》へし」と、神道と儒教を根幹と枝葉の関係でとらえている。
ここでもやはり『神儒偶談』と同様に、仏教は有為有漏に対する無為無漏という世俗の次元を超えた上位の存在として提示されている。

此神道無為に趣けは仏法なり。歴代豪傑大人の信受する処なり。

世俗の教えである神道、儒教の上に仏教があるという整理は神儒仏の関係を整理するうえで、直接には仲基、さらには仲基の前提となる荻生徂徠や太宰春台の三教関係の思想を咀嚼したうえで、仏教優位に読み替えたものと評価することができる。しかし、神儒の上に仏教を置くという構造がうまく引き継がれ、発展することがなかったのは、慈雲の言説の特性ゆえと言うほかない。慈雲の神道関係の著作から読み取れるのは、ナショナリズムの装いをした雑多な儒仏の言説の集積であり、仏教の位置づけは不徹底だからである。仏家神道の一変種（雲伝《うんでん》神道）という扱いが、思想史において通説となっているのもむべなるかな。

> （十善戒の）上品《じょうぼん》の護持は天上を〔ママ〕よび輪王の徳なり。中品の護持は万国諸王の徳なり。下品の護持は人中豪貴の果報《むくい》なり。もしは分受、もしは護持闕失《けつしつ》あるは、小臣民庶の等級なり。
> （『人となる道』）

また、原点回帰から発して仏教の出世間の出世間の法から世間の法へと拡充された十善戒が、庶民の日常倫理から国家倫理へと横滑りするのは、武家出身の慈雲の来歴を差し引いても、近世的言説における儒教的発想の強固さをうかがわせるに十分である。むろんだからこそ、慈雲の十善戒は明治においても仏教改良の栄養となり得たのである。

3 《雅》という場における交歓

†《雅》と《俗》

文学者の中村眞一郎《なかむらしんいちろう》（一九一八〜一九九七）と国文学者の中野三敏《なかのみつとし》などが主張しているように、江戸文化というのは、漢文の《雅《が》》と和文の《俗》の二層構造になっていて、正式なもの、公のもの、床の間に飾るものは《雅》の領域に属する漢文で書かれたものであって、非公式なもの、私のもの、自室で楽しむものが《俗》の領域に属する和文で書かれたものであった。江戸文化と言ったが、中国の先進文明を受け入れた古代以来このかた、明治維新までこの構造は変わっていなかった。むろん和文でも、王朝文化の伝統を代表する和歌には特別な地位が与えられていた。それでも、『懐風藻《かいふうそう》』（天平勝宝三年〔七五一〕成立）が『万葉集』（八世紀末成立）に先立ち、勅撰和歌集『古今和歌集』（延喜五年〔九〇五〕以降成立）が編纂されたのが、勅撰三詩集の三番目『経国集《けいこくしゅう》』より後であったことを見落としてはいけない。

この構造が変わったのは、先ほどあえて言い落としておいたもう一つの漢文と和文の持つ性格が大きな要因となっている。それは、漢文が東アジア世界における《普遍》を表すという性格を有していたのに対して、和文が日本という国の《特殊》を示していたのだが、十八世紀半ば以降に昂揚するナショナリズムを養分に、国学と水戸学を思想的支柱とする明治維新が達成されたことにより、《特殊》であるものこそ《正式》なもの、《公》のものであるとするパラダイムシフトが行われた結果、漢文は日本文化の上層から滑り落ちたのだ。

それによって、明治になって淡島寒月《あわしまかんげつ》（一八五九〜一九二六）によって再評価される《埋もれた作家》井原西鶴が元禄文化を代表し、現代で言えばライトノベルやマンガの扱いであった滑稽《こっけい》本・人情本や黄表紙などが化政文化を代表するとされ、総じて、江戸文化は《町人文化＝サブカルチャー》という枠の中で語られることになる。

もちろん和文の世界でも《雅》の領域を侵食する上田秋成《うえだあきなり》（一七三四～一八〇九）なども登場するが、屋上屋を架す秋成研究が明らかにしているように、秋成の小説は、中国の白話小説を咀嚼した上に至った文学的高みであった。これに比して、明らかに通俗的な曲亭馬琴《きょくていばきん》（一七六七～一八四八）の『南総里見八犬伝《なんそうさとみはっけんでん》』は、『水滸伝』の翻案であることを隠しもしないどころか、仁義礼智忠信孝悌の儒教道徳を顕す玉を八犬士の証にするなど、《俗》に《雅》を引き込もうと必死になっているように見える。

その馬琴と同じ頃、大流行作家であったのが、漢文で『日本外史《がいし》』などを著した頼山陽《らいさんよう》（一七八一～一八三二）である。ところが今や山陽は、維新の志士の前駆となるロマン主義的ナショナリストとして日本思想史に登場するに過ぎない。漢詩人に至っては、菅茶山《かんちゃざん》（一七四八～一八二七）や亀田鵬斎《かめだほうさい》（一七五二～一八二六）などの当時の大家が、今では研究者・愛好者の間で知られるだけになっているばかりか、漢学書生の革命であった維新の余勢が残っていた明治時代の文豪夏目漱石《なつめそうせき》（一八六七～一九一六）が漢詩人としても知られていたことは、近代文学史から抜け落ちている。画期は多くの作家が「漱石」のような号を筆名に用いなくなった大正時代だろう。漢籍の教養は大正を境にして急激に失われてゆく。

さて、江戸時代が漢文学の時代であったことを述べるために先走り過ぎたが、繰り返しになるが、江戸時代においては、《雅》とは漢文の側にあった。

†僧侶と儒者との交流

江戸時代の初め、《雅》である漢文を担っていたのは、前の時代の五山文学の流れをくむ禅僧たちであり、先端的な中国文明は東シナ海を渡り日中間を往来していた彼らの手によって日本にもたらされた。林羅山や山崎闇斎という排仏論者の典型のような儒者が還俗者であり、漢学の基礎教養を身につけたのが禅寺（羅山は五山の建仁寺、闇斎は林下《りんか》の妙心寺）であったのは、文明の卸元《おろしもと》がどこにあったのかをよく示している。羅山の同時代人石川丈山《いしかわじょうざん》（一五八三〜一六七二）が洛北一乗寺村に詩仙堂を建て、三十六歌仙の向こうを張り三十六詩仙を顕彰して気を吐くなど、儒者たちの努力のかいもあり、段々に中国文明の担い手として儒者という身分が社会的に認められるようになると、《雅》を間に置いて、儒者と僧侶との関係は対等、あるいは儒者の優位へと変化してゆく。

次に引用する黄檗宗の僧大潮元皓《だいちょうげんこう》（一六七六〜一七六八）の詩「徂徠生を訪《と》ふ」（『松浦《しょうほ》詩集』巻之中）は、多分に挨拶的なものも含んでいるが、荻生徂徠に対して弟子の礼を取ることを詠んでいる。

禅余自ら擬《ぎ》す　蛇を捉ふる手
譲《ゆず》らず　君に従つて古琴を砕くことを
（禅余自擬捉蛇手　不譲従君砕古琴）

本詩は七言律詩だが、すべてを引用しているとあっという間に紙幅が尽きてしまうため、尾《び》聯《れん》二句のみ引用した（律詩は八句から成り、二句ずつ首聯・頷《がん》聯・頸《けい》聯・尾聯の四聯に分かつ）。意味するところは、「私は修行の合間に出来の悪い詩を作ってきましたが、これまでのやり方を捨てて、あなたの弟子になります」というものである。

大潮は肥前国松浦《まつら》の人だが、正徳二年（一七一二）から享保二年（一七一七）の間、江戸に出てきており、徂徠および服部南郭《はっとりなんかく》（一六八三〜一七五九）、太宰春台らその門人たちと交流し、長崎ですでに國思靖《こくしせい》（一六六〇〜一七一三）から唐話《とうわ》（中国語）を学んでいた大潮も、徂徠が長崎から元唐通事《とうつうじ》（中国語通訳者）の岡島冠山《おかじまかんざん》（一六七四〜一七二八）を招いて開催していた中国語学習会「訳社」に参加している。

徂徠は入門的な思想史の理解では古文辞学の開祖ということになっているが、それに至る以前に『訳文筌蹄《やくぶんせんてい》』（正徳五年〔一七一五〕初編刊）を世に問い、返り点を使って漢文を訓読することの弊害を指摘し、頭からそのまま下に読んで中国語としての文構造をふまえて理解することを提唱していた。同時代的には、まず徂徠は気鋭の中国語学者兼文学者として登場する。大潮が訳社に参加した頃は、古文辞学確立以前のこの時期に当たる。

徂徠は大潮のこの詩に対して「大潮禅師の訪はるるに奉和す」（『徂徠集』巻四）を作る。「和」とは、他人の詩の韻と同じ韻を用いて詩を作る「次韻」を意味する。次韻は相手に対する敬意を表す。第三句で「真賞　遥かに方外より得（真賞遥従方外得）」、つまり「仏教という出世間（＝方外）の人から思いがけない評価を得ました」と述べているが、ここでは頸聯《けい》二句に注目して引用しよう。

玄珠　戸に映じて　窺《うかが》ふに色無し
白壁　人に投じて　叩くに音有り
（玄珠映戸窺無色　白壁投人叩有音）

教科書通りの対句になっているが、大意は、「あなたが玄妙な仏教の真理を体得されていることは外から窺うことができます。それをお尋ねするときちんと答えてくださいます」となる。

徂徠は排仏的な態度を取るでもなく、互いに益し合う対等な存在として大潮を迎え入れている。

†大潮が担った徂徠学の伝播

漢文を間にはさんだ儒仏の麗《うるわ》しい交歓というものだろうか。これが通り一遍の交流でなかったのは、大潮は肥前蓮池の竜津寺《りゅうしんじ》に帰住するが、九州に徂徠学およびそこから波及する漢詩文の愛好を扶植したのは大潮の功績であったことが示している。福岡藩の藩儒亀井南冥《かめいなんめい》（一七四三〜一八一四）は晩年の大潮に学んだ。のち南冥は藩内の政争のため藩校甘棠館《かんとうかん》の祭酒《さいしゅ》（学長）を逐われるが、南冥に学んだ広瀬淡窓《ひろせたんそう》（一七八二〜一八五六）は『儒林評』（天保七年〔一八三六〕成立）で、「我海西九州の文学は、肥前の僧大潮より開けたること多し。大潮は徂徠より少《わか》きこと十三歳。徂徠の弟子には有らねども、其交《まじわり》親しく、学問詩文、徂徠の説によりて修せし人なり。徂徠没後、其余声天下を動かす。海西の人其風をきいて慕ひ、皆大潮に従ひて其説を学びしなり」と評価している。淡窓は言うまでもなく江戸後期最大の私立学校、豊後日田《ひた》の咸宜園《かんぎえん》の創設者である。儒教と仏教とが単純な対立関係にあったわけではないことは、この事実からも明らかだろう。

淡窓は「学問詩文、徂徠の説によりて修せし」と述べているが、大潮が儒者になってしまったわけではない。曹洞宗の無隠道費《むいんどうひ》（一六八八〜一七五六）の『心学典論』に大潮が寄せた「序」

では、「茂卿《もけい》（徂徠の字《あざな》）が吾が釈に於ける、固《まこと》に冤《えん》なり」と、徂徠学を批判した著作に贈った「序」であることを差し引いても、徂徠の仏教批判に対しては、それは濡れ衣であると仏者としての立場を保持している。宗教としての仏教と学問としての儒学を、大潮などはうまく使い分けていたのだろう。

ここで思い出されるのは、第二章3節に引用した徂徠の「対問」である。徂徠は、「凡そ彼の為す所、治に害有る者は、官皆之を制して、為すを得ざらしめて、復た其の釈迦の道に於て何如なるかを顧みず」（『徂徠集』巻十七）と述べ、御政道にかかわらない限りにおいては、宗教としての仏教に対しては関与しないという立場を表明している。あくまで治者の代弁者としての儒者という立場からだが、それぞれの領域を侵さなければ、儒教と仏教とは共存可能なのである。

しかもその共存は相互無関心というものではなく、両者を架橋するものが存在していた。それは言うまでもなく漢文がつなぐ《雅》の世界であった。

†文章による架橋

『徂徠集』巻十には、西帰する大潮を送るために徂徠が書いた「魯子（大潮の別号の魯寮《ろりょう》に拠る）の海西に帰るを送る序」が収められている。

西冥の魯子、独り奮然として自ら言ふ、仮使《たと》ひ瞿曇《くどん》其の世に当たり、葱嶺《そうれい》を踰《こ》へて以て東《ひがし》すれば、世に伝ふる所の修多羅《しゅだら》、豈《あ》に尽く詩書の下に出でんや。迺《すなわ》ち其の辞、下も晋宋に比《なら》ぶは、訳者の辜《つみ》なりと。知言なるかな。

「西冥」は西国、「瞿曇」はgotamaの音写でゴータマ・ブッダ、「葱嶺」はパミール高原、「修多羅」はsūtraの音写で経のことである。大意は、もしゴータマ・ブッダが在世中にパミール高原を越えて中国にやって来ていたならば、仏典が詩経や書経などに劣るというようなことはなかった。仏典が六朝の時代（この「宋」は南朝の劉宋だろう）の劣った文章であるのは、訳者の責任である。これを徂徠は道理にかなった言葉（「知言」）だと褒めている。ここで「劣る」という評価軸がどこにあるかは、それに続く「六朝の文章」という拙訳で示したように、文章——むろんそれは漢文としてだが——として詩経や書経などの儒教経典に劣るということである。問題は内容ではなく、それをいかに表現するかという文章の問題にかかってくる。

徂徠が依拠した明の李攀龍《りはんりゅう》、王世貞《おうせいてい》ら古文辞派の文学運動は、「文は必ず秦漢、詩は必ず盛唐」（『明史』文苑伝）をモットーとした復古主義的な文学観に拠って擬古的な漢詩文を著したが、徂徠はその文学運動を「天の寵霊《ちょうれい》」（『弁道』）と大袈裟な表現で受け入れ、それを土台に古文辞学という儒教思想を構築してゆくことになる。

たしかに北伝の釈尊伝に従えば、孔子とほぼ同時代の人物になるため、その時に訳されていれば、古文辞の理屈ならば、仏典が文章で儒教経典に劣るということはなかっただろう。

少なくとも徂徠学派というサークルの中で僧侶と儒者を結びつけていた漢文の正体が、おぼろげながら輪郭を現してきたのではないだろうか。さらに《言葉》をめぐる問題について掘り下げてゆきたい。同じ『徂徠集』巻十には、玄海《げんかい》（生没年未詳）という長崎から江戸に出て来た僧が帰省する際に贈った文章が収められているが、大潮に贈った文章と合わせて見てゆくと、さらに儒者の視線の内にインドまでもが収まっていたことを見ることができる。

4　儒仏を架橋する《言葉》への関心

†儒者の生計

儒者荻生徂徠と黄檗僧大潮元皓との交流を取り上げたが、徂徠門に出入りして古典漢文あるいは唐話（中国語）を学ぶ僧侶は大潮に限らなかった。徂徠の詩文集『徂徠集』、あるいは徂徠の高弟の服部南郭の『南郭先生文集』、太宰春台の『春台先生紫芝園稿《ししえん》』などを閲《けみ》すると、僧侶との間で交わされた詩、書簡を拾い上げることは難しいことではない。

もともと徂徠にしろ春台にしろ、彼らの生活の一部が僧侶によって支えられていたという面がある。漢詩文という《雅》の上部構造は、生計という下部構造と密接にリンクしていた。

講談・落語の「徂徠豆腐」は、徂徠が柳沢吉保に召し抱えられて出世した後、不遇時代に世話になった隣家の豆腐屋に恩返しをするというのが粗筋だが、父方庵《ほうあん》が赦免され、逼塞先の上総から父とともに江戸に戻り、世に認められる前の徂徠が塾を開いたのは芝三島町、現在の芝大門《だいもん》一丁目で、名前から察せられるように芝の増上寺の門前町である。この場所で徂徠は増上寺の学僧に漢文を教え、生活の資としていた。『蘐園《けんえん》雑話』（蘐園は徂徠の塾の名）には、「徠翁江戸へ出らるゝ時易《えき》にて占《うらなわ》れけるに、否の九五「繫于包桑」と云卦《いうけ》を得たり。桑は桑門《そうもん》僧徒のことなれば、是より増上寺の僧徒へ講釈などいたされしとなり」と、儒者らしく易占の結果であると文を飾っているが、勘ぐれば漢文の需要があることを見越しての開塾であろう。

徂徠が芝に開塾した頃、五代将軍徳川綱吉が学問を奨励していたとはいえ、まだまだ上層を除けば、大多数の武士や町人からは、それほど漢学の素養《そよう》は必要とされていなかった。その時代に漢学の素養を必要としていた多数は檀林《だんりん》、学寮など宗派によって呼び名は様々だが、現代風に言えば僧侶養成学校に学ぶ学僧たちであった。仏教の経典・論書が漢文で記されている以上、漢文力は必須であった。増上寺は浄土宗の関東十八檀林の中でも、約三千人もの学僧が学ぶ最大の規模を誇っていた。全国から僧侶が集まり、そこで学んだ僧侶が全国へと散っていったのは今の大学と変わりがない。

徂徠の高弟春台の生計も僧侶が支えとなっていた。師徂徠とは違い、大名から安定して召し抱えられることのなかった春台は、私塾の経営が生活の基盤であったが、春台が私塾紫芝園《ししえん》を開いたのは小石川牛天神の地であった。近隣には、関東十八檀林の中で二番目の規模を誇った伝通院がある。春台はその地で農民、職人、商人から僧侶、神官までありとあらゆる階層の人々に教えたが、立地から見て有力な生徒の供給源は僧侶であっただろう。

そもそも旧主松平忠周《まつだいらただちか》から命じられた十年間の他藩への仕官の禁止が解けた浪人春台が、大坂から江戸に戻って身を寄せた先が伝通院であった。小石川牛天神に私塾を開いたのも、伝通院が火事で燃えてしまったため、居候するにも居場所がなくなったためである。春台の生活は伝通院と密接にかかわっていた。春台が『修刪《しゆうさん》阿弥陀経』という鳩摩羅什《くまらじゆう》の漢訳『阿弥陀経』の漢文を添削した《改訂版》を著すことになるのも、この浄土宗との関係の深さがある。

文字の上だけで神道、儒教、仏教の関係を見ていると、終始いがみ合っていたかのような印象を受けるが、江戸なら江戸という同じ都市に暮らす者として、たとえ言説は過激であっても、敵対しながら日常を送っていたわけでは決してないのだ。現実生活においても他の思想・宗教に属する者に対して敵対的であったのは、一部のエキセントリックな人物に限られると考えておいたほうが、実際の江戸時代の姿に近いと言えるだろう。

身も蓋もない言い方をすれば、私塾を開くにせよ、大名に召し抱えられるにせよ、多くの儒者の生計は、現在の《講師》と呼ばれる職と同じように、知識の切り売りであった。需要の多くは仕事での必要にかられて、あるいは趣味において漢詩文を読み・作る技能の習得にあって、儒者の理想形である「道」を学び、それを天下国家のために役立てることが実践できたのは、熊沢蕃山や新井白石などごく少数の儒者であった。

†古文辞学と《言葉》

徂徠も柳沢吉保、そして八代将軍徳川吉宗から諮問を受けることになる、後者に属する幸運な儒者であったが、徂徠は政治思想としての儒教を突き詰め、「道」を《政治の道》に集約することにより、それまで朱子学などでは地続きであった政治と道徳と文学とを切り離すことを可能にしてしまった。

徂徠のこの思想が、明の古文辞派という文学運動の研究の結果であるということに、思想という知の構造物の皮肉な機微《きび》を思わざるを得ない。つまり古文辞派の影響を受け、哲学的な思弁をいったんカッコに入れ、儒教経典のテキストそのものを読み込むことで、「四書五経《ししょごきょう》」に書かれていることは古の聖賢による《政治の道》であって、朱子学の説く理気二元論のような宇宙論的な視野で個人の修養と世界の安定を結びつけるのは後世の附会であるという結論に至ったのである。

朱子学を否定した結果、一つの人格の中で政治と道徳と文学とが一致していなければならないという桎梏から近世の知識人は解放され、徂徠の思想が《文人》を生み出したという中村幸彦《なかむらゆきひこ》（一九一一〜一九九八）の議論に代表される状況が出来《しゅったい》した。

先に挙げた南郭は、師徂徠と同様に柳沢家に出仕していたが、吉保を継いだ吉里《よしさと》に疎《うと》んじられてからは《政治の道》は諦め、《文の道》に韜晦《とうかい》する。不忍池の畔《ほとり》にあった南郭の私塾芙蕖館《ふきょかん》は、江戸の文人の源泉となった。結果として、徂徠の学問は江戸幕藩体制の中での儒者の政治顧問としての間口を広げようとして、一方で、儒者の漢詩文の講師としての生き方を追認してしまうことになった。

同じく「古学」と総称される伊藤仁斎の学問が「古義学」と呼ばれ、孔子、孟子が何を言おうとしたのか、つまり古の聖賢の《義》を文脈の中に探求したのとは異なり、徂徠の学問をその方法論的特徴から呼ぶ「古文辞学」は、文字通り古の聖賢の《文辞》の学問である。仁斎に比べ、より《言葉》に対する探求の比重が強まる。ただし、徂徠が漢文和訳の手引書『訳文筌蹄』を書き始めるのは、古文辞学を確立する以前であるため、徂徠にもともと《言葉》に対する強い探求心があり、それが明の古文辞派を呼び寄せたというのが順当である。

†梵文原典からの再訳

徂徠が「訳社」を組織し、長崎から元唐通事（中国語通訳者）の岡島冠山を招いて中国語学習会を開き、それに大潮が参加していたのは前に見た通りである。これも徂徠の《言葉》に対する探究心が、漢文を正しく理解するためには、唐話の知識が必要であると考えるまでに昂進した結果である。

徂徠の《言葉》に対する探究心はとどまるところを知らない。大潮に送った手紙「魯子の海西に帰るを送る序」を前に引用したが、長崎の浄土宗の僧で、増上寺で学んでいた玄海が帰国する際に贈った「釈玄海の崎陽に帰るを送る序」（『徂徠集』巻十）には、さらに興味深い内容が記されている。

今夫《そ》れ崎陽は、海西の大都会にして、夷夏の交はるところなり。之に邇《ちか》くしては朝鮮・琉求〔ママ〕、之に遠くしては欧駱《おうらく》の南、仏斉・仏狼・爪哇・渤泥の諸夷と交わり、至り畢《つく》さざるなし。吾聞く、暹《せん》と羅《ら》斛《こく》とには、金梵貝葉《こんぼんばいよう》・赤衲螺結《しゃくのうらけつ》有りと。蓋《けだ》し古身毒《しんどく》の南竟なり。其の人歳《としごと》に或は一も至れば、必ず瞿曇《くどん》の言を能《よ》く伝ふる者有りて、上人之を訳さば、豈《あ》に復た〔羅〕什と〔玄〕奘の陋《ろう》有らんや。

「崎陽」は長崎のことである。もとは山の南側、川の北側を「陽」と呼んだが、たびたび中国の都となった洛陽に倣《なら》い、地名につける雅称のようになった。「欧駱」は北ベトナムの地名である。欧駱以南は中華世界の外になる。「仏斉」は三仏斉《さんぶつせい》で、かつてはシュリーヴィジャヤに比定されていたが、近年ではマラッカ海峡周辺にあった諸国の総称という見方が有力になっている。「仏狼」は仏狼機《フランキ》でフランク人が語源だが、ヨーロッパ人、特に南蛮人を意味する。徂徠の時代には来航は禁じられていたため、文飾と捉えるか、あるいは紅毛人を指しているかもしれない。爪哇はジャワ、渤泥はボルネオである。「暹」と「羅斛」は、もともと別の国であったのが合して「暹羅斛」となったと『明史』にある。これは現在のタイのことで、つづめて「暹羅」と記し、「シャムロ」と日本では呼んでいた。「身毒」はシンドゥ（Sindhu）の音写でインド、「瞿曇」はゴータマ（Gautama）の音写でブッダのことである。

長崎は海外貿易港として多くの国々の人が訪れるが、中でもインド世界の南にある（近世の世界地理認識については第四章2・3節を参照）タイには「金梵貝葉（金字の梵文で書かれた貝多羅葉《ばいたらよう》の経典）」があり、「赤衲螺結（赤い僧衣を着た螺髻《らけい》の僧）」がいると聞いている。毎年入港する船に一人でもいれば、必ずそのうちにゴータマ・ブッダの言葉を正しく伝えているものもいるだろう。玄海上人よ、あなたがその人の言葉を訳せば、鳩摩羅什や玄奘の訳より素晴らしい訳ができるだろう、というのが引用箇所の概略だが、なぜ梵文からの再訳を玄海に徂徠が勧めるかと言えば、そこに古文辞学という学問が背景として浮かび上がってくる。

古文辞派のモットーは「文は必ず秦漢、詩は必ず盛唐」という復古主義的なもので、後漢より後の文章は低級なものと考えていた。仏教の中国への伝来は、後漢の明帝の永平年間に迦葉《かしょう》摩《ま》騰《とう》と竺法蘭《じくほうらん》が『四十二章経』を白馬に乗せて伝えたとする白馬寺伝説が膾炙《かいしゃ》しているが、仏典の翻訳は魏晋南北朝期に盛んとなるため、古文辞の基準から言えば、仏典の漢文は低級な漢文なのである。

同じく春台が玄海に贈った「玄海沙門を送るの序」でも、「其れ必ず周人の辞を以て、慶喜《けいき》子の記する所の胡言を訳さば、然《しか》る後以て文と為すべし。以て能仁《のうにん》氏の道を伝ふべし」（『紫芝園稿後稿』巻三）と、徂徠と同様のことを述べている。周とは、古文辞派が理想とする高級な漢文が書かれていた時代である。「慶喜」はアーナンダを意訳した漢訳名、「能仁」もブッダの意訳名である。周の時代の言葉でアーナンダの語る「胡言（外国の言葉一般だが、ここではインドの言葉）」を漢訳すれば、文章としても素晴らしく、ブッダの真意も伝わると述べている。

湯浅常山《ゆあさじょうざん》（一七〇八～一七八二）の『文会《ぶんかい》雑記』には南郭の言葉として「仏経は文章拙し、もと梵語を漢語に直して、其のまゝ記すゆへ文章意あるに非ず。其中にてはリヤウゴン（楞厳）ユイマ（維摩）、少し訳者の心、文にある故か、見ましたるまでのこと也」（巻二之下）というのが記録されている。徂徠門下では、こうした漢訳仏典を低級な文章とみなす意識が共有されていたようである。春台の『修刪阿弥陀経』は、春台自らが漢訳仏典の低級な漢文を高級な漢文になるように添削した試行の結果であった。

こうした《言葉》に対する鋭敏な意識は、徂徠学派内の儒者の間だけの共通認識ではなく、徂徠学派と関係のあった僧侶にも伝染してゆく。

《言葉》の探求とインド回帰

文雄《もんのう》（一七〇〇～一七六三）は丹波国の生まれで、京都で主に活躍した浄土宗の僧だが、江戸に出て春台の門に学ぶ。文雄には、富永仲基の『出定後語』を批判した『非出定後語』や、須《しゅ》弥《み》山《せん》世界説を主張した『九山八海解嘲論《きゅうせんはっかいげちょうろん》』など、取り上げるべき興味深い著作があるのだが、ここでは文雄の最大の業績と言ってよい『磨光韻鏡《まこういんきょう》』二巻（延享元年（一七四四）刊）について取り上げる。

『韻鏡』とは中国語の五十音図のようなもので、声母（頭子音、tangならtの部分）と韻母（介音・主母音・尾音、tangならangの部分）を組み合わせた一覧表である。その研究書が『磨光韻鏡』である。文雄が春台に学んだ目的もこの書の完成にある。延享元年の刊本には春台が序文を寄せている。

文雄がなぜ音韻学を研究したかと言えば、それは音韻を正しく理解しなければ、漢字で音写された陀羅尼《だらに》を正しく理解することができないという点にあった。文雄の弟子文龍《もんりゅう》の著した『無相上人伝略《むそうしょうにんでんりやく》』（「無相」は文雄の号。『重校正字磨光韻鏡』巻下附載）には次のような記述がある。

尤《もっと》も音韻・天学に長ず。其の韻学に於けるや、謂《い》ふところの音韻は、貝典を読むことの第一義なり。

「貝典《ばいてん》」とは貝葉に記された梵文経典のことだが、この伝記の記述は、インドの言葉は多様で、それを聞いて書き写した中国人の言葉もまた多様であるので、これらを明らかにしなければ、正しい梵音を得ることはできないと続く。文雄の志は、まず梵音を音写した漢字音から確定しようとしたもので、この発想は、『古事記』を正しく読むために漢字音を確定しようとした本居宣長の『漢字三音考』に通じるものがある。

江戸時代は圧倒的に漢文の世界であり、まずその漢文との関係のうえにおいて、その先にインドの原点というものを視野に収めるという方法が行われていた。こうした営為を経た上で慈雲などによる、より直接的な梵文研究が生まれてくる。

徂徠学派を中心とした《言葉》の学問が、インドへの原点回帰を促していく助産婦の役割を果たしたことは、徂徠学本来の意図とは異なる部分もあるが、儒仏の交渉を考える上でこれまで見落とされてきた領域である。

第六章

仏教の革新と復古

1　仏教の徳目としての《孝》

†儒教から仏教へ

魯の国の大夫《たいふ》孟懿子《もういし》から孝について質問され、「違《たが》ふことなかれ（間違えないように）」とだけ答えたことの真意を、孔子は弟子の樊遅《はんち》に対して、「生きては之《これ》に事《つか》ふるに礼を以てし、死しては之を葬るに礼を以てし、之を祭るに礼を以てす」ることだと説明している（『論語』為政）。

日本人がイメージする儒教倫理としての孝は、「之」すなわち親に対して、「生きては之に事うる」ことに限定されがちだが、「死しては」以降の葬礼・祭礼を欠くことは、中国人からすれば孝とは見なされなかった。日本の儒教は儒学であって儒教ではないと評されることの所以の一つが、この祖先祭祀の受容のありかたにあった。中国人の儒教について深く学べば、いずれ気づく問題だが、近年では加地伸行《かじのぶゆき》が代表的な論者として、儒教の宗教性についての注意を促している。

それでは、日本では《孝》に収斂される儒教の祖先祭祀がまったく受容されなかったかと言えば、それはある屈折を経て受容されている。現代の日本で祖先祭祀の役割を担っているのは仏教だが、強固な祖先祭祀の土壌を持つ中国において仏教が定着するために、仏教において祖先祭祀に拡大解釈できる部分――たとえば追善廻向を喧伝し、あるいは「報恩」の概念を孝とすり合わせ、父母の恩、衆生の恩、国王の恩、三宝の恩の四恩を説く『大乗本生心地観経《ほんじょうしんじかんぎょう》』、父母の恩に特化した『父母恩重経《ぶもおんじゅうきょう》』、あるいは目連救母《もくれんぐも》説話が説かれている『盂蘭盆経《うらぼんきょう》』といった中国撰述経典(『盂蘭盆経』には西域編纂説もある)――いわゆる偽経を著してまでの努力が積み重ねられた。

中国の思想界の地図が仏教優位になっていた南北朝から隋唐期にかけてという時代背景のもと、日本に伝来した仏教は十分に《儒仏習合》した結果の仏教であったため、日本には儒教的な祖先祭祀の祭祀儀礼が根付かなかったという思想的な転倒現象が起こってしまった。

†不孝者の堕地獄

九世紀初めの成立と見られる『日本国現報善悪霊異記《りょういき》』(以下『日本霊異記』)巻上には、「凶人、嬭房《ちぶさ》の母に敬養せず、以て現に悪死の報を得る縁　第二十三」という不孝者の男が発狂してしまう話が載せられているが、その最後は「経に云ふ、不孝の衆生は、必ず地獄に堕ち、父母に孝養すれば、浄土に往生すと。是れ如来の説く所、大乗の誠言なり」という言葉で結ばれている。

『日本霊異記』の考証については、江戸時代の考証学者狩谷《かりや》棭斎《えきさい》（一七七五〜一八三五）の『日本霊異記攷証《こうしょう》』が現在でも飛び抜けたレベルを誇っている。棭斎は西教寺潮音《ちょうおん》（一七八三〜一八三六。『先代旧事本紀大成経』の潮音道海《どうかい》とは別人）の説を引いて、この「経」は『観無量寿経』の可能性があることを示唆しているが、「此れ疑《うたがうらく》は観経の要を取るか」と断定を避けている。それは、潮音の指摘する『観無量寿経』の箇所を見てみると、中品下生《ちゅうぼんげしょう》には、父母を孝養する者が極楽往生することははっきりと書かれているが、下品中生《げぼんちゅうしょう》には、戒を犯し、僧侶の持ち物を奪うような悪人は地獄に堕ちるとあっても、不孝者が地獄に堕ちるとは明言されていないからである。これ以上、棭斎の後を追って考証の藪の中へ入り込むことは避けるが、経典の文言と一字一句の合致が見られないにしても、ここでは不孝者は地獄に堕ちるという概念ができあがっているということに注目してほしい。仏教が中国文化圏に溶け込むために自らの教説の可能性を拡大し、変容させた姿が、棭斎の「観経の要」というコメントに妙味となって響いてくる。

『日本霊異記』では、続いて「凶女、生める母に孝養せず、以て現に悪死の報を得る縁　第二十四」と、女性の不孝者の説話を載せている。また、巻中にも「悪逆の子、妻を愛《め》で、母を殺さむとして謀り、現に悪死を被る縁　第三」という不孝者の堕《だ》地獄説話があり、これら三話とも『今昔物語集』巻二十「本朝付仏法」に転載され、不孝者が悪行の報いとして不幸になるという定型が作られてゆく。それは『道賢上人冥途記《めいどき》』で、醍醐《だいご》天皇が地獄に堕ちた五つの理由のうち二つまでもが父宇多《うだ》天皇に対する不孝であったと語られるように、天皇ですら逃れられないものとして捉えられるようになる。

孝と仏教とが強固に結びつくものならば、それを衆生に説くばかりではなく、実践する人物が《出家者》である僧侶において現れることが矛盾なく受け入れられるようになる。その顕著な例を、江戸時代初期の日蓮宗の僧元政《げんせい》に見出すことができる。

†深草の元政上人

元政（日政《にっせい》）はもと彦根藩士で、妙顕寺十四世の日豊《にっぽう》について出家する。第五章2節でわずかに触れたように、元政は日蓮宗において戒律復興の先駆けとして法華律（草山律）を唱え、指導書として『草山要路《そうざんようろ》』を著す（草山は元政の草庵称心庵〔のち瑞光寺〕のあった洛南の深草にちなむ）。僧侶としての元政は第一に自ら持戒堅固であり、弟子にもそれを求めたが、元政はそれだけに収まる人物ではなかった。それは文藻《ぶんそう》の天稟《てんぴん》を有していたことである。江村北海《えむらほっかい》（一七一三〜一七八八）の『日本詩史』巻三には「寛文中、詩豪と称せられし者、石川丈山・僧元政に過ぐるは無し」と評されている。

明清交代期には、朱舜水に代表される少なくない数の明の知識人が日本に亡命してきたが、元政は、尾張藩初代藩主徳川義直《よしなお》の要請を受けて日本に留まった陳元贇《ちんげんぴん》（一五八七〜一六七一）と交流し、共作で『元元《げんげん》唱和集』という漢詩集を編む。この元贇との交流が、元政の詩作に大きな影響を与えた。

江戸の文人の形成を促した荻生徂徠とその門下（蘐園《けんえん》派）は、明の王世貞《おうせいてい》・李攀龍《りはんりゅう》ら古文辞派の影響を受け、格調説に則った詩を詠んだが、中国では格調説が形式主義に流れるのを批判し、明末の袁宏道《えんこうどう》らが性情の自由な流露を主張する性霊《せいれい》説を主張するようになる。性霊説は、蘐園派を乗り越えようとする山本北山《やまもとほくざん》（一七五二〜一八一二）らに影響を与えるが、元政は、北山が乗り越えようとした徂徠以前に、同時代的に元贇を通じて性霊説を受容していた。元政の実際の詩がどのようなものであるかは、後で触れることになるが、その前に、ここでの主題である元政と《孝》について見なければいけない。

†『釈氏二十四孝』の世界

元政には『釈氏二十四《しゃくしにじゅうし》孝《こう》』（承応四年（一六五五）序）という著作がある。『二十四孝』は、古代の聖王舜《しゅん》から北宋の黄庭堅《こうていけん》まで二十四人の孝子伝で、元の郭居敬《かくきょけい》の編とされるが、編者は不明とするのが穏当である。先行する孝子伝を受け継ぎ、決定版的地位を得たのが現行の『二十四孝』で、日本に伝えられ、教訓書として数多くの種類が刊行された。井原西鶴の『本朝二十不孝』のような不孝者の側に光を当てた浮世草子などは、逆に『二十四孝』の日本社会への定着を物語っている。

元政の『釈氏二十四孝』はこの『二十四孝』の流行を前提として、『高僧伝』『続高僧伝』『宋高僧伝』『明高僧伝』『元亨釈書《げんこうしゃくしょ》』から孝子伝の実例を中国・日本の僧侶に求めたものである。

童蒙予に問て曰く、仏法の万行なにを以てか本と為るなり。予之《これ》に応へて曰く、蓋《けだ》し万行は、戒を以て首《はじ》めと為し、孝を以て本と為す。

自序冒頭で元政は、法華律の提唱者にふさわしく「戒を以て首めと為す」と述べるのに続いて「孝を以て本と為す」と、「仏法の万行」を孝が包摂することを宣言する。これは後漢の章帝が班固《はんこ》にまとめさせた儒教教義の公定集『白虎通義《びゃっこつうぎ》』にある「孝は百行の本」を当然踏まえているのであろう。「孝」とは「順」であり、「順」とは「性」に順《したが》うことであり、「是を以て行は万殊《よろずこと》なりと雖《いえど》も、孝を挙ぐれば則ち収《おさま》り、徳は無量なりと雖も、性を語れば則ち摂す。孝の道為《た》るなり」という元政の言葉には朱子学的、あるいは禅的なものが混然とした明の（儒仏道の）三教一致の傾向の影響が見て取れる。

　庸昏不肖の類は則ち謂く、出家の人は恩を棄てて道に入る、即ち是れ恩を報ず曷《いずく》んぞ定省《ていせい》に労せんと。是れ又僅かに無為報恩の言を聞て、其の恩を棄てて恩を報ずる所以を解せざるなり。此れ皆後世闡提《せんだい》の党を引て、真に背き妄に向て同じく火坑に入る。悲まざるべけんや。

「定省」は『礼記』曲礼上に出典のある言葉で、親に孝養を尽くすことである。「闡提」は一闡提（icchantika）の略で、仏法を誹謗し、成仏する可能性を持たない者である（一乗思想の立場では、最終的に成仏できるとする）。

　この部分は、儒者による仏教批判の定番である《出家》の問題に対する、これも定番の弁明である。「無為報恩」は、出家得度の儀式の際に各宗で広く用いられる『清信士度人経《しょうしんじどにんぎょう》』（逸経・『法苑珠林』等所引）の「流転三界中　恩愛不能断　棄恩入無為　真実報恩者（三界の中に流転して　恩愛断つこと能《あた》わずとも　恩を棄て無為に入るならば　真実に恩に報いる者なり）」の偈《げ》中に見えるが、親子の縁を絶って出家して僧侶となることで、世俗の立場を超えた、より高い視野から恩に報いることができるという意味である。これが元政の言う「其の恩を棄てて恩を報ずる所以」で、これを解せない者は地獄堕ち（「火坑に入る」）というお定まりの不孝者の末路が待っている。

『釈氏二十四孝』が収める僧侶の孝行譚は、「本朝智泉《ちせん》」のように目連救母説話の焼き直しのようなものもあれば、「本朝叡山禅喜《ぜんき》」のように母の歿後に像を彫って、母の像にまずお供えをしてから自分が食事をしたという、僧侶としての孝行として特筆すべきものというより、通常の孝行息子のそれが載せられている。

†母を思う詩

実際の元政の孝行も、この禅喜の側の近いところにあった。元政には、母妙種《みょうしゅ》を伴い、亡父の遺骨を納めるため身延山に詣でた時の『身延道の記《みのぶのみちのき》』という名文とされる紀行文があるが、ここでは漢詩人の元政に注目しよう。元政の詩文集『艸山集《そうざんしゅう》』巻十四にある五言古詩「母を憶《おも》ふ」と「母の至るを喜ぶ」とは、元政の母を思う気持ちが爆発したかのような作品である。

憶ひ得たり母の吾を愛するを
未《いま》だ懐抱に在るに異ならず

一日相ひ見ざれば
人の至宝を裒《もと》むるが如《ごと》し
我も亦之《これ》を仏に聞けり
孝順を至道と為すと
奉養二十年
我が志尚ほ未だ了せず
（憶得母愛吾　未異在懐抱　一日不相見　如人裒至宝　我亦聞之仏　孝順為至道　奉養二十年　我志尚未了）

「母を憶ふ」の一部を引用したが、仏説を引きながらも、母を恋い慕う心を臆面もなく歌い上げている。「母の至るを喜ぶ」は、「母を憶ふ」を詠んだところ、墨も乾かないうちに母親が訪ねてきたので、狂喜して詠んだ詩である。終わりの四句を引く。

奇《く》しきかな母を憶ふ処
念に応じて相ひ期するが如し
慈母や慈母
亦無縁の慈に似たり

（奇哉憶母処　応念如相期　慈母兮慈母　亦似無縁慈）

性霊派的な詩作とは言え、過剰の感がある。近世漢詩が専門の揖斐高《いびたかし》に、元政は多情多感の人であるという評があるが（「元政の詩歌」国文学研究資料館編『芭蕉と元政』〔二〇〇一年〕所収）、この両詩などは、《孝》という回路をたどって流出した、その典型のような作品である。元政の母は寛文七年（一六六七）に八十七歳で亡くなるが、もともと病弱だった元政も後を追うように翌年、四十六歳を一期に亡くなってしまう。

†忠と孝との矛盾

元政は仏教における孝の問題を考えるうえで、やや突出した事例かもしれないが、いま見てきたように、仏教における孝というのは、中国で仏教が受容されて以来の長い歴史があり、むしろ矛盾なく仏教の説く徳目の一つとして認識されてきたことは、歴史に照らして明らかである。仏教が世俗倫理として機能してゆくうえで、こうした孝の仏教化が果たした役割は小さくはない。

中国のように孝の実践が社会制度化されていない近世日本においては、父母に孝養を尽くすことは、中江藤樹のように武士としての奉公と母への孝養が矛盾した際、儒者としての筋を通すためには脱藩という非常手段をとらざるを得ない事例すらあった。中国においては、忠と孝とを比べた場合、孝が重いとするのが通常の考え方である。

元政の出家も、父母に孝養を尽くすための道であったのかもしれない。それは元政を仏教者として貶《おとし》めるものではない。出家前の元政が立てた三誓願は「一、出家をする。二、父母に孝養を尽くす。三、天台の三大部を閲読する」というものであった。

いずれ幕末期の大きな思想的展開については、後の章で述べることになるが、先走り気味に《孝》のその後について触れておくと、藤樹が、そして元政が悩んだかもしれない忠と孝との矛盾は、水戸学あるいはその影響圏にいた——たとえば吉田松陰《よしだしょういん》(一八三〇〜一八五九)が『士規七則《しきしちそく》』(安政二年(一八五五)成立)で「君臣一体、忠孝一致、唯だ吾が国を然りと為す」と主張するような「忠孝一致」という日本的変容を遂げる中に回収されてゆく。

2 中央と地方・改革と反改革

†江戸幕府の宗教統制

江戸幕府という政府は、いわゆる「小さな政府」であったが、だからと言って統治の網の目が粗《あら》いわけではなく、その統治はむしろ細かく、江戸嫌いの歴史研究者がよく口にするような《抑圧》的なものであった。幕府の統治法は民間に自主管理をさせ、その頭を押さえるという方法であった。これは統治される側の頂点にいる者にとっても都合のよい方法で、幕府の権威を背景にして組織内に睨みを利かすことができた。社会はピラミッド型に構成され、上位から下位へと階梯を下りながら、上位にいる者はその下位にいる者を、幕府に成り代わって《抑圧》していた。どのような組織も、現状に安住する者にとっては苦痛を感じないものだが、いったんシステムに疑問を持つようになると、その者の能力が高ければ高いほど苦痛の度合いは増すことになる。歴史研究者がよく拾い上げてくる《先覚者》というのは、そういう部類の人々である。

江戸幕府の宗教統制で、仏教の本末制度は、今述べた幕府のピラミッド型の統治の見本となるものであった。本山を頂点に末端の末寺まで、きれいにピラミッドを構成していた。仏教は江戸幕府が成立する以前から、本山と末寺という関係が形成されていたため、江戸幕府は、本末関係から漏れる寺院がないように指導すればよいだけだったが、神道では、古代の律令制における神社の国家管理の体制が壊れた後、個々の神社が勝手に活動している状態であった。江戸幕府は、室町中期に唯一神道を創唱した吉田《よしだ》兼倶《かねとも》以来「神祇管領長上《じんぎかんりようちようじよう》」を自称していた吉田家を盛り立て、「諸社禰宜《ねぎ》神主法度」（寛文五年〔一六六五〕）を出して、吉田家による神職管理システムの創出を図るが、白川伯王家《しらかわはくおう》の台頭や、個別に公家と結びついていた一部の大きな神社の抵抗により、吉田家を頂点とする神職管理は骨抜きにされる。吉田家にすれば野望が潰えたことになるが、江戸幕府とすれば効率的な管理ができさえすればよいので、必ずしも失敗というわけでもなかった。

仏教へ話を戻すと、先にも述べたように、本末関係自体は江戸幕府以前から存在していたため、必ずしも本山は幕府の膝下にはなかった。そのため、宗門ごとに江戸かその近郊に所在する寺院を「触頭《ふれがしら》」に指定し、その寺院に宗派と幕府の取り次ぎの役割を担わせた。天台宗では本山は近江の延暦寺だが、触頭は江戸の寛永寺で、浄土宗では本山は京の知恩院だが、触頭は江戸の増上寺というように、本山とは別に触頭が置かれている。触頭は幕府の威光を背景に、本山に匹敵する権威を宗門内で持つようになる。幕府がわざわざピラミッドをいびつにしたのは、事務の便宜という理由以外に、本山の権威を相対化させ、かつての一向一揆や法華一揆のように幕府に対抗する勢力の中心点に本山がなることを抑制する狙いもあったのかもしれない。

†駿河に過ぎたるもの

白隠慧鶴《はくいんえかく》(一六八五〜一七六八)を紹介するもので、たびたび目にする俗謡に「駿河には過ぎたるものが二つあり、富士のお山に原《はら》の白隠」がある。「原の白隠」というのは、白隠が駿河国原宿の松蔭寺にいた僧であることを意味しているが、この臨済宗中興の祖と言われる白隠は松蔭寺という末寺、しかも本山直末ではなく、同じ東海道の興津《おきつ》宿の清見寺の末寺である孫末という低い寺格の寺であった。本末制度の上からは、最末端に位置づけられるような位置にいた。白隠はこの田舎寺の住職として一生を終える。

ではなぜ、本山妙心寺に出世（禅宗で勅許の紫衣道場の住職となること）したわけでもない白隠が、臨済宗中興の祖となり得たのか。むろん、白隠自身の優れた教化力を挙げることは可能である。白隠の著作として有名な『遠羅天釜《おらてがま》』四巻のうち、巻上と続集は、肥前佐賀藩の支藩蓮池藩主鍋島直恒《なべしまなおつね》の問いに答えた法語である。また、『藪柑子《やぶこうじ》』一巻と『辺鄙以知吾《へびいちご》』二巻は、ともに岡山藩主池田《いけだ》継政《つぐまさ》に与えた書簡体の法語、『於仁安佐美《おにあざみ》』二巻のうち、巻上は中御門《なかみかど》天皇皇女である二人の尼門跡、宝鏡院の宮と光照院の宮に与えた法語で、巻下は伊予大洲藩江戸詰家老加藤成章《かとうしげあき》に与えた法語であるなど、大名などの上級武士や皇族・公家に教えを説く一方、『坐禅和讃』『お婆々どの粉引《こひ》き歌』『大道ちょぼくれ』など、和讃や俗謡など庶民教化のための著作も多く、まさに『遠羅天釜』巻上で鍋島侯に勧め、白隠が「平生の微志」と語る、

禅学成就し玉はゞ、その余波必ず左右の人々に及ばん。左右若し其の恩波に浴せば、其の沢必ず一城の人々に及ばん。一城若《も》し其の恩波に浴せば、其の沢必ず一国の人々に及ばん。何

が故ぞ、一人の心は千万人の心なる故に、終に天下国家に及ぼし、上、王化を佐《たす》け、下、民庶を利せん。

という言葉そのままに、自らも衆生済度《しゅじょうさいど》の実践を行っていた。しかしこれだけでは、江戸中期に高徳の禅僧がいたというだけで終わってしまう。臨済宗中興の地盤は、白隠の法脈が臨済宗を席巻してしまったことに第一手がある。松蔭寺の山号を採って鵠林《こうりん》門とも呼ばれる門下のうち、「二神足」と称された高弟の東嶺円慈《とうれいえんじ》（一七二一～一七九二）と遂翁元盧《すいおうげんろ》（一七一七～一七八九）は、東嶺が伊豆龍沢寺の、遂翁が松蔭寺の住職となるが、霊源慧桃《れいげんえとう》（一七二一～一七八五）が京五山の天竜寺の、指津宗琅《ししんそうぎん》（?～一七八六）が本山妙心寺塔頭蟠桃院の、斯経慧梁《しぎょうえりよう》（一七二二～一七八七）が同じく妙心寺塔頭海福院の住職になるなど、鵠林門が臨済宗の主要ポストを占めるようになる。その一方で他の法脈が絶えてしまった結果、臨済宗は「白隠宗」と含みのある呼ばれ方をするまでになったが、しかし、これは鵠林門が栄えただけであって《中興》ではない。白隠が中興の祖であるのは、鵠林門が断絶しなかったことと表裏《ひょうり》するが、公案体系を整備したことにある。有名な白隠創始の「隻手音声《せきしゅおんじょう》」の公案を入門として、法身から機関、言詮、難透、向上、五位、十重禁を経て末後の牢関に至る禅の修行の階梯を整備した。ここで臨済宗の足腰がしっかりと定まることで、曹洞宗、黄檗宗に押されていた臨済宗の退勢を挽回することが可能となった。

白隠による臨済宗の中興は、「仏法豈《あ》に人無からんや、唯是れ師なきのみ」（『於仁安佐美』巻下）という状況下で、「餅にして入り来り、歌賃《かちん》（餅の別名）にして帰り去るのみ」というような僧侶を粗製濫造している宗門を改革しようとする改革派が、地方の最末端から興ったという点で興味深く、本末制度のピラミッドが、改革を受け入れるある程度の柔構造を有していたことを示している。

†三業惑乱との比較

白隠の臨済宗中興を、三業惑乱《さんごうわくらん》と呼ばれる浄土真宗本願寺派で起こった異安心事件と比較してみるのも無意味ではないだろう。

事件の経過は、本願寺の学林の学頭であった功存《こうぞん》（第六代。一七二〇～一七九六）の三業帰命《きみょう》説を、さらに智洞《ちどう》（第七代。一七三六～一八〇五）が宣揚したところ、安芸の大瀛《だいえい》（一七五九～一八〇四）、河内の道隠《どうおん》（一七四一～一八一三）ら在野の学者から反対の声が上がり論争となったのだが、両派の争いが各々を支持する門徒同士の争いに発展すると、組織のトップを押さえるかわりに組織内部には立ち入らない幕府の統治術の原則に忠実に、当初は宗門内の教理論争には不介入の立場であった幕府も、領民統治の観点からついに介入せざるを得なくなり、文化三年（一八

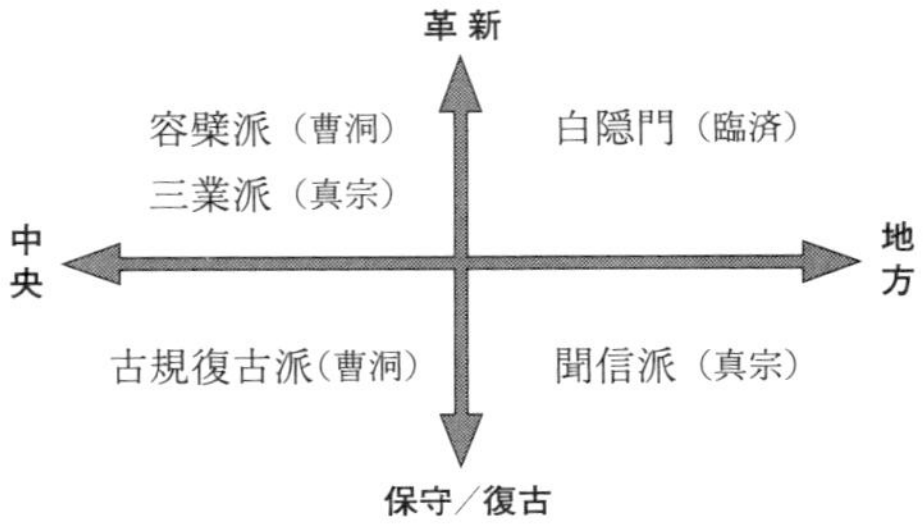

図２　２つの対立軸によって示される近世仏教の座標

〇六）、仏教に通じていた寺社奉行脇坂安董《わきさかやすただ》（一七六八〜一八四一）が担当して智洞側が敗れ、異義と判定される判決が下された。

功存の三業帰命説はそもそも、帰命を不要とする越前で起こった異義（「十劫安心《じっこうあんじん》」「タノマズの秘事」などと言う）を正すために、身・口・意の三業において阿弥陀如来に帰命することを説いたもので、『願生帰命弁《がんしょうきみょうべん》』（宝暦十四年〔一七六四〕刊）にまとめられた。しかし、三業帰命説は阿弥陀如来への絶対的な帰依ではなく、三業帰命という自力を認める結果になるため、『願生帰命弁』が刊行されると、反対派が地方に形成されてゆく。

　これ以上は教理の問題には立ち入らないが、ここでのテーマから見て興味深い点は、功存・智洞の側が《学林派・三業派・新義派》、大瀛・道隠の側が《在野派・聞信派・古義派》と呼ばれたことである。三業、聞信はモットーであるためいまは措くとして、対立構造は、寺社奉行が使った新義・古義の語を軸にすると、中央の学林が唱える新義と、地方の在野の古義との対立ということになる。

　ここでは、勝利者は必ずしも《革新派》ではなく、勝者の側に立てば、中央の暴走を地方の

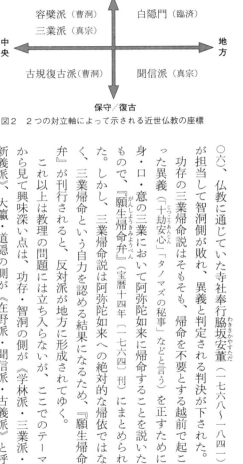

《保守派》が正したという構造になる。戦後教育を受けてきた人の一部には、保守というと何やらマイナスのイメージを持つ人もおられるだろうが、譲ることのできない中核となるものを保ち守ることが保守の本義であるため、勝った古義派からすれば、自らは《正義派》ということになる。

✝宗門を遠く離れて

三業惑乱においては中央が革新指向であったが、中央主導で保守回帰をした宗門内の動きの中で、隙間に落ち込んでしまったのが大愚良寛《たいぐりょうかん》（一七五八～一八三一）である。

我れ行脚《あんぎゃ》の僧を見るに
都《すべ》て是れ可憐生《かれんせい》
三剎《さんさつ》の地を履《ふ》まずんば
衲僧《のうそう》の名を汚すと謂《おも》へり
（我見行脚僧　都是可憐生
不履三剎地　謂汚衲僧名）

良寛の無題の五言詩の冒頭四句を引用した。「可憐生」は本来「いとおしい」という意味だが、本詩では揶揄《やゆ》を含意している。「三剎」は関三剎で、曹洞宗における触頭、下野の大中寺・下総の総寧寺・武蔵の龍穏寺を指す。「衲僧」は禅僧のことである。言わんとすることは、関三剎の権威になびく僧侶に対する批判である。子どもと手鞠をつく老僧というイメージで一般に流通している良寛だが、その漢詩はしばしば厳しい面魂《つらだましい》を示す。

越後出雲崎に生まれた良寛は、備中の円通寺の大忍国仙《たいにんこくせん》（一七二三〜一七九一）のもとで修行をするが、国仙は、曹洞宗内にあって容檗《ようばく》派に属した。容檗派は、十七世紀中葉に明僧隠元《いんげん》隆琦《りゅうき》（一五九二〜一六七三）によって伝えられた黄檗《おうばく》禅の『黄檗清規《しんぎ》』を取り入れようとする一派で、これに対して『永平大清規』への復古を主張する古規《こき》復古運動の一派があり、当然のごとく反檗という立場にあった。国仙が没し、次に円通寺の住職になった玄透即中《げんとうそくちゅう》（一七二九〜一八〇七）は後に永平寺の住職（第五十世）となるが、永平寺の黄檗色を一掃する反檗派のエースであった。良寛研究家の北川省一《きたがわせいいち》（一九一一〜一九九三）は、良寛は即中によって曹洞宗を追放になったという説を立てているが、追放と言わないまでも、国仙亡き後、宗門内での良寛の立場が悪くなったことは間違いないだろう。

円通寺を離れ、放浪の末、越後に戻ってきた良寛の落ち着き先は、よく知られた国上寺の五合庵など、すべて真言宗の寺院であった。一介の乞食僧良寛はその後、江戸の漢学者亀田鵬斎、鵬斎の弟子で越後粟生津《あおうづ》に私塾を開いた鈴木文台《すずきぶんだい》（一七九七〜一八七〇）などとの交遊などもあり、書、あるいは漢詩や和歌（筆者が意識的に良寛に親しんだのは、『万葉集』の研究者としての良寛が始まりであった）で名が知られるようになってくるが、生前に刊行された書物はなく、没後に最初に刊行された遺稿集は『良寛道人遺稿』（慶応三年〔一八六七〕刊）と、あえて「道人」という尊号を贈っている。良寛は、「俗に非ず沙門に非ず」を自認してその生を終える。

曹洞宗では古規復古派の勝利に帰し、黄檗禅の導入という革新は覆されるが、三業惑乱と異なるのは中央主導であることと、古規復古運動というのは原初に立ち返ることで、儒学における古学派、国学における復古神道のように、それ自体がさらなる革新という容貌をしていたことである。この流れが明治以降のゴータマ・ブッダへの、原始仏教への回帰を地ならししてゆく。

3　鎖国の時代の日中交流

†長崎の唐人貿易

長崎は出島に象徴されるオランダ貿易、また鎖国以前の教会領長崎の印象が強いせいか、貿易都市長崎の経済のもう一つの大きな柱であった唐人（中国）貿易は影に隠れてしまいがちである。たとえば、貿易制限令である正徳五年（一七一五）の海舶互市新例《かいはくごししんれい》では、オランダとの貿易では来航船数は年間二隻、取引額は銀三千貫、一方、清とは年間三十隻、取引額は銀六千貫に定められている。取引額こそ一対二だが、船数は一対十五で清国船の入港数が圧倒的に多く、また、出島に閉じ込められ、日本人との接触が限定されていたオランダに対し、元禄二年（一六八九）に唐人屋敷が完成するまで、唐人《とうじん》（「中国人」は現代の国家である中華人民共和国の国民と混同されるため、歴史用語の「唐人」を用いる。他の「唐」も中国を指す）は市中に雑居していた。

隔離の理由も、オランダ人が宗教対策であるのに対し、唐人の場合は密貿易対策であったため、出入りは出島に比較すれば緩やかであった。そのため中国の風俗は自然と長崎の町に浸透し、長崎から広まった卓袱《しっぽく》料理（ちゃんぽんは明治時代の発明）や、今では忘れられた存在だが、明清楽《がく》（「九連環《きゅうれんかん》」「茉莉花《まつりか》」など）という中国音楽などが江戸時代に最新の風俗として流行している。また、後に触れる黄檗宗から広まったのが煎茶道《せんちゃどう》で、これも当時の文化人に最新の流行として歓迎された。

しかし貿易中心とは言え、宗教がまったく考慮されなかったわけではなく、唐人にもキリスト教禁教のための寺請制度的な宗教統制が適用され、日本の宗門に組み入れられない彼らのための寺院――「唐寺」が建立された。出身地ごとのまとまりで、江蘇・浙江出身者が中心となって建立された興福寺（南京寺）、福建省泉州《チユエンジヨウ》・漳州《ヂヤンヂヨウ》出身者による福済寺（泉州寺）、福建省福州《フーヂヨウ》出身者による崇福寺（福州寺）のいわゆる「長崎三福寺」である。

長崎三福寺には中国、特に商人たちと同じ出身地から僧侶が招かれたが、そうして日本に渡ってきた多くの唐僧の中で、後代に大きな影響を与えることになったのが隠元隆琦である。

隠元も福建省福州の出身で、福州の黄檗山萬福寺にいたが、長崎の崇福寺の住職として招請される。承応三年（一六五四）に来日した隠元は、当初は三年間だけ日本に滞在する予定でまず興福寺に入り、興福寺・崇福寺で結制《けっせい》を行うが、日本側の引き留め工作により、結局、亡くなるまでの十九年間日本に留まる。その間、四代将軍徳川家綱から山城国宇治に寺地および寺領四百石を与えられ、寛文元年（一六六一）、黄檗山萬福寺を開山する。これより福州の萬福寺に対して新黄檗と呼び、福建の萬福寺を古黄檗と称した。隠元自身は臨済宗の正統を自負していたが、一般には禅の新風としての黄檗宗の立宗と認識された。それほどに、これまでの日本にあった禅――臨済・曹洞とは異なっていたのである。

†念仏禅の系譜

隠元が伝えた明代の中国仏教は、その外面の儀礼が異なるばかりではなく、その内容において、浙江省杭州《ハンヂョウ》にいた雲棲袾宏《うんせいしゅこう》（一五三五～一六一五）に代表される、いわゆる「念仏禅」と呼ばれる禅浄双修の傾向を有していた。さらには、密教の要素も加味した禅密双修でもある融合体であった。日本天台宗から分かれ出た鎌倉新仏教が選択《せんじゃく》に向かったのとは異なり、中国仏教には綜合指向が伝統的にあった。最澄が持ち帰った天台宗も綜合仏教で、そこから鎌倉新仏教が分かれ出ていった。

「念仏者是誰（念仏しているのは誰か）」という問いかけは、禅的なるものと浄土的なるものとの融合一致を端的に示す公案として好んで用いられ、隠元の語録にも見出すことができる。ただし、臨済宗の正統を伝える適格者を得ないため、「已《や》むことを得ざるに至つて、亦人をして念仏せしむ。正に病に応じて薬を与ふるの意なり」（「瑶林善人《ようりんぜんにん》に復示《ふくじ》す」）と隠元が述べたように、あくまで禅が主であり、念仏は補助的なものであった。

この念仏禅に対立する極北は、永平道元《えいへいどうげん》（一二〇〇～一二五三）の「宗門の正伝にいはく、この単伝正直の仏法は、最上のなかに最上なり。参見知識のはじめより、さらに焼香・礼拝・念仏・修懺《しゆさん》・看経《かんきん》をもちゐず、たゞし打坐して身心脱落することをえよ」（『辨道話《べんどうわ》』）という只管《しかん》打坐《たざ》の曹洞宗の立場であるが、臨済宗においても、道元ほど熾烈でなくとも、念仏との双修を忌避する傾向が強くあった。

しかし、同時代的な平行発展の例として、日本においても書籍を通じるなどして念仏禅を提唱する禅僧がいた。曹洞宗の鈴木正三や臨済宗の雲居希膺《うんごきよう》（一五八二〜一六五九）などがそれである。

正三の禅は、曹洞宗の正統からは離れたものであったが、「仁王《におう》禅」とも呼ばれる彼の武士的な果断な禅は、また、念仏禅の相貌を兼ねて持っていた。

去《され》ば唯心の浄土、己心の弥陀といへり。我に有《ある》弥陀仏念じ出す事堅かるべきにあらずや。若《もし》又信心つよくして勇猛精進の心発《おこつ》て、昼夜間断なく念仏せん人は、時節到来して、終《つい》に己心の弥陀に相見し奉り、則《すなわち》唯心の浄土に安住すべし。（『盲安杖《もうあんじよう》』）

聖道門の念仏のキーワードである「唯心浄土」「己《こ》心《しん》弥陀」や、武士道と親和した正三の禅のキーワードである「勇猛精進《ゆうみようしようじん》」の語が示すように、極楽往生の念仏ではなく、念仏そのものになるための念仏で、正三の弟子の草庵恵中《そうあんえちゅう》（一六二八〜一七〇三）が編纂した『反故集』巻下には、「只我を忘て念仏申べし。我をさへ忘れば成仏也」あるいは、「十二時中、念仏の中に飛込めされよ」と、わかりやすい言葉で語られていて、念仏禅の面目躍如である。

他方、雲居は「今時禅宗の僧俗とも、念仏を誹謗し、浄土を忌嫌す。まことに一笑に発しつべし。たとひ世隔り国異なりと云とも、道あに異ならんや」と、『開眼誠述《かいげんせいじゅつ》』では念仏禅の正当性を説き、『往生要歌』を作って念仏禅を勧めている。

世を遁《のが》れ修行の道は別になし
　智者愚者共に坐禅念仏
今もまた十緇《そ》八素《そ》の友かなと
　廬山《ろざん》のむかしの思はれぞする
大唐の如満禅師と楽天も
　共に念仏坐禅とぞ聞《きく》
四大五蘊《うん》皆空にして唱《もう》すこそ
　真の念仏坐禅ならまし

「廬山」は東晋の慧遠《えおん》が念仏結社白蓮社を結んだ地で、「十緇八素」は、その結社中の優れた僧侶（緇）十人と俗人（素）八人のことである。「楽天」は唐の詩人白居易《はくきょい》の字《あざな》である。雲居の戦略は、中国の過去の事例を挙げて念仏禅の正当性の証拠とするもので、『開眼誠述』『往生要歌』ではその戦略を探っているが、「念仏を誹謗し、浄土を忌嫌す」というのが大勢で、正三、雲居の禅も結局は主流たり得ず、傍流に甘んじるか迫害を受けることになる。

†黄檗宗への対抗

禅宗における念仏禅批判でまず指を屈すべきは、臨済宗の白隠慧鶴である。

禅門に在りながら、禅門を修せず。参禅に懶《ものう》く、志行懶惰《らんだ》にして、見性眼昏《くら》く、禅学力乏しくして、茫々として一生を過ぎ了《おわ》つて、命日崦嵫《えんじ》に逼《せま》るに及んで、来生永劫の苦輪を恐れ、俄《にわか》に欣求浄土の行課を勤め、（後略。『遠羅天釜《おらてがま》』続集。「命日崦嵫」は末期のこと）

白隠は『遠羅天釜』続集「念仏と公案と優劣如何といふ問に答ふる書」で、袾宏を念仏禅の代表として挙げ、その能力の低さから、禅をないがしろにして、救いを浄土に求めたとして批判し、その末流が「漢土に普《あまね》く、扶桑（＝日本）に溢れ」ていると現状に危機感を抱き、禅風の廓清《かくせい》を主張している。

ただし、白隠は念仏そのものを否定したわけではないことには注意が必要である。同じ『遠羅天釜』続集で、「今時浄業の行者、往々に諸仏の本志を知らず、西方に仏在りとのみ信じて、西方は自己の心源なりと云事を知らず」と、極楽往生の念仏を否定する一方、「真正浄業の行者」は「生を観ぜず、死を観ぜず、心失念せず、心顚動せず、となへ唱へて一心不乱の田地に到つて、忽然として大事現前し、往生決定《けつじょう》す」というように、念仏そのものになる禅的な念仏は肯定している。これは先に見た、隠元が伝えた明代の中国仏教や正三・雲居などの念仏禅と異なるところはない。白隠が問題視したのは、念仏禅が、やがて禅をないがしろにする結果を導く危険性である。

また、念仏禅から広げて一般に黄檗宗というものが流行した一方で、いや流行したからこそなおさら、既存の禅宗から党派的な反抗心をもって迎えられ、臨済宗の妙心寺塔頭龍華院の無著道忠《むじゃくどうちゅう》（一六五三～一七四四）は批判書『黄檗外記《おうばくがいき》』で、隠元を「名利《みょうり》の僧」と断じ去っている。妙心寺内の隠元招請《しょうせい》派と反招請派の間でかなり人間くさい軋轢があったようだが、進んで詳述する気になれないため、興味のある読者は『黄檗外記』を読んでほしい。また、曹洞宗でも前に触れたように、玄透即中を中心に古規復古運動によって曹洞宗に流入した中国臨済宗の正統を伝える『黄檗清規』が排除される。しかし、その影響は朝課の粥前諷経《しゅくぜんふぎん》などにいまだ一部残っている。その残り香の最たるものは木魚の使用だろう。

黄檗宗が伝えた明代中国の生活文化が黄檗趣味として定着する一方で、中国的な念仏禅は黄檗宗という孤塁の中で伝えられ、一時は大いに影響を与えたものの、現代から見返すと日本仏教を改変する結果は残せなかった。これは江戸時代以前の日本と中国との影響関係のベクトルからすれば、大きな変化である。

†日本の中の中国

長崎の唐寺の住職として招請された隠元と同様に、僧侶の渡来は、特に江戸時代前半には頻繁にあったが、幕初という時期に限っては、中国では明末清初の王朝交代期で、いわゆる明の遺臣と呼ばれる人々が数多く亡命している。宋代に科挙制度が定着して以降、中国においては政治家すなわち文人であったため、彼らもまた中国文化を伝えたが、俗人であった彼らが伝えたのは、思想の面においては儒教であった。第六章1節で深草の元政との交流について触れた陳元贇はその一人で、朱舜水《しゅしゅんすい》（一六〇〇〜一六八二）はその代表的な人物だろう。

舜水は、たびたび日本に抗清の援兵を求める日本乞師《きっし》のため渡ってくるが、大陸反攻の拠点であった舟山《ジョウシャン》が清軍の手に落ち、万治二年（一六五九）の七度目の来日でついに日本に亡命する。舜水は柳川藩儒安東省菴《あんどうせいあん》（一六二二〜一七〇一）の庇護を受けて長崎にいったん落ち着き、後に徳川光圀《みつくに》（一六二八〜一七〇〇）に招かれて水戸に行き、次いで江戸に迎えられる。舜水については水戸学への影響が言われるが、前期はともかく後期水戸学において、舜水の影響というのは見るべきものがない。舜水の学問は実理実学を尊ぶ明末の穏当な儒教であり、舜水の功績は、彰考館《しょうこうかん》における釈奠《せきてん》の教授のように、士大夫の文化を伝授したことに注目したほうがよいだろう。

黄檗宗の場合は既存の日本の宗門の壁によって、その影響は結果として大きなものたり得なかったが、舜水や元贇などの文人がもたらした士大夫の文化は、それまでの儒教が博士家の家学であったり、五山の禅僧の教養であったりと、ごく限られた知識層によって保持されていただけに、舜水が光圀に庇護され、元贇が尾張藩主徳川義直に庇護されたように、武士という新しい儒教の享受層を得て、江戸儒学の発展のための土台造りの役割を果たしたと評価できる。

ただし、文人の渡来は明清交代期に集中し、以降は途絶えるが、黄檗宗では引き続き中国から隠元の法系に連なる僧侶が招かれる。萬福寺では十八世紀後半、第二十二世格宗浄超《かくしゅうじょうちょう》からはまったく日本人の僧侶が住職となるが、それまでは原則として唐僧が住職になり、中国文明を日本に伝える通路として機能する。第五章3節で取り上げた、荻生徂徠と交流し、九州に徂徠学を扶植した大潮元皓もまた黄檗宗に属する日本人僧であった。

徂徠は、漢文が中国語であることを念頭に置くことを主張し、漢文訓読で日本化した儒学をいったんカッコに入れ、本来の文脈の中に立ち返って儒教を捉え直す方法論を試みるが、黄檗宗とその僧侶は、徂徠にとって「山門を出れば日本ぞ茶摘み唄」という萬福寺を詠んだ田上菊《たがみきく》舎《しや》の発句《ほつく》のように、日本の中にある中国としての役割を果たすことになる。それは徂徠に限らず、鎖国下で中国に渡ることのできない日本人で中国に関心を持つ者にとって、同様の機能を果たしていたはずである。

第七章

宇宙論の科学的批判

1 西洋が三教に与えた衝撃

†蘭学（洋学）の誕生

長崎は近世を通してヨーロッパ文明の入口であったが、その歴史は、前期と中期・後期に分けることができる。ここで言う前期とは、寛永十六年（一六三九）にポルトガル船の来航が禁止されるまでの時代である。それから第八代将軍徳川吉宗によって洋書の輸入禁止の緩和が行われる享保五年（一七二〇）までを中期、それ以降を後期としたいと思う。

前期と中後期の大きな違いは、貿易の担い手である。前期の貿易はポルトガル、スペインが担い、ポルトガル、スペインによってもたらされるヨーロッパ文明はキリスト教の布教と結びついていたため、キリスト教の禁教によって、ヨーロッパ文明の流入もいったん途絶える。中後期の担い手はオランダであったが、キリスト教禁教政策のもと、洋書の輸入が厳しく規制されたため、中期にはヨーロッパ文明は断片的にしか伝わらなかった。吉宗による輸入緩和で、キリスト教とは無関係であることを担保にヨーロッパ文明がまとまりをもって流入することになる。間に空白の中期をはさむため、長崎の文化的イメージは二分される。前期を象徴するキリスト教については第八章・第九章に回し、これから後期に流入した蘭学（洋学）について見てゆきたいと思う。

なお、オランダから伝わった学問のため蘭学と一般には呼ばれるが、オランダ語訳を介してヨーロッパ各国の学問が伝わり、実質は《西洋学》であるため、本書では「蘭学（洋学）」という表記をする。

また、「洋書輸入」というのが一般に用いられている用語であるため、ここでもそれを用いているが、実態は《漢訳洋書》とするのが正しく、貞享二年（一六八五）の『禁書目録』に名が挙がるのは、『天主実義《てんしゅじつぎ》』（利瑪竇《りまとう》〔マテオ・リッチ〕著）、『畸人十篇《きじんじっぺん》』（同上）、『職方外記』（艾儒略〔ジュリオ・アレーニ〕著）、『簡平儀説《かんぺいぎせつ》』（熊三抜《ゆうさんばつ》〔サバティーノ・デ・ウルシス〕著）、『幾何《きか》原本』などの中国で漢訳された洋書、あるいはヨーロッパ人宣教師によって漢文で記された書物である。このうち吉宗の時に許されたのが、『天主実義』『畸人十篇』などのキリスト教教義書を除く、世界地理書『職方外記』、天体観測儀《アストロラーベ》「簡平儀」の使用説明書『簡平儀説』、ユークリッドの幾何学書『ストイケイア（原論）』の漢訳『幾何原本』などの実用書であった。吉宗はさらに青木《あおき》昆陽《こんよう》（一六九八〜一七六九）、野呂元丈《のろげんじょう》（一六九三〜一七六一）にオランダ語の習得を命じている。漢訳という媒介を飛ばして直接に原典から知識を得ようとする積極姿勢は、ヨーロッパ文明の優れた技術を輸入しようという意欲の表れで、これ以降、蘭学（洋学）が大いに興ることになる。

†和魂洋才と相対化

「漢訳洋書」の輸入、洋書原典からの直訳という潮流は、いわゆる「和魂洋才」の考え方に基づく具体的な先進技術の受容による採長補短の技術革新が中心となるものであった。蘭学者大《おお》槻玄沢《つきげんたく》（一七五七〜一八二七）が『蘭訳梯航《ていこう》』巻上で「海外他邦の善法良術を我に取りて、其未だ至らずと知る所を補ふは、何の不可かあらんや」と、蘭学（洋学）の必要性を説いた姿勢がそれである。

初めは蘭学（洋学）の主流は医学や天文・暦学にあったが、幕末に近くなると軍事が大きな比重を占めるようになる。軍事は技術の総合であるとともに、軍隊・兵器の運用には制度が大きくかかわるため、ヨーロッパの社会制度への関心も高くなっていった。しかし、ヨーロッパの諸科学の土台となるキリスト教あるいは哲学の移入は、前者は禁教下であるため当然として、後者の哲学も十分には行われず、蘭学（洋学）は《道具の学》の範疇を超えるものではなかった。

「洋才」が「和魂」と階層的に共存し、下位の「洋才」が上位の「和魂」に影響を与えなかったかと言えば、それは否である。「東洋道徳、西洋芸術」は兵学者佐久間象山《さくましょうざん》（一八一一〜一八六四）の言葉としてあまりに有名だが、この言葉は、象山が『省諐録《せいけんろく》』中で挙げる君子の五つの楽しみの五番目に含まれるフレーズである。四番目の楽しみで象山は、「西人が理窟を啓《ひら》くの後に生れて、古の聖賢のいまだ嘗《かつ》て識《し》らざるところの理を知る」ことを挙げている。「古の聖賢」の教えは「西人」の「理窟」によって、象山の前に相対化されているのである。この諸思想の相対化は、象山一人だけに見られる現象ではなかった。

象山の一世代前の帆足万里《ほあしばんり》（一七七八〜一八五二）は、豊後日出《ひじ》藩家老にして儒学者、そして蘭学者であった人物で、その著『窮理通《きゅうりつう》』は蘭学（洋学）を消化した江戸時代の物理学の一つの頂点とも評される。

その万里の経世書『東潜夫論《とうせんぷろん》』では、もともと日本には儒教的な王道と一致した神道が存在していたことを想定し——したがって賀茂真淵、本居宣長の国学には批判的——、それに対して不足した箇所を補うために、外来の思想を適宜に受容したという史観のもと、「儒学・蘭学・仏学・和学」の四つの学館を置くことを提唱している。「人倫」の学問は儒教が優れていることは西洋人も認めているが、「天文、地理、医薬、器械などの学は、唐よりは西洋勝りたれば、近来は専ら西洋を学ぶ」（「王室第一」）と、採長補短の思想は徹底しており、相対化された諸思想は全体を構成する一つの要素に整理し直されている。なお、「仏学」については「蔵経を始め諸宗の書を読ましめ、僧徒の誤を正すべし」と、その目的は仏教振興とはニュアンスを異にしていた。

†山片蟠桃の進歩主義

天文学の分野において、蘭学（洋学）の切っ先は神道・儒教・仏教を大きく傷つけた。神儒仏の既存の三教の宇宙論は、ヨーロッパの天文学によって否定され、否定されないまでも、絶対の地位からは引きずり下ろされることになる。宇宙論の相対化はそれだけにとどまらず、その思想が世界のすべてを説明する体系的思想ではなくなったことを意味する。

山片蟠桃《やまがたばんとう》は蘭学（洋学）の知識を吸収して批判的精神を養った人物としてよく知られているが、専門の蘭学者ではなく、通称を升屋《ますや》小右衛門《しょうえもん》と言い、大名貸を行う大坂の両替商であった。商人から蟠桃のような批判的思想家が現れることに、江戸という時代の文化の成熟度がわかる。蟠桃は儒学を懐徳堂の中井《なかい》竹山《ちくざん》（一七三〇～一八〇四）・履軒《りけん》（一七三二～一八一七）兄弟に、蘭学（洋学）を在坂の天文学者麻田剛立《あさだごうりゅう》（一七三四～一七九九）に学んだ。竹山門では、蟠桃は万里の先輩に当たる。
蟠桃の『夢ノ代』天文第一ではヨーロッパの天文学に依拠し、神儒仏三教を快刀乱麻の如く切り捨てている。なお、神道の宇宙論として言及されているのは、宣長の弟子の服部中庸《はっとりなかつね》（一七五七～一八二四）が著し、師の宣長の『古事記伝』巻十七に附録として収められた『三大考』に記された国学的宇宙論である。蟠桃は『三大考』の宇宙論と仏教の須弥山《しゅみせん》宇宙説の概略を記し、それに続けて両説を批判する。

右神仏の二説、その古昔は天学ひろからずして、人みな渾天《こんてん》・地球の実をしらざれば、左《さ》もあるべし。当時天学明らかにして、この盛世に生れて、古への道にかへり、古法を云出し、祖師の謬誤《びゅうご》を回護せんとするとも得べからず。古書を注解せんとすれば、これは古へ天学ひらけざる前の論なりと云てすむべし。強《しい》てその語を実にせんとすれば、さまざまの遁辞・偽説をなさゞることあたはず。

「天学」とは天文学のこと、「渾天」は地球を丸く天が覆っていることを意味する。「当時」は現在である。蟠桃は「渾天・地球」が実際の宇宙のあり方で、神道（国学）と仏教の宇宙論は、そのことが明らかになる以前の説であるとして、伝統教学によることとさらな合理化が牽強付会の説を生むとして批判する。蟠桃は進歩主義者として復古主義者・伝統主義者に対峙している。この天文学に関しての進歩主義的な考え方は、師の履軒の説を受け継いでいる（「異端第九」参照）。

儒教の代表的な宇宙観である天円地方説についても、盤古神話から「周髀蓋天《しゅうひがいてん》の説、鄒衍《すうえん》が赤県神州」の説、その他、道家、神仙、志怪小説の類をまとめて天文学・地理学が未発達な時代の説であると否定する。なお、「周髀蓋天」は『周髀算経』で主張された方形の地を丸い天が覆っているという宇宙論（天円地方説）である。「鄒衍が赤県神州」は、戦国時代の思想家鄒衍が主張した世界地理説（大九州説）である。

> 天竺の須弥山の説、日本の神代の巻の説より漢土の諸説は、みな天文のひらけざる前にして、居ながら天地を測るものなり。知るべし、其邦の目の及ぶ所のみにして、管を以て天を窺ふがごとくなることを。（中略）西洋欧羅巴《ようろつぱ》の国々にをひて、その実地を蹈《ふま》ざれば、図せずい（〔言〕）はず。天文のごときは、海外諸国に往来し測量試識してこれを云。ゆへに大船を艤《ふなよそおい》して万国に抵《いた》り、天文地理を正す事なり。ゆへに梵・漢・我邦のごとき虚妄の説はあることなき也。こゝを以てその説を信ずべし。

ここでは、神儒仏の説がなぜヨーロッパの説に及ばないかの理由が述べられており、蟠桃はその理由を実験・実測の有無に求めている。海外に雄飛するヨーロッパと自国に閉じこもるアジアを対比させており、鎖国体制下の日本ではきわどい言説とも言える。

ただし、蟠桃は拝外主義者でもなければ排外主義者でもなく、西洋列強の植民地支配を批判し、日本はその真似をする必要はないとした上で、「外国より我を侮どらず侵さゞるの備へこそ有たきものか」（地理第二）と述べるバランスの取れた愛国者であった。

†司馬江漢の須弥山方便説

蟠桃と同時代人（蟠桃が一歳年少）の蘭学者にして洋風画家（日本の銅版画の開拓者）の司馬江漢《しばこうかん》（一七四七〜一八一八）は、『解体新書』の翻訳者の一人前野良沢《まえのりょうたく》（一七二三〜一八〇三）の門に学び、大槻玄沢、平賀源内などと交流を持った。その江漢の『独笑妄言《どくしょうもうご》』には須弥山宇宙説について、蟠桃とは少し異なるアプローチが見られる。

（須弥山宇宙説を）妄説とする時は、仏経悉《ことごと》く寓言と也て僧徒尊信する処を失ひ、仏道は無用のものとならん。須弥とは大地の広原なる譬にして、真理にあらずと知て諸経を見る時は、譬諭方便自ら融解して章句佳境に入て、遊戯三昧に至るべし。奚《なんぞ》や釈迦孔子も世界を一周せざれは何を以か之を知らん。（「須弥山論説」）

須弥山宇宙の実在に拘泥した場合、ヨーロッパの天文学の前に須弥山宇宙説が敗れ去れば、そこから波及して仏典そしてゴータマ・ブッダの権威が失われてしまう結果になる。科学的にはヨーロッパの天文学が正しいという前提の上で、江漢は須弥山宇宙説を、それと対抗する別の宇宙論ではなく、あくまで方便ということで処理しようとする。これは蘭学（洋学）に対して、ゴータマ・ブッダと仏典の権威を守る棲み分けの論理と言ってよいだろう。

明治以降、この棲み分けの論理に添うように、仏教は自然科学の領域から撤退するばかりか、寺請制度の廃止など明治政府の宗教政策の結果、社会科学の領域からも退潮し、心の問題に孤塁を守ることになってゆく。清沢満之の精神主義などはその典型である。

しかし、体系的な宗教あるいは思想が世界すべてについて説明するものであるならば、宇宙論を棚上げにするわけにはゆかないという立場もあり得る。江漢が「譬諭方便の言句に迷ひ、仏心と云事を」知らないと断罪する「凡僧」が絶無であったわけではなく、むしろ一定の勢力を明治維新直後まで保持することになる。仏教はすでにあるものを守り、そして神道・国学はまだないものを創造してゆく。

2　宇宙論をめぐる葛藤

†宇宙論というアキレスの踵

現代では一見すると、それぞれの学問分野は互いに関連づけられることが少なく、たとえば、文学と法学と医学が拠って立つ共通の地盤というものを想定することは希有だが、つい最近の二十世紀の世界を席捲したマルクス主義では、世界はすべてマルクス主義における社会主義および弁証法的唯物論によって解釈することが可能であるとされた。真理を説く思想とは、本来的に世界すべてを説明する体系的な思想のことであった。仏教もそうであり、儒教もそういうものであったし、そうあろうとした。

しかしいったん体系的思想となると、世界すべてを説明できないということが明らかになることで、その思想の価値は大きく傷つけられることになるため、自らにアキレスの踵《かかと》を抱え込むことになる。

前回見てきたように、日本の伝統的な教えである仏教と儒教——神道・国学は後で述べるように違った対応をする——のアキレスの踵を射貫いたのは、長崎という細い隙間を通って飛んできたヨーロッパの天文学という矢であった。

矢の刺さった踵を、そもそも関係のないものとして切り捨てるという対応はあり得る。むしろ、現代の仏教の対応はこれが主流だろう。曰く、須弥山宇宙説というのは、本来の仏教のものではなく、バラモン教の宇宙観を取り込んだものであると。歴史的な事実としてはその通りだろうが、前に富永仲基を取り上げた際に見たように、仲基の学問が画期的であることの前提条件となる仏教思想を歴史発展的に見る視点が存在していなかった——五時教判などは経典の教説の差異の合理化であるため、立っている地平を異にする——江戸時代までの日本において、傷つけられた体系的思想としての権威を取り戻そうとする人々が一部に現れたことは不思議ではない。

†地球説への批判

第五章4節で中国語音韻の研究書『磨光韻鏡』の著者として触れた文雄《もんのう》には、須弥山宇宙説擁護の先駆者としての貌《かお》もある。中国天文学と併せて西洋天文学も紹介した清の游子六《ゆうしろく》の『天《てん》経或問《けいわくもん》』は禁書指定を免れ、本格的な洋書輸入の前夜の時代に流行するが、この『天経或問』に対する反論書『非天経或問』と『九山八海解嘲論』を同じ宝暦四年(一七五四)に文雄は刊行する。『九山八海解嘲論』の書名のうち、須弥山を取り囲む山脈とその間の海を意味する

「九山八海」とは、すなわち須弥山宇宙説のことで、文雄の立ち位置は「解嘲《げちょう》（人の嘲りに対して弁解する）」の語に明らかである。

文雄が批判した蘭学（洋学）の説に地球説がある。仏教の須弥山宇宙説だけでなく、中国の天文学でも、天がドーム状に地を覆うとする蓋天《がいてん》説はもちろん、地が天の中に浮かぶとする渾天説においても大地は平面として考えられていた。文雄の批判は、しかし、単純な科学的な反論ではなく、多分に思想的な価値観に基づくものであった。

天経に立《たっ》る地球とは、甚《はなは》たしき邪説にして、天地の位を失ひ、上下の分別なく、人を倒《さかしま》に立《たて》りとし、海水も平《たいら》かなるにあらす。一団の鞠《まり》の虚空に懸《かか》れるか如しとす。（中略）天は上に位して尊く、地は下に位して卑《いや》しとする。大道に戻《もと》る、夷狄《いてき》の惑説なり。（『九山八海解嘲論』）

冒頭の「天経」とは『天経或問』のことである。南半球の人間は倒立したことになるという地球説に対する素朴な疑問に加え、「天尊地卑」（『易経』繋辞伝）の価値観が文雄の主張に背骨として通っている。《かくある》という存在《ザイン》は、《かくあるべき》という当為《ゾルレン》に隷属する関係になるが、後で触れるように、この関係性は、西洋天文学が明らかにした存在《ザイン》を巧妙に取り込んだ国学の宇宙論によって批判されることになる。

†天眼・肉眼の二元論

文雄の開いた道の上にあって、仏教天文学を宣揚する梵暦運動を大成したのが『非天経或問』『九山八海解嘲論』が刊行された年に生まれた普門《ふもん》律師円通《えんつう》（一七五四〜一八三四）である。円通は日蓮宗の僧侶であったが、後に天台宗に転じた。

円通は、西洋天文学が広まったことにより、中国では「仏を信ずる者、千百中僅《わずか》に一二のみ。我か東方（日本）亦《ま》た将《まさ》に然《しから》んとす」（巻一）と述べ、危機感を露わにしている。文雄が西洋天文学および、それを取り込んだ国学から受けたような再批判に対抗するために円通が精錬した理論が、ブッダの「天眼《てんげん》」と人間の「肉眼《にくげん》」の二元論である。いわば真俗二諦《にたい》論の自然科学への応用である。観測による存在《ザイン》は、あくまで俗人という卑小な存在が見ることができたものに過ぎず、ブッダという崇高な存在には、須弥山世界が真実として見えているのである。

> 其れ九山八海等の体状は数に任して測るべき者に非ず、理を推して以て闚《うかが》ふ者に非ず。（『仏国暦象編』巻二「須弥蓋天の異同」）

円通によれば、須弥山世界は観測によって得られる経験的な知識の外部にあることになる。

そして一方で、「彼土《ひど》の聖者は禅定力《ぜんじようりき》に依て能く天眼通《つう》を起し、及ひ世間の諸の浄行の梵志も能く勝加行《しようけぎよう》を起して以て通果を得、故に理を説くこと百端なりと雖《いえど》も、須弥器界に於て毫《ごう》も疑はず」（巻二）と、禅定を修めた者が得ることのできる「天眼」の所有者には、須弥山世界を知ることができるとした。

この二元論は、前に取り上げた司馬江漢の『独笑妄言』に見える須弥山宇宙説方便論と似ているようで、根本において異なる。須弥山世界は方便などではなく、実際に真実として《あるる》のだ。ただ円通の用語を用いれば、「慮知」（西洋天文学）と「実智」（梵暦＝仏教天文学）という認識能力の違いが、世界を異なったものとして見せているのである。

須弥山世界が現実に存在しているというのが、円通の説の根幹であり、これによって世界すべてを説明する体系的思想としての仏教の権威は守られることになるが、円通が《証明》してみせたことは、科学的方法の普遍性を脇に置いた、あくまで宗教的真実である。仏教の教えを信じるものにしか説得力を持ち得ない《真実の》宇宙の姿である。しかも円通は、経験的世界から切り離した宗教的真実を《科学的に》証明しようとする過誤に陥る。「実智」でしか知ることのできない宇宙を「慮知」の宇宙に適用——具体的には暦へ適用しようとしたため、それが躓《つまず》きの石となり、大いに天文学者・暦法家から批判を浴びることになった。理由は簡単である。須弥山宇宙説では現実に適応した暦を作ることができないからである。

†国学における蘭学（洋学）受容

神道・国学は、仏教とは西洋天文学に対する姿勢を異にしていた。それは、西洋天文学の宇宙論と競合するような神道独自に整備された宇宙論をもともと持っていなかったことから、対立するための前提がなく、それどころか、蘭学（洋学）を取り込んで神道・国学を世界すべてを説明する体系的思想に仕立て直そうとする試みが、幾人かの国学者によってなされた。

その先鞭を着けたのが本居宣長である。宣長は『沙門文雄《しやもんもんのう》が九山八海解嘲論の弁《べん》』を著して文雄の地球説批判を再批判しているが、その手法は、西洋天文学・地理学の成果――観測による存在（ザイン）を《事実》として受け容れ、それを儒教・仏教批判に転用するものであった。

> 現に西洋の人は万国を経歴してよく知れる所なり。今その西洋の人の皇国唐国などに通ふ者、或は西よりも来《きた》り、或は東よりも来る、これ地体円にして空に懸れる証拠なり。もし仏説の如くにては、西洋の人の東方より来ることは、須弥山をめぐり西洲北洲東洲を経ざれば、東より来ることあたはず、いかに。（『沙門文雄が九山八海解嘲論の弁』）

宣長は儒教・仏教批判という地平では、西洋天文学・地理学に対して親和的である。ただし、それはヨーロッパの科学が《最も》優れているということではない。オランダの学問は、地球規模の知見を持つことでは、狭い東アジア世界に閉じ籠もった中国の学問よりは優れているが、「皇国の、万の国にすぐれて、尊きことをば、しらざるにや。万の国の事をしらば、皇国のすぐれたるほどは、おのづからしるらむものを」（『玉勝間《たまかつま》』巻七「おらんだといふ国のまなび」）と、日本が優れていることを認識していないのは不思議なことであると述べている。価値判断の前提として、絶対的な日本の優位がある。

†『三大考』の宇宙論

宣長の弟子服部中庸は、宣長の宇宙論を整理して発展させた。宣長の『古事記』の注釈書『古事記伝』の巻十七には『三大考』という中庸の著になる異例の附録がある。この『三大考』には、『古事記』の注釈ではなく、『古事記』注釈書『古事記伝』によって明らかになった《真実》によった宇宙像が記されている。

中庸は、宣長と同様にオランダ人（ヨーロッパ人）が世界を実測したことを指摘し、地球説を受け容れ、儒教・仏教の宇宙論の非科学性を批判する。

然るに皇国の古伝説《いにしえのつたえごと》は、初《はじめ》に虚中《おおそら》に一物《ひとつのもの》の成れりしより、つぎつぎ其云《いえ》ることども、凡て今の現《うつつ》のありかたに、合せ考るに、いさゝかもたがふことなし、これを以ても、古伝の、真《まこと》なることは知べき也。(『三大考』)

そして、『古事記伝』が明らかにした「皇国の古伝説」と、西洋天文学が観測によって明らかにした宇宙像が合致することを主張する。むろん、キリスト教の天地創造説など記紀神話と整合しないことがらについては、「大地日月などの、かくのごとく成れる初は、知べきやうなし」と、ヨーロッパに「古伝」が伝わっていないことを理由に否定している。

この『三大考』の方法を整理すると、儒教・仏教の宇宙論をヨーロッパの宇宙論によって批判し、その上で「古伝」の伝承の有無によって日本がヨーロッパの宇宙論の優位に立つとするもので、儒教・仏教への批判は二段構えである。

「三大」とは、太陽・地球・月の三天体である。中庸は、これを天《あめ》(高天原《たかまがはら》)・地《つち》・泉《よみ》(黄泉国《よみのくに》/夜之食国《よるのおすくに》)に配当するが、国学内部でも、この説には疑問の声があがる。中でも紀州徳川家に仕える和歌山本居家の家督を相続した養子の大平《おおひら》(一七五六〜一八三三)が『三大考弁』を著し、『三大考』の説を批判したのは象徴的である。

大平の主張は、宣長の方法論である、朱子学の理気説のような賢《さか》しらを交えずテキストに書かれていることだけを忠実に解釈する方法を墨守するもので、その立場からすれば、『古事記』

に書かれていない天体の生成を論述した『三大考』は、宣長の方法を逸脱したものであった。しかし『三大考』は、宣長自身が『古事記伝』の附録にしたもので、『三大考』の執筆にも、宣長の影がちらついていることが明らかになっている（金沢英之《かなざわひでゆき》『宣長と『三大考』――近世日本の神話的世界像』〔二〇〇五年〕に詳しい）。

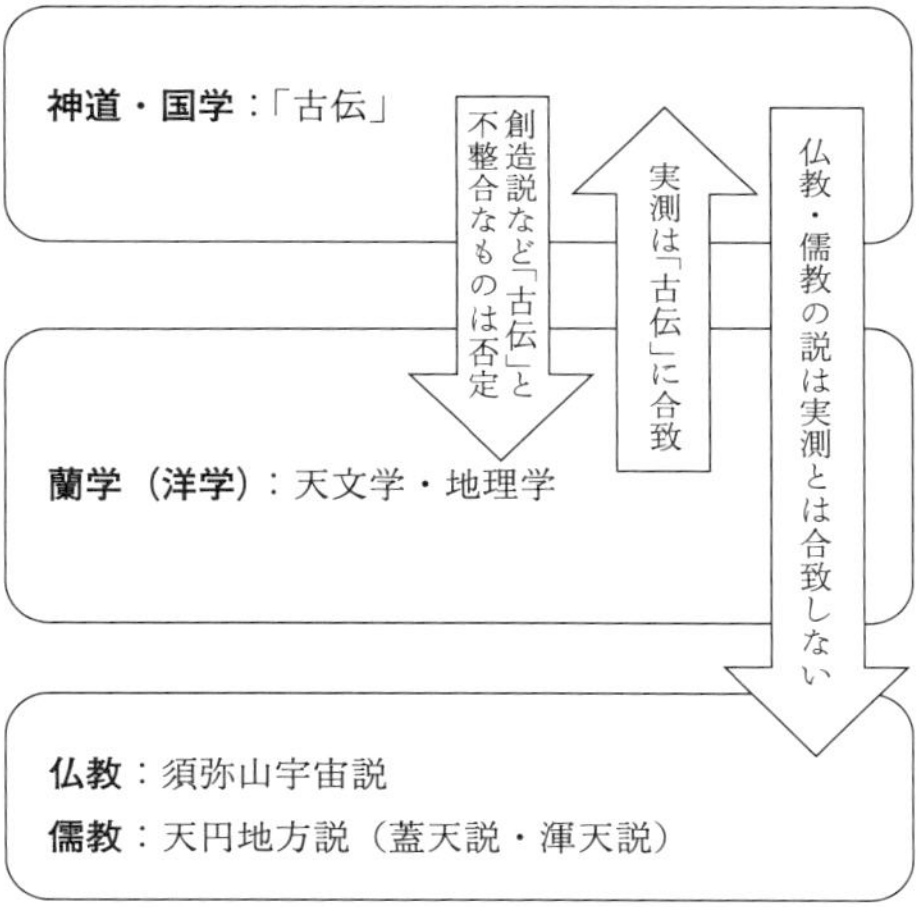

図3 「古伝」を軸にした宇宙論の関係図

宣長の真意は国学研究では難題となっているものの一つだが、宣長のいわゆる実証的な研究方法と、「古伝」に基づく近世神話の体系とは、宣長自身においては矛盾してはいない。『三大考』は、『古事記』の「古伝」の正しさを《実証的に》証明するため、直接は『古事記』とは結びつかない蘭学（洋学）の知識を援用する際に、作業上必要な回路であった（この問題については山下久夫《やましたひさお》・斎藤英喜《さいとうひでき》編『越境する古事記伝』〔森話社、二〇一二年〕に収録された拙論「『古事記伝』という閉鎖系」で詳しく論じている）。

†《死》を取り込む

批判の声の中、『三大考』を支持した国学者がいた。平田篤胤である。篤胤の『霊の真柱』は『三大考』の宇宙論を下敷きにして書かれている。『霊の真柱』は宇宙論を出発点にして、その著述の目的は別にあった。鍵となるのは月に比定される黄泉国の扱いである。それは《死》を国学でどう扱うかということと表裏一体である。世界すべてを説明する体系的思想であれば、当然、《死》についても答えなければいけない。さらに、江戸時代は、幕府の定めた檀家制度によって葬儀は仏教に占有されていた。思想においても、制度においても、仏教に占有されていた《死》を奪回しない限り、国学は体系的思想たり得ない。むろん、それは《死》についての解答をすでに持っていた儒教においても、制度的障害の克服という点では問題を共有していた。

3　死者との交流

†《葬式仏教》という強み

近世以降の仏教を評する《葬式仏教》という言葉は、多くの場合、近世仏教の堕落を象徴する蔑称として用いられるが、人にとっての最後にして最大の出来事である《死》についての儀礼を仏教がほぼ占有していることは、他の宗教に対して、仏教の強みであることを改めて指摘しておきたいと思う。

仏教による死の儀礼、つまり葬式の占有は制度の面から保証され、教理の面で担保されていた。制度とは言うまでもなく檀家制度である。キリスト教禁教政策のうえで、非キリスト教徒であることの証明として日本人の《総仏教徒化》が、江戸幕府によって人々の意思にかかわりなく強制された。仏教は幕府の統治する日本において《国教》になったのである。仏教が特権的な《国教》であったことは、その反動として、明治維新において神仏判然令の執行が廃仏毀釈の暴動に成長する誘因となる。

さきに「強制」という言葉を使ったのは、非キリスト教徒でないならば、儒教でも神道でもよかったはずだが、特例を認められた者を除いて儒者も神職・神道者も制度上《仏教徒》にされたからである。非仏教徒の側からすれば、宗教弾圧であることに変わりはないが、一部の《原理主義者《ピューリタン》》を除いて抵抗する者はいなかった。ここではその一部の者たちの動きを見てゆく。その前に仏教と《死》との関係の教理面について押さえておこう。

†《死》とともにある仏教

現代において、ゴータマ・ブッダが説いた教え（原始仏教）を純粋な仏教であると捉えた真摯な僧侶にとっての悩みの種であり、仏教批判者にとっての格好の攻撃材料とされるように、原始仏教は死の儀礼について語っていないとされるが、これは哲学としてのみ仏教を見て、宗教とそれを支える文化の土壌を無視する欧米流の仏教理解に、両者とも目を曇らされた結果である。

仏教がインドで広まってゆく上で、《死》の問題を「諸行無常」だけで人々に納得させることとは到底不可能である。パーリ経典（小部）の『ペータヴァットゥ（Peta-vatthu〈巴〉、餓鬼事経）』には、餓鬼となった母のために僧侶に布施を行うと、その功徳が餓鬼道に堕ちた母に廻向《えこう》されて、餓鬼道から救われると説かれている。

「孝」を至上の徳とし、それが形として外部に現れたものとして「葬」と「祭」の儀礼を重視する中国において仏教が定着するうえで、仏教のこうした廻向の思想が拡充され、より《死》と仏教とは緊密になってゆく。その代表的なものが『盂蘭盆経《うらぼん》』である。雨安居《うあんご》の最終日であり、僧侶が犯した罪を大衆《だいしゅ》の前で懺悔《さんげ》する自恣《じし》（pravāraṇā〈梵〉）が行われる七月十五日に僧侶に布施を行えば、自分を生んでくれた「所生現在の父母」だけではなく、「過去七世の父母」

にまで功徳が及ぶとする内容は、中国の先祖崇拝の風土に合致していた。

死者に対する廻向ばかりではなく、自らの死についても、浄土信仰の展開が死後の世界に対峙するハードルを下げてくれた。何世にもわたる果てしない修行の結果、ようやく涅槃《ねはん》に到達するのではなく、弥勒菩薩の住まう兜率天《とそってん》への往生（上生《じょうしょう》思想）や、阿弥陀如来の仏国土である西方極楽浄土への往生を説く教えは、厳しい修行を果たし得ない、俗世に生きる人々にとって仏教をより身近なものにした。

自らは仏国土への往生を願い、もしそれができなくても（浄土信仰を精錬させた日本の浄土教系の宗派では教理上あり得ないが）、残された者が廻向をしてくれることで、六道の中で、よりよいところに転生できるという教えは、仏教を《死》を語る思想としてより強固なものにした。

こうした仏教を日本は受け入れたため、仏教は《死》とともにあったと言っても過言ではない。

†例外であった儒葬

仏教は中国で大きく変容するが、その変容を生んだ風土から生まれてきたのが儒教である。儒教では、第六章1節で触れてきたように、「孝」の実践は、父母の生前はもちろんのこと、死後の祭祀にまで及び、宗教としての儒教の力点はむしろ後者にあった。生者はいますがごとく死者に奉仕することが求められた。一般には鬼神の祭祀に対して消極的とされる孔子も、古代の聖王禹《う》を「孝を鬼神に致し」（『論語』泰伯。「鬼神」は先祖の霊）たと顕彰している。そのため儒学ではなく、儒教として受容した一部の日本の儒者たちは、江戸幕府の宗教政策と自己の信念の齟齬に悩むことになった。

しかし、制度的な制約であるため、制度の例外を設けることのできる地位にいる人物、たとえば土佐藩奉行職（家老）野《の》中兼山《なかけんざん》（一六一五〜一六六四）が、家庭内での儒教の礼を朱熹が整理し直した『文公家《ぶんこうか》礼《れい》』（国家レベルでの礼説は『儀礼経伝通解《ぎらいけいでんつうかい》』）に則って母親（秋田《あきた》万《まん》）の葬式を執り行い、水戸藩主徳川光圀が正室泰姫《たいひめ》（近衛《このえ》尋子《ちかこ》。一六三八〜一六五九）を、やはり『文公家礼』に拠って儒葬しており、自らも儒式によって瑞龍山に葬られている。この他、林氏墓地に眠る林羅山ら林家の人々や大塚先儒墓所に葬られた木下順庵、室鳩巣、柴野《しばの》栗山《りつざん》、古賀《こが》精里《せいり》らの幕府の儒官など、儒式によって葬られた人々がいるが、これらはあくまで例外である。圧倒的多数の儒者たちは、僧侶によって仏式の葬儀が行われ、寺院の墓地に葬られた。生前に排仏論を主張したとしても、特権とは無縁の立場で最期の秋《とき》を迎えた山崎闇斎の墓は京黒谷の金戒光明《こんかいこうみょう》寺にあり、熊沢蕃山の墓は古河市の鮭延寺にある。

泰姫を儒式で葬った顛末を光圀が記した「藤夫人病中葬礼事略《とうふじんびょうちゅうそうれいじりゃく》」（「藤夫人」は泰姫のこと）には、儒教と神道とを架橋する要素となるものが顕れている。

妾聞く、本朝の上古の葬礼は儒礼に近しと。近代、仏氏横馳して本朝の大礼を乱す。妾願はくは終命の後、金を僧侶に嚫《ほどこ》さず、本朝の礼を挙げて以て儒礼を兼ねんと。（注――「妾」は女性の自称）

光圀の影響を受けて強烈な排仏論者になった泰姫だが、この当時の共通の理解として、仏教の蔓延によって日本古代の礼は失われてしまったということがあり、そのため儒礼で日本の古代の葬礼の欠落を補うという構造が生まれた。それを担保するのが、日本古代の礼と儒礼は似ているという言説である。闇斎は、兼山の母の葬儀について記した『帰全山記《きぜんざんき》』で、父母の遺体を毀損することになる仏教式の火葬に対する批判を展開する中で「伊勢の火葬を禁ずるは、是れ猶ほ隆古の遺風なり」と、火葬の忌避を媒介として神道へと接近し、後年の垂加神道を予見させる。

神道側から見れば、完備された儒教の《死》の儀礼を養分にして、新しく神道の神葬祭が整備されてゆくことになる。自身も朱子学の信奉者であった会津藩主保科正之は、吉田神道によって「土津霊神《はにつ》」として見禰《みね》山に神道式で葬られるが、それに関与したのは儒教の影響を強く受けた神道家吉川惟足《よしかわこれたり》（一六一六～一六九五）であった。ここでは儒教は神道式の葬式の障害にはならず、むしろそれを媒介するものであった。

　しかし神儒一致の立場は、後に国学から不純なものとして攻撃されるようになる。そのため国学は儒教の援護なしに、神道独自に《死》と向き合わねばならなくなる。

†《死》の誕生

　前に述べたように、服部中庸の『三大考』は、国学の《死》の理論の構築の上で画期的なバネとなるものであった。中庸は太陽・地球・月をそれぞれ「天《あめ》・地《つち》・泉《よみ》」に配当するが、このうち月に配当された「泉（黄泉）」こそ、記紀神話に登場する死後の世界である。

　平田篤胤はこの『三大考』に基づいて『霊《たま》の真柱《みはしら》』を著す。しかし全面的に依拠するのではなく、適宜、中庸の説を修正してゆく。そのうちでも重要な箇所が、死後の霊のゆくえにかかわる箇所である。

　『三大考』では、天・地・泉はもともと「一物《ひとつのもの》」であったが、それが分離して天・地・泉（太陽・地球・月）になったと考えている。

　まだ完全に分離し切っていない状態の時には、高天原から神が「天之浮橋」を通って地に下ったり、黄泉に神が「黄泉比良坂《よもつひらさか》」を通って地から下ったりすることが肉体を持った「現身《うつしみ》」の状態で可能であったとしている。これが断ち切られた時、《死》が《誕生》する。

オオクニヌシがスサノオのいる「根之堅洲国《ねのかたすくに》」に行って戻ってきた時は、まだ生者として往来できたが、国譲りの後、「八十坰手《やそくまて》に隠《かくり》て」しまった時には、「永く此世を去て、泉国《よみの》に隠《かくり》侍《さもらい》て、幽事《かみごと》を掌《しり》賜ふにて、是は尋常《よのつね》の人の死ぬると同じさまに聞ゆれば、其時には、既に地よりつゞき通る路は、断絶《たえきれ》たりしやあらむ」と、肉体と霊魂とが分離する《死》の誕生を推定している。この《死》は、師本居宣長の「たゞ死ぬればよみの国へ行物《ゆくもの》とのみ思ひて、かなしむより外の心なく」（『答問録』一二）という隔絶した《死》と共鳴している。

『三大考』では、《死》の誕生は宇宙創造論の中で、歴史の上で具体的に起こった出来事として語られることになる。このことによって、史書『古事記』は世界のすべてを説明する体系的思想の聖典となり、神道・国学は仏教・儒教に対抗し得る思想として立ち上がるのである。

†死者とともに生きる

しかし、篤胤はこの「《死》の誕生」を否定する。厳密に言えば、肉体から分離した霊魂が黄泉に往くことを否定する。霊魂が黄泉に往かないとすれば、どこに往くのか。それはこの「地」――生者が暮らしている我々の世界である。

篤胤の説では、オオクニヌシは「この顕世《うつしよ》の事避《ことさり》たまひて」後は、「常磐《とことわ》に杵築宮《きづきのみや》に隠り鎮り坐《ま》せるなり」（『霊の真柱』巻下）とされている。「杵築宮」とは、今の出雲大社のことである。

オオクニヌシの霊魂が「地」に留まることは、生者の世界である「顕明事《あらわにごと》」を支配する天皇に対し、「幽冥事《かみごと》」を主宰するオオクニヌシのもとに死者の霊魂が集い、現世の我々の生活を見守り、幸福へと導いてくれることを証明することになる。篤胤の眼目はここにある。

顕明事にて、天皇命《すめらみこと》の御民とあるを、死ては、その魂やがて神にて、かの幽霊、冥魂なともいふ如く、すでにいはゆる幽冥に帰《おもむ》けるなれば、さては、その冥府を掌《し》り治《しろし》めす大神は、大国主の神に坐せば、彼の神に帰命奉《まつろいまつ》り、その御制《みおきて》を承賜《うけたま》はることとなり、さてありつゝこの顕《うつし》世《よ》なる君親また子孫《うみのこ》に幸《さちわ》ふこと、大国主神の、隠り坐しつゝも、世に幸ひたまふが如し。
（『霊の真柱』巻下）

中庸の《死》が現世との隔絶であったのに対し、篤胤の《死》はつねに現世とともにある。死者は常に生者とともにありつつ、生者の生活を見守っているのである。まして仏教のように、肉親や親しい人が地獄へ堕ちて責め苦を受けることもなければ、儒教（朱子学）のように魂《こん》と魄《はく》とに分かれ、いずれ気に飲み込まれて雲散霧消してしまうこともない。

篤胤は、死者の霊魂のこの世での居場所を、「上古より墓処は、魂を鎮留《しずめとど》むる科《ため》に、かまふる物」（巻下）と、墓に求める。篤胤の門人のうち、岡熊臣《おかくまおみ》（一七八三〜一八五一）は、篤胤のこの死後に霊魂は墓に留まるという説を発展させるが（『千代《ちよ》の住処《すみか》』）、六人部是香《むとべよしか》（一七九八〜一八六四）は、死者の霊魂は、その地域の産土《うぶすな》神が鎮まる産土神社に集うという説を立てる（『産《うぶ》須那《すな》社古伝抄』、同『広義』）。後に熊臣は、津和野藩の藩校養老館の国学教授となり、大国隆正とともに津和野を国学の一大拠点に育て上げるが、この津和野派が維新後、神祇官の中心に入り、神道国教化政策を推進してゆくことになる。寺請に代わるものとして「氏子調《うじこしらべ》」を実施したり、各地の神社の境内に祖霊社が祀られるようになるのは、こうした平田国学の教説がもとになっている。

また、「新国学」を標榜した民俗学者柳田國男《やなぎたくにお》（一八七五〜一九六二）が、日本には「霊は永久にこの国土のうちに留まつて、そう遠方へは行つてしまはないといふ信仰」が、古代から現代まで「根強くまだ持ち続けられて居る」（『先祖の話』一九四六年）と断言した背景にも、篤胤の姿を透かして見ることができる。

江戸時代を通り過ぎて近代に足を踏み入れてしまったが、近代についてはいずれ別の機会があれば論じたいと思う。

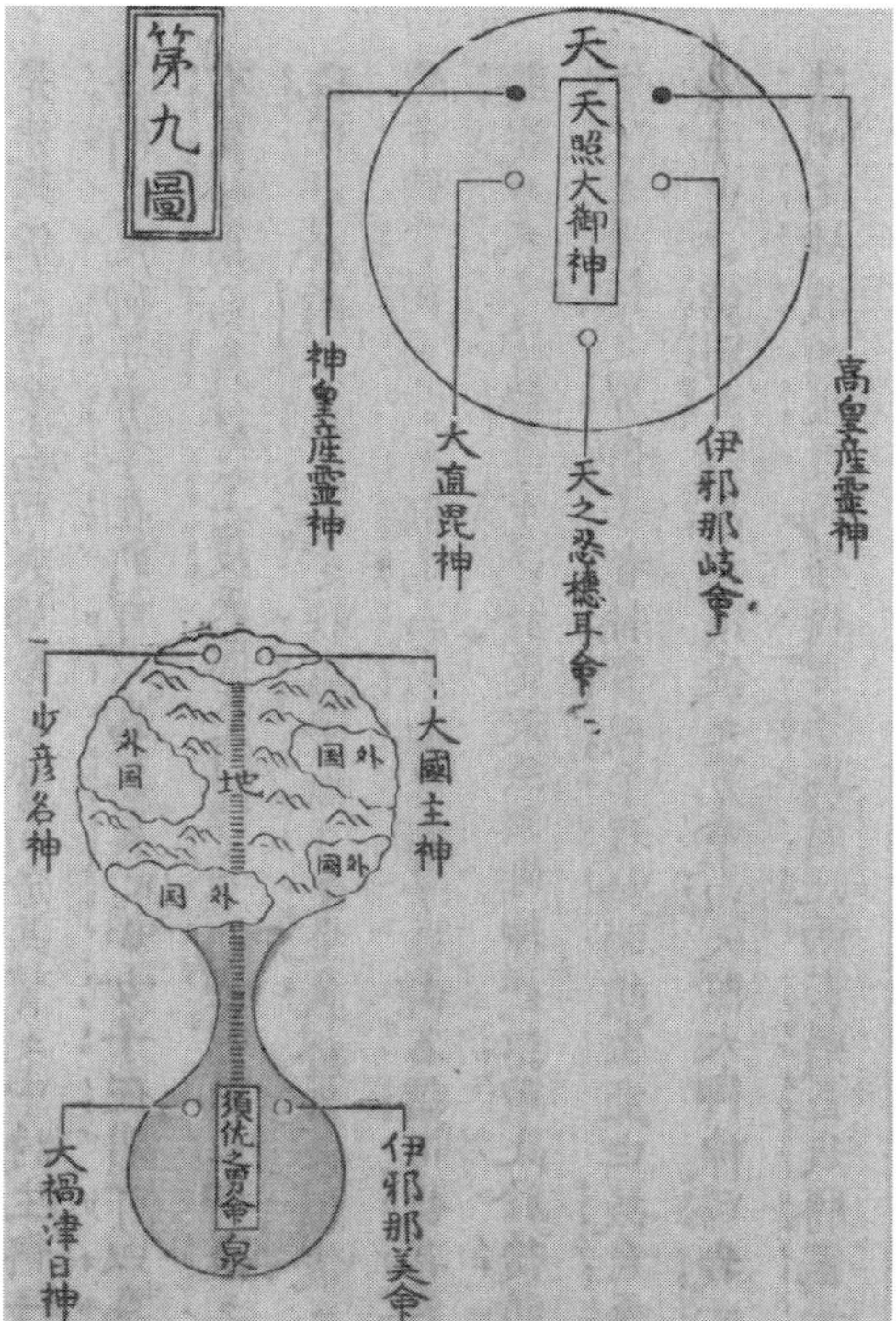

平田篤胤『霊能真柱』上つ巻、第九図（国立国会図書館蔵）

第八章　キリスト教との対峙

1　還俗という名の《投企《プロジェクト》》①——儒者への道

†制度的と意志的と

出家者が俗人に戻ることを文字通り「還俗《げんぞく》」と言うが、一口に還俗と言っても、当人にとって意味するところは様々である。

発心《ほっしん》という理由以外に、下層での口減らしの一方で、上層になれば相続争いの回避や権力保持を目的とした寺院勢力との一体化のため、後継者以外の男子を出家させることが中世を中心に、戦前まで行われた。しかし、これによって後継者候補から完全に除外されたわけではなく、直系男子が不在の場合、後継者は出家した近親者から選ばれることがあった。足利将軍家はその典型だが、室町幕府第五代将軍足利義量《あしかがよしかず》の早世後、将軍職を代行していた父の四代義持《よしもち》も亡くなり、次の将軍は、義持の弟の青蓮院義円《しょうれんいんぎえん》が還俗して六代義教《よしのり》となった。また八代義政《よしまさ》は、弟の浄土寺義尋《ぎじん》を還俗させて養子とし、義視《よしみ》と名乗らせる。しかし、その後に実子（九代義尚《よしひさ》）ができたため、皮肉にも後継者争いが起こる。これが応仁の乱の一因である。これらの還俗は制度的なものであり、出家から在家への転身は本人の意志とは別の次元で決められていた。

政治上の理由で還俗させられた例には、「奈良華族」がある。藤原氏の氏寺の興福寺には、大乗院・一乗院両門跡をはじめ公家出身の僧が多くいたのだが、明治維新の王政復古・神仏分離の潮流の中で、勅命によってこれらの僧が還俗させられ、一挙に二十六家の華族が誕生する。これを奈良華族と呼んだ。

また、法然《ほうねん》の専修念仏の教団が既存の仏教教団から弾圧を受けた承元の法難に際して、還俗させられて法然は藤井元彦《ふじいもとひこ》、親鸞は藤井善信《ふじいよしざね》という名を与えられて流罪に処せられるが、これは僧尼令の規定に従った制度的な還俗である。親鸞はこれを画期として「非僧非俗」という宗教的立脚点に目覚めるが、あくまで外部から与えられた契機であり、親鸞が意志的に選び取ったものではない。

近世になると、自らの選択として意志的に還俗した僧として注目すべき人々が、江戸時代の初期と幕末という両端に登場する。大きくまとめると、幕初は還俗して儒者となった僧たち、幕末は還俗して《志士》となった僧たちである。幕初（厳密には室町時代末から）にはもう一つ、キリスト者となった僧たち、たとえばキリスト教布教の最初期の改宗者パウロ・キョウゼン（ルイス・フロイス『日本史』第一部第十三章）、あるいは『妙貞問答』を著した不干斎《ふかんさい》ハビアン（一五六五〜一六二一）などがいる。しかし、キリスト教は近世思想を考える上で、参照される重要な対立項ではあっても、基本となる構成要素とは言えないため、キリスト教と三教の関係について、後で改めて述べたいと思うが、幕初と幕末という還俗について述べるにあたって設定した時期に重要な役割を果たすことになる。ここでは儒教と志士とに向かう還俗者の《転向》声明に、江戸思想史の中の仏教と他の思想の関係を探ろうと思う。

†儒教の揺籃としての禅林

幕初に儒者が五山などの禅林から輩出されたことは、日本思想史に関心のある人にはよく知られた事実である。儒学、とりわけ朱子学は、中国に行き来した禅僧にとって、中国仏教（＝禅）を学ぶための中国文明理解の基礎学として受容されてきた。むろん、渡元経験のある南北朝時代の禅僧中巌円月《ちゅうがんえんげつ》（一三〇〇〜一三七五）が、「中正子（円月）は釈を以て内とし、儒を以て外とす。是《ここ》を以て其の書為るや、外篇前に在つて、内篇後に在り。蓋し外より内に帰するの義を取る也」（『中正子《ちゅうせいし》』外篇一）と述べるように、仏典を内典、儒教経典を外典と区別し、あくまで仏教が主であり、儒教は従の立場であった。

しかしながら従であっても、本格的に儒学（朱子学）を学ぶには禅林の門をくぐらなければならなかった。近世日本の朱子学の出発点にいる藤原惺窩《せいか》（僧名蕣首座《しゅんしゅそ》。一五六一～一六一九）は相国寺《しょうこくじ》に入り、林羅山は建仁寺で儒学を学んでいる。惺窩は還俗し、羅山は得度《とくど》を拒絶している。

惺窩の還俗の転向声明は、弟子の羅山の撰による『惺窩先生行状《ぎょうじょう》』に「我、久しく釈氏に従事す。然れども心に疑ひ有り。聖賢の書を読みて、信じて疑はず。道、果たして玆《ここ》に在り、豈《あ》に人倫の外ならんや。釈氏は既に仁種を絶ち、また義理を滅ぼす。これ異端為る所以なり」と記されているが、「行状」（伝記）という性格上、後人（ここでは羅山）の編集の手が加わり、また、本人の言葉であったとしても時間の経過とともに整えられた可能性があり、還俗したその時の決意表明がそのまま伝えられているかどうかは確証が持てない。

しかし次の世代となる山崎闇斎、佐々十竹《さつさじっちく》（一六四〇～一六九八）には明確な決意表明が、還俗からあまり時間を置かず、自らの手で残されている。佐々十竹と言っても一般の知名度は低いのだが、通称を介三郎《すけさぶろう》と言い、『水戸黄門漫遊記』の佐々木助三郎（助さん）のモデルとなったと言えば、少しは親しみが持てるのではないだろうか。

†山崎闇斎の《転向》

山崎闇斎の家は代々の熱心な浄土宗の信者であったが、闇斎は妙心寺において出家得度し、絶蔵主《ぜつぞうす》となる。なお、惺窩の首座も闇斎の蔵主も禅寺の職名である。『闇斎年譜』（山田《やまだ》慥斎《ぞうさい》著）や『先達遺事《せんだついじ》』（稲葉《いなば》默斎《もくさい》著）には、幼少期の闇斎が読経をしていて、釈迦は出鱈目《でたらめ》を言っていると語ったという利発さと、後の排仏思想を予見させるエピソードが載せられているが、後年の闇斎から遡って作られた偉人伝説の可能性があるため、本書では、あくまで本人の言葉の中に仏教に対する考えを見出してゆきたいと思う。

土佐藩初代藩主山内一豊《やまのうちかずとよ》の養子であった湘南宗化《しょうなんそうか》（?～一六三七）に才能を見込まれた絶蔵主は、土佐に招かれる。この土佐で絶蔵主は、日本における朱子学の一系譜である土佐南学の小《お》倉三省《ぐらさんせい》（一六〇四～一六五四）・野中兼山らと関係を持つことになる。なお、土佐南学の実質的な祖谷時中《たにじちゅう》（一五九八～一六四九）も、浄土真宗の僧（僧名慈沖《じちゅう》）であった還俗者である。兼山らの朱子学の勉強会に参加し、妙心寺で禅籍を通して培った絶蔵主の漢文読解力が大いに発揮されたようである。

そうした交流の中で絶蔵主は精神的に《転向》するが、それを知って激怒した湘南宗化と二代藩主忠義《ただよし》によって、将来を期待されていた吸江寺《ぎゅうこうじ》から追放され、土佐からも逐われる。転向者となった絶蔵主は妙心寺に戻れるわけもなく、京都で困窮した生活を送る中で塾を開き、やがて崎門《きもん》学派という江戸儒教史における主要な潮流の一つを生み出すことになる。

京都に移って闇斎と名乗るようになり、一冊の本を著す。それが『闢異《へきい》』である。『闢異』は儒者闇斎の処女作にして、仏教への決別宣言であり、儒教への転向声明である。『闢異』には早くも、闇斎の著述スタイルが明確に現れている。「述べて作らず」(『論語』述而)に則り、二程子(程顥《ていこう》・程頤《い》兄弟)、謝上蔡《しゃじょうさい》、朱熹ら先賢の異端(仏教)排斥の言葉を引用して配列し、闇斎自身の言葉は、「後記」にわずかに見えるだけである。

闇斎は、「吾、幼年にして四書を読み、成童(十五歳)にして仏徒と為り、二十二三にして、空谷の書に本づいて三教一致の胡論を作り」と、過去を振り返る。基礎教養として四書(論語・大学・中庸・孟子)を学んだ後の履歴は、明の空谷景隆《くうこくけいりゆう》の『尚直編《しょうじきへん》』を参考に、仏教の立場から「三教一致の胡論」を著す優秀な学僧であったのだが、その転機は二十五歳の時に訪れる。

二十五にして朱子の書を読みて、仏学の道に非《あら》ざるを覚り、則ち逃げて儒に帰す。今三十にして、未だ立つ能《あた》はず、深く吾の早く弁ぜざりしを悔い、又人の終《つい》に惑ふべきを懼《おそ》る。(『闢異』)

闇斎の転機は「朱子の書」との出会いであった。闇斎が朱子の言葉に見出したものの核心は何か。それは「綱常」であった。

蓋《けだ》し道は綱常のみ。彼れ(=仏教)既に之を廃すれば、則ち其の学の道に非ざること、攻《おさ》めずして知るべし。(『闢異』)

「綱常」とは、「三綱五常(君臣・父子・夫婦の道と仁・義・礼・智・信の道)」のことで、人の守るべき人間世界の秩序=人倫を意味する。仏教とはこの人倫を廃するもの、すなわち「道」ではないものとされた。惺窩の行状に言う「人倫」云々のくだりと同様なのだが、先に述べたように、自身の言葉として自らの過去の反省とともに述べられていることを重視したいと思う。「今三十にして、未だ立つ能はず」に当時の闇斎の窮状がうかがえるが、自らの道への目覚めの遅さを悔い、一方で、人々が道を間違えたままになるかもしれないことを懼れているところに、深い反省の意が込められている。

†佐々十竹の《転向》

同様の還俗の軌跡を描く《告白》を、佐々十竹も残している。十竹は水戸藩二代藩主徳川光圀に仕え、彰考館総裁にまで上るが、史官として『大日本史』の編纂や摂津湊川《みなとがわ》に楠木正成《くすのきまさしげ》を顕彰する「嗚呼《ああ》忠臣楠子《なんし》之墓」の建碑に携わっている。その十竹の転向声明は、『立志論』に述べられている。

十竹は闇斎と同じ妙心寺に入り、禅僧祖淳《そじゅん》となった。

仏法なる者は、如説修行なり。若《も》し徒《いたず》らに其の書を読み、而して其の道を行なはざれば、則ち何を以てか仏者と称せんや。(『立志論』)

祖淳は熱烈な求道心をもって修行に邁進し、臨済禅ばかりでなく、黄檗宗を伝えた明僧隠元隆琦に参禅し、比叡山で止観《しかん》を、興福寺で唯識を、高野山で密教を、槇尾山西明寺で戒律を学ぶ。こうした求道僧祖淳にとって、「葬殮《そうれん》を以て僧家の職」とする檀家制度と、それに安住するばかりか、「檀越《だんおつ》の死を聞けば、則ち歓喜抃躍《べんやく》」するような利益優先の僧の堕落を強く批判しながらも、自らもそうした「陋轍《ろうてつ》に随《したが》ふ」ことから免れないことを嘆いている。続いて述べられる還俗の理由とは直結しないのだが、真面目さゆえに仏教界の現状に違和感を持っていたのが土台となっていたことは疑い得ないだろう。

祖淳の契機は、まず『梵網経《ぼんもうきょう》』に「父母兄弟六親を殺さるるも、亦報讐することを得ず」

（第二十一軽戒・無慈酬怨戒）とあることに対し、仏教に疑問を抱いたことにある。祖淳の「躓《つまず》きの石」もやはり人倫であった。

之を忍びて報讐せざれば、則ち倫理滅ぶ。之を忍ばずして報讐すれば、則ち仏戒に違ふ。
（『立志論』）

祖淳は二重拘束《ダブルバインド》に苦しめられることになる。その解決の糸口となったのが、『論語』先進の「未だ生を知らず、焉《いず》くんぞ死を知らん」の世俗優位の思想であり、『朱子文集』（「釈氏論」「答寥子晦書」）による「仏氏輪廻の説」の否定との出会いである。これにより、出世間の教えである仏教を捨て、世間に積極的にかかわってゆく儒教を選ぶ決断をすることになる。

これは、これまでの自らの過去と現実の生活を否定する一大決心であり、『立志論』は、「我立志励行、仮に饒凍餒死《じょうとうだいし》するも亦我甘心する所なり」という、向かい来る窮迫の逆境を甘受するという十竹の決意で結ばれている。『文苑遺談《ぶんえんいだん》』（青山延于《あおやまのぶゆき》著）には、転向声明である『立志論』を妙心寺の門に七日間掲げ、反論する者のなかったのを見届けて寺を去ったとあり、決意の強さを示す同工異曲のエピソードが諸書に見られる。

†還俗という冒険

例に挙げた惺窩、闇斎、十竹の結果だけを見れば、近世思想は人倫の重視によって、仏教から儒教に思想界のヘゲモニーが移行したという通説に沿ったものとなるが、そうした教科書的な記述の背後には、実存をかけて投企された選択があったということを見落としてはいけない。生活や名声が保証されていた僧の身分を捨て、いまだ儒者を処遇する制度が未整備であった時代に、還俗することには大いなる勇気を必要とすることであった。一時代前にキリスト教に転じた者が寺院から教会へと所属を変えたのとは、異なる種類の勇気である。

また、自主的な身分変更である「還俗」は、江戸幕藩体制下の社会秩序を乱す行為であるため、人倫というものを教える儒教が、幕初においては、まず秩序破壊から始めるという矛盾を犯させる、魅力的な《危険思想》であったかということには改めて注意が必要である。

幕末になると、なお知識階級であることを儒者と二分していた僧たちを揺さぶる時代の激動が襲いかかる。その時に、現状の変更を望んだ当時の僧たちが選んだのは、幕初の時とは違い、すでに体制そのものとなった儒教ではなく、《志士》という新しいカテゴリーであった。

2　還俗という名の《投企《プロジェクト》》②——志士への道

†泰平の間奏

幕末の《志士》へと還俗する僧たちの軌跡をたどる前に、江戸幕府の最盛期、泰平を謳歌する時代に、還俗した一人の黄檗僧に触れておきたいと思う。

彼の名は、僧の時代は月海元昭《げつかいげんしょう》、還俗後は高遊外《こうゆうがい》（一六七五〜一七六三）と称したが、「売茶翁《ばいさおう》」で呼ぶのが、最も通りがよいだろう。売茶翁は煎茶道の祖として、江戸文化史にその名前が刻まれている。

月海は十一歳の時、肥前龍津寺の化霖道龍《けりんどうりゅう》（一六三四〜一七二〇）について出家する。第五章3節で登場した大潮元皓は彼の弟弟子になる。このことから察せられるように、黄檗宗と徂徠学を二つの焦点とする同時代の中国文明を受容する文化サークルの圏内にいる人物で、煎茶道もその文脈の中から生まれてくる。

月海は、師の化霖が遷化すると龍津寺を大潮に任せて上京し、茶道具を担いで行った先の佳《か》勝《しょう》の地で茶店を開き、一杯一銭で煎茶を給する生活を始める。

しばらく僧籍にあったが、寛保二年（一七四二）、六十八歳で月海は還俗し、高遊外になる。売茶翁の理解者であった京五山の相国寺の大典顕常《だいてんけんじょう》（一七一九〜一八〇一）が著した『売茶翁伝』には、「釈氏の世に処する、命の正邪は心なり、迹《しゃく》に非ざるなり。夫《そ》れ僧伽の徳を張夸《ちょうこ》して、人の信施を労するは、予の自善する者の志に非ざるなり」という月海の売茶の心情が記されている。ここから、月海が当時の仏教界の外聞外見に囚われた風潮に違和感を持っていたことが推し量れるが、やはり、売茶翁自身の言葉に還俗の決意表明を見出したいと思う。売茶翁の場合、それは漢詩（偈《げ》）になる。

僧に非《あら》ず道に非ず又儒に非ず
黒面白鬚《はくしゅ》　窮禿奴《きゅうとくど》
孰《た》れか謂ふ　金城に売弄すること周《あまね》しと
乾坤《けんこん》　都《すべ》て是れ一茶壺《いっさこ》

（非僧非道又非儒　黒面白鬚窮禿奴
孰謂金城周売弄　乾坤都是一茶壺）

売茶翁の「売茶偶成《ぐうせい》三首」のうちの一首である。この「売茶偶成三首」には、還俗から間もない寛保三年に書かれた売茶翁の真蹟が残されている。僧でも道士でも儒者でもない、貧乏な禿げ親父が京中に茶を売り歩いていると悪口を言われるが、実は世界は一つの茶壺の中にあるのだ、と「壺中の天地」(『後漢書』方術伝)を踏まえて結んでいる。

ここには、僧籍を離れて身分的に無羈絆《むきはん》になることで、かえって融通無碍《ゆうずうむげ》に禅を実践することができるという、「Aは非AであるがゆえにAである」という鈴木大拙の「即非の論理」に通じる立場を見て取ることができる。

†幕末という状況

売茶翁の還俗は、前に見た山崎闇斎や佐々十竹のような、江戸幕府の始まりに際して、新しい自己のありようを選択するという種類の還俗ではなく、自己を深化させてゆくものであった。それは十八世紀という江戸幕府が安定していた時期であることに限るものではなく、出家した上で、さらに教団組織から離れて遁世《とんせい》するという、日本の仏教求道者のある種の傾向である《二重の出家》を突き詰めて還俗に至ったもので、むしろ時代性は薄いように思われる。

闇斎や十竹と対応するのは、江戸時代を折り返して、始まりではなく終わりを迎えようとする時代に生きた、これから取り上げる佐久良《さくら》東雄《あずまお》(一八一一~一八六〇)や伴林光平《ともばやしみつひら》(一八一三~一八六四)といった人物である。

東雄や光平が還俗して生まれ変わった姿は儒者ではなく、《志士》という存在であった。国学者というカテゴライズも可能だが、いずれも非業の最期を遂げる彼らの人生のありようは、尊王思想を触媒にして、意志的・行動的であった《志士》の名で呼ぶことがよりふさわしいと考える。

古典の研究をするならば、国学の祖の契沖や、第三章2節で取り上げた義門のように僧の身分のままでも十分に可能なことであった。一方で、国事に挺身するのであれば、後で取り上げる周防の妙円寺の月性《げっしょう》（一八一七〜一八五八）や、同音のため月性とよく混同される京の清水寺の月照《げっしょう》（一八一三〜一八五八）などの「勤王僧」というあり方も選択肢としてあり得る。だからこそ、東雄や光平が還俗という選択をしたことは、彼らの人生をかけた《投企《プロジェクト》》であったはずである。

†佐久良東雄の《転向》

志士としての佐久良東雄の生涯は、桜田門外の変に深くかかわり、大坂に潜伏していた首謀者の一人、水戸藩士高橋多一郎《たかはしたいちろう》とその子庄左衛門《しょうざえもん》を匿《かくま》い、そのため捕らえられて江戸に送られ、小伝馬町の牢内で獄死したことで完結する。

東雄はもと真言宗豊山派の僧で、名は良哉《りょうさい》と言う。歌人でもあった良哉は、常陸国真鍋《まなべ》の善応寺にあって土浦《つちうら》の国学者色川三中《いろかわみなか》（一八〇一〜一八五五）や笠間藩儒加藤桜老《かとうおうろう》（一八一一〜一八八四）らと交わり、三中の伝手《つて》をたどって平田篤胤に入門も果たす。

天保十四年（一八四三）、三十三歳の時、良哉は還俗して東雄となる。残念ながら、明確な還俗の意志表示の文章は残されていないが、弘化二年（一八四五）、上京する際に詠んだ長歌二首の一部に次のようにある。

土食《は》みて飢《うえ》て死ぬとも　畏《かしこ》きや今の現《おつつ》に　天地のい照り徹《とお》らす　天照す日の皇子現神《みこあきつかみ》わが大君に　たぐひなき赤き心を　一筋に尽くしてこそと　大丈夫《ますらお》の心ふり起こし

東雄の尊王思想が国学を媒介とするロマン主義的な発酵を経て、自己犠牲にまで高められていたことがわかる。

東雄は上京後、大坂の坐摩《いかすり》神社の祝部《はふりべ》となり、「坐摩版」と称される出版事業を行う。その中には篤胤の仏教批判書『出定笑語』が含まれ、東雄が仏教に批判的な立場に転じたとも思われるが、同書の見返しに記された東雄の内容紹介の文章には、強い口調の仏教批判は認められない。東雄の還俗は反仏教であるよりも、尊王思想の発露としての志士的行動の結果、選択されたものと捉えたほうがよいように思われる。

東雄では明確ではなかったが、志士へと転向した還俗者の意志表示を知るのにふさわしい人物がいる。それが、東雄より二歳若い同時代人であり、保田《やすだ》与重郎《よじゅうろう》(一九一〇～一九八一)、伊東《いとう》静雄《しずお》(一九〇六～一九五三)ら日本浪漫派に愛された国学者・歌人・山陵家の伴林光平である。

†伴林光平の《転向》

伴林光平は、尊王・攘夷派が天皇親征による倒幕の意図を秘めた孝明《こうめい》天皇の大和行幸の先駆けとして、五条《ごじょう》代官所を襲撃した天誅組に加わるが、行幸直前に公武合体派によって実行された八月十八日の政変により、天誅組は一転して暴徒として討伐される側になる。天誅組が吉野山中で崩壊した後、辛くも光平は脱出するが、潜伏中に捕らえられ、京の六角《ろっかく》の獄で斬首される。志士としての光平もまた、道半ばで斃《たお》れた。

光平は法名を周永《しゅうえい》と言い、河内国の真宗興正派尊光寺の賢静《けんじょう》の二男として生まれた。尊光寺は兄鳳岳《ほうがく》が継ぎ、周永は同じ河内の本願寺派西願寺徳門《とくもん》の養子となる。上京して西本願寺学寮に入った後、因明《いんみょう》(仏教論理学)を大和の薬師寺、光慶寺、法隆寺で研鑽し、西本願寺学寮の因明の教授に迎えられる。しかし、周永は学寮を辞してしまい、その後、国文法の講義をしていた因幡国鹿野《しかの》の光輪寺の僧無蓋《むがい》(一七九七～一八六八)との出会いから、無蓋の国学の師飯田《いいだ》秀《ひで》雄《お》(一七九一～一八五九)に入門する。

光平はその生涯において二度の還俗をしている。最初の還俗は回想録『南山踏雲録《なんざんとううんろく》』に記されている、秀雄のもとにあった天保十年(一八三九)のことだが、これは公にではなく、私に還俗したようである。鹿野を離れ、和歌山の加納諸平《かのうもろひら》(一八〇六〜一八五七)、江戸の伴信友《ばんのぶとも》(一七七三〜一八四六)に学んだ後、養家の西願寺に戻り、次いで河内国八尾《やお》の教恩寺の住職に転じる。こうして見ると一貫して光平は僧籍にあったようだが、国学者として(『園《その》の池水《いけみず》』など)、また山陵家として(『大和国陵墓検考《りょうぼけんこう》』など)の学問的業績はこの教恩寺住職の時期になされており、歌人としても盛名も馳せた。

文久元年(一八六一)、周永は第二回目の還俗を決行し、一編の漢詩を残し、教恩寺を出る。この時は寺を捨てた、決定的な公の還俗であった。

本是《こ》れ神州清潔民
謬《あやま》りて仏奴と為り　同塵を説く
如今《いま》にして仏を棄つ　仏咎《とが》むを休《や》めよ
本是れ神州清潔民
(本是神州清潔民　謬為仏奴説同塵
如今棄仏仏休咎　本是神州清潔民)

これが一般には「神州清潔民」の名で知られる「辛酉《かのととり》二月　寺を出で髪を蓄ふる時の作」という題の詩である。この詩には跋があり、その中で、自分の家系は、始めは熊野の神人《じにん》（下級神職）で、中ほどより僧となったが、「予仏を信ぜず、且つ大いに発明」があって寺を出た。祖先は私の行為を孝とするか不孝とするか、と述べられている。《神州（日本）の清潔》に対応するものとして、「謬りて仏奴」という言辞から、仮に《仏教の汚穢》を置くことができる。この《汚穢》を取り去って《清潔》な身に回帰することを、中祖の僧を飛び越えた遠祖の神職に対する《孝》として正当化している。これこそ決定的な仏教に対する決別宣言である。

†機能主義と仏教

ある時までは仏教学に専心していた僧周永が仏を捨て、志士光平に転じる思想の軌跡を、彼の著作の上にたどることができる。第二回目の還俗以前の安政五年（一八五八）に著された政道論『難解機能重荷《なげきのおもに》』では、攘夷論者が共有していた、キリスト教が欧米列強による植民地化の先兵となるという認識を前提に、反キリスト教（排耶《はいや》）の役割を仏教が担うべきであるとする、宗門改《しゅうもんあらため》制度における寺院の役割を再確認した当時の護法論者に共通する議論が見られるが、このことについては詳しく後で述べることにしたいと思う。

光平はここでは護法論を唱える僧の一人だが、しかし、還俗へと成長する胚珠《はいしゅ》が既に同書中には見られる。それは、「凡そ彼が余れるをもて吾が不足を補ふは皇国上古の方策」であり、《補ふ》ものとして、儒教や蘭学と並べて、仏教もその一つとして挙げられている箇所に鮮明である。これは、和魂漢（洋）才的な機能主義の発想の上で、仏教が相対化されていることを示唆している。加えて儒仏蘭を客体として、これらを受け入れる主体である「皇国」が絶対的なものとして立ち現れている。

儒仏の教も皇国の為妨《さまたげ》となる事をこそ排斥すれ、よき事のかぎりを選び出でゝ、皇国の御為に仕へまつらば何事かあらむ。（『園の池水』和魂漢才）

『難解機能重荷』の翌年に著された歌道論『園の池水』においても、機能主義的文脈において儒仏が皇国にとって有益か否かという価値判断が示されている。ここから仏教を捨て去る境地に至るには、低いハードルを越えるだけで十分であった。

還俗後の文久二年（一八六二）に著された随筆『於母比伝草《おもひでぐさ》』の「家狗噉主」の条では、「国の政を補助《たすけ》しめて、且外寇の防禦《ふせぎ》に備」えるという儒仏に期待された役割から逸脱して、「あやしき天命の説に百王一系の大道を誤たれ、あらぬ本地垂迹の説に、清々しき神像をさへに混《まぎ》乱《らわ》されて、いたく国体を失」うといった、国体にとって無益どころか有害な儒教の革命説や仏教の本地垂迹説を、飼い犬に手を噛（嚙）まれるようなものと表現している。還俗後であるだけに、仏教に対する言辞には容赦がない。

国体が儒仏を下位の項として包含するこの関係は、第二章3節で示した三教関係の三角形を改変し、国体と一体化した神道の位置を儒教と入れ替え、国体＝神道を頂点として、その下位に儒教と仏教がある構図になる。思想間の力学の変更である。

護法論には、仏教に対する機能主義的な意義づけの傾向が多分に含まれていたのだが、必ずしも機能主義がそのまま還俗に直結するわけではなく、個々の僧が置かれた状況によって、《志士》への転向が決断されることになる。しかし排耶論に限らず、仏教が社会にとって有益であるか否かという議論について回る陥穽《かんせい》であることは否めない。

幕末の仏教をめぐる社会的・政治的そして思想的状況はキリスト教を抜きにして考えることはできないが、いったん時計の針を戻し、キリスト教伝来の時の三教、とりわけ仏教とキリスト教との関係を見てゆきたいと思う。

3　本地垂迹的思考法とキリスト教

†日本の宗教風土

キリスト教は《異質》な宗教であった。海外から日本に伝来したという点においては仏教、儒教と変わらないが、他の宗教との共存を拒絶する一神教であったという点において、大きく異なっていた。これまで見てきたように、神儒仏三教がそれぞれに対立しながらも共存し、神儒、儒仏、仏神そしてさらには神儒仏の間で習合すらしてきた日本の――中国では儒仏道一致のように、広くは東アジア的な――宗教風土において、キリスト教は神儒仏三教と対峙している。

この日本の宗教風土は、宣教師クリストヴァン・フェレイラ（一五八〇～一六五〇）の棄教を扱った遠藤周作《えんどうしゅうさく》（一九二三～一九九六）の『沈黙』（一九六六年）では、どんな苗も腐らせてしまう沼地という比喩で表され、あるいは山本七平《やまもとしちへい》（一九二一～一九九一）が「日本教」という名称を与えた、絶対者がいないという意味での世俗的宗教の支配する世界であり、絶対者をいただくキリスト教とは相容れないものであった。遠藤も山本もクリスチャンであり、何らかの違和感を《日本》に対して持つ感性は、非キリスト者とは異なるものがあったと思われる。

仏教や儒教も、《絶対》（仏教語なら「絶待」）という思想は有していたのだが、彼らは日本の宗教風土に溶け込み、宗教風土そのものとなり、神道とともに深い沼を形成することになる。それはキリスト教ほどには、絶対的ではなかった。阿弥陀如来の本願を信じることの一点に突破口を開いた法然とその継承者親鸞の浄土教が、近代においてキリスト教と対応させて語られるようになるのは正当な理由があった。救済の決定権は阿弥陀如来の本願の側にあり、我々の側にないのが法然・親鸞の浄土教である。ここには《絶対》が横たわっている。法然・親鸞の浄土教の信者が常識的な作法に疎いことを言った「門徒もの知らず」とは単なる揶揄ではなく、日本社会とは《異質》なものであったことの標章である。

†本地垂迹的思考法の網

イエズス会の東方宣教の策源地がインドのゴアにあったことから、キリスト教は当初、「天《てん》竺人《じくじん》（『大内義隆記《おおうちよしたかき》』、フロイス『日本史』など）」が伝えた新しい仏教の一派「天竺宗」として認識され、またキリスト教の側でも、日本にキリスト教を伝えた宣教師フランシスコ・シャビエルによる宣教の最初期に、日本語の理解不足から「デウス（以下、本書では混同を避けるためキリスト教の神を「デウス」と表記する）」の訳語に「大日」を当てたことにより、混同に拍車をかける事態になった。このことは異文化の相互理解の難しさを意味する以上のことを示唆している。

天文二十年（一五五一）、シャビエルを迎え入れた大名大内義隆（一五〇七～一五五一）の本拠地山口において行われたシャビエルと真言僧との対話において、仏教側は、キリスト教の教えは自分たちの教えと同一のものだと主張している。この主張に対するキリスト教側の分析は、「彼らの大日なるものは、我ら（ヨーロッパ）の哲学者たちの許で第一質料（マテリア・プリマ）と称するものと同じものである」のだが、「幾多の誤謬や矛盾に陥って」いて、そのため「仏僧らは我らの説くことを聞くと、デウスの属性が彼らの大日に非常に類似しているように思われ」た（第一部第五章。松田毅一・川崎桃太訳『完訳フロイス日本史〈6〉』）というものである。アリストテレスの哲学において、質料《ヒュレー》そのものであり、すべてのモノになり得る純粋可能態である「第一質料」という概念は、キリスト教神学の形成に大きな影響を与えたとは言え、デウスとは異なるものであり、キリスト教側からすれば、「誤謬や矛盾」というのは当然の評価なのだが、仏教側からすれば「誤謬や矛盾」ではなく、絶対者であるデウスを第一質料を足がかりに大日如来と等式で結ぶことで、本地垂迹的思考法の中にキリスト教を包摂することが可能になる。むろん、山口の真言僧がアリストテレスを知るわけもなく、彼らの身についた本地垂迹的思考法がキリスト教側にそのように解釈させたのである。

日本人修道士《イルマン》ロレンソ了斎《りょうさい》（一五二六～一五九二）の永禄三年（一五六〇）六月二日付の「都《ミヤコ》

（京都）」から発信された書簡には、真言宗の「信徒ら」はデウスを「大日」、禅宗は「瞑想すれば知るに至ると彼らが考えている本分《ホンブン》」、法華宗は「ミオン（Mion〔妙か〕）」、浄土宗は「阿弥陀」、神道は「彼らの有するコキウ（Coquio〔古教あるいは国教か〕）」とそれぞれに同一視していたことが記されている（東光博英《とうこうひろひで》訳『十六・七世紀イエズス会日本報告集』第Ⅲ期第1巻。〔〕内は筆者）。宣教の初期に《デウス＝大日》の誤訳は撤回されているにもかかわらず、仏教側では本地垂迹的思考法の中にキリスト教を包摂する言説がより拡散していったことがわかる。この思考法では、仏教の仏が日本の神の姿を借りて教えを説くように、いかなる教えであっても、最高の真理に至る手段の一つとして理解し直し、受容することが可能になる。神儒仏三教一致論もこの思考法の一種である。また一方で、反キリスト論である排耶書《はいやしよ》の中にも、この思考法を見出すことができる。

†雪窓宗崔の排耶論

禅僧雪窓宗崔《せっそうそうさい》（一五八九〜一六四九）とその排耶書『対治邪執論《たいじじやしゆうろん》』は、幕末・明治の排耶論者として著名であった鵜飼徹定《うがいてつじよう》（明治に入ってから名字を「養鸕《うがい》」に改める。一八一四〜一八九一）の『闢邪管見録《へきじやかんけんろく》』（文久元年〔一八六一〕刊）に抄録されたことで一般に知られるようになった。雪窓の『対治邪執論』に限らず、キリスト教排斥という目的のために著された排耶書のうち思想内容にまで及ぶものは、キリスト教の教えに言及せざるを得ず、そのために皮肉なことにキリスト教文書と同じように扱われ、多くが書庫の奥深くに蔵され、支配層の眼にのみ触れ得るものであった。いや、支配層においても、荻生徂徠の『政談』に記された「其教如何なると云を知る人なし」（巻四）という状況で、禁教の成果がキリスト教に対する知識の欠如となって現れていた。

初めと終わりを除く江戸時代の大半を占める時代、一般に人々の間に流布していたのは、一方的にキリスト教は邪教であると断定するもので、そうして形成されたキリスト教邪教観が、幕末の排耶論に大きな影を落とすことになる。この邪教観の内容については後で考察するが、邪教観によって増幅された幕末の危機意識が多くの排耶書を復活させることになった。先に挙げた『闢邪管見録』二巻には六つの法度、和書十六、漢籍十一の排耶文献が収められている。大桑斉《おおくわひとし》の研究徹定は資料を紹介したのみで、雪窓については不明な点が多かったのだが、（『史料研究　雪窓宗崔』一九八四年）によってかなりの部分が明らかになってきている。

雪窓は豊後国の生まれで、浄土真宗の僧として出家するが、のちに臨済宗妙心寺派に転じる。諸国を遊歴し、本書でも取り上げた鈴木正三や雲居希膺《うんごきよう》などと交遊し、その後、豊後国に戻り臼杵《うすき》多福寺を再興し、住職となった。

正保四年（一六四七）、雪窓は長崎の興福寺で排耶説法を行った。この時の筆記が『興福寺筆記』として多福寺に残されているが、これを再編集したものが『対治邪執論』(正保五年成立)である。『興福寺筆記』は、排耶論の返す刀で浄土宗・日蓮宗批判を行っているが、『対治邪執論』ではそれが抑制されており、他方、国家意識がより鮮明に打ち出されている。『対治邪執論』『興福寺筆記』に共通して、ここで注目するのは、キリスト教が仏教から教理を剽窃したという主張である。

是寸須《ぜすす》の人となりや胆大麁心、虚妄巧見。釈氏に帰すといへども、ただその名相を学び、その窮玄に到らず。偽りて釈氏の法相を竊《ぬす》み、環《また》、外道邪見をなす。あるいはその名を改めてその実を執り、あるいはその事を同じくしてその理を異にす。(『対治邪執論』)

イエス(是寸須)が仏教徒であったというのは偽史としては面白いだろうが、それは史料的に証明できないことである。しかし、雪窓は仏教とキリスト教との類似について列挙してゆく。『対治邪執論』に沿って見てゆくが、「梵天王」を「泥烏須《でうす》(Deus 神)」に、「諸梵衆」を「安助《あんじょ》(Anjo 天使)」に、「天堂」を「頗羅夷曾《ぱらいぞ》(Paraiso 天国)」に、あるいは「灌頂」を「婆宇低寸茂《ばうてすも》(Bautismo 洗礼)」に、「懺悔」を「混毘三《こんひさん》(confessão 告解)」に、「十善戒」を「十の麻駄免徒《まだめんと》(Mandamento 戒律)」に改めるなどの剽窃を行ったと雪窓は主張する。

雪窓の主張に従えば、キリスト教とは仏教の粗悪な類似品であるということになるが、これは排耶からのベクトルであって、先に見たような本地垂迹からのベクトルから見れば、キリスト教は仏教の方便説であるという議論の構築も可能である。キリスト教の宣教師は、《イエス＝大日》のような本地垂迹的思考法に絡め取られないように、繰り返し仏教との違いを主張するのだが、今度は一転して仏教の側から、似て非なる紛《まが》いものとされた上での《差異》を指摘されることになる。紛いものである異端に対する批判は、異教にも増して苛烈である。精しくは本書では触れないが、『興福寺筆記』での浄土宗・日蓮宗批判も、禅僧雪窓の立場からの仏教の異端批判の文脈上にあった。

†仏教の文脈の上での批判

雪窓は、キリスト教を「真如常住の性を見せず、因果不亡の理を知らさず。天主あり後生にあり」と説く「実有《じつう》の見《けん》」であると断じている。この認識は雪窓と交流があり、島原の乱の後、天草代官となった実弟鈴木《すずき》重成《しげなり》（一五八七〜一六五三）を助けて宗教面から排耶活動を行った鈴木正三の『破吉利支丹《はきりしたん》』にも同様に見られる。

きりしたん教る処《おしう》は、実有の見を専《もつぱら》として、念慮識情を増長し、天地の作者を造立《つくりたて》、輪廻の業《ごう》を重《かさね》て、是《これ》を成仏道とおもへり。

ここでも、キリスト教を仏教の文脈に引きつけて理解をしている。「実有」とは縁起を理解せず、この世のものに実体性があると思うことで、大乗仏教では否定されるものである。そもそも霊魂の不滅を説くキリスト教と諸行無常《しょぎょうむじょう》を説く仏教とは相容れないが、この差異を異教との《差異》ではなく、六師外道《ろくしげどう》や小乗などを包摂したインド的宗教風土を前提とする大乗仏教の文脈の上で、異端との《差異》として処理することに正三そして雪窓の特徴がある。

正三は、「本覚真如の一仏、有事《あること》を知らずして、一仏をかすめ奉り、此国に来《きた》り、魔法邪義を弘」めたと述べているが、「きりしたんの教に、でうすと申《もうす》大仏、天地の主にして、万自由《よろず》の一仏有《あり》。是則《これすなわち》天地万物の作者なり」と、「本覚真如の一仏」に対しての「一仏」という認識でデウスを捉えている。これも本地垂迹的思考法の一変奏であり、曼荼羅《まんだら》世界観の中にデウスを位置づけて理解している。デウスは梵天王の剽窃であると考える雪窓にしても同様である。

でうす天地の主ならば、我作出したる国々を、脇仏にとられ、天地開闢より以来《このかた》、法を弘めさせ、衆生を済度させ給ふ事、大きなる油断なり。正《まさ》しく此でうすは、たはけ仏也。（『破吉利支丹』）

正三は、東方宣教以前の日本がキリストの教えによる救済にあずからなかったばかりか、その間に仏教が広まったこととデウスが世界を創造した万能の神であることとの矛盾を衝き、そこからデウスの相対化の論理を導き出している。

雪窓も、キリスト教の「ただ天主は無始無終、よく万物を制造す」という主張は、「仏説の無始無終の語を竊《ぬす》」んだものであるという得意の剽窃説を述べ、それを踏まえた上で正三と同様にデウスを相対化させる。

喜利志徒《きりしと》、全く、天地万物は自己に備はりて、自己と天地万物とは無始無終を具足して、本来この一着子《いちちやくし》なるを省《し》らず、天地万物の外に向つて、一天主ありて独り無始無終を具すと妄執す。誠に邪見外道たるなり。（『対治邪執論』。「一着子」は一つのもの）

ここでは仏教的な万物一体論の文脈の上で、キリスト（喜利志徒）が説くデウスの外在性の否定を梃子にデウスの絶対性が否定されている。天地創造は「実有の見」であり、大乗仏教の文脈では「邪見（間違った見解）」を広める一《いち》「外道」の説という評価に収まる。先に述べたこの繰り返しになるが、これは本地垂迹的思考法の鏡像なのである。好意的にせよ敵対的にせよ、同じ土俵の上でのキリスト教理解＝誤解であって、キリスト教の本質的理解からはほど遠いものであった。言い換えれば、《異質》なものを《異質》なままに理解することができていないのである。

邪教観への架橋

『破吉利支丹』も『対治邪執論』も、すでに慶長十七年（一六一二）の江戸幕府の禁教令から久しく時間が経ち、キリスト教徒からの反論がなされ得ない状況下で著されたものであるため、仏教的《誤解》が覆っているが、そのことがかえって、キリスト教的な思考法の受容の困難さをよく表した資料として読むことが可能である。

また、これらの著作は、《誤解》はあるにせよ、キリスト教に思想の上で対峙しようとした点においては、まだ良心的であるとも言える。一般に広まった排耶書の多くに記された内容は、キリスト教邪教観に基づくもので、それは具体的にはキリスト教が侵略の先兵であることを訴えるものであった。

思想的な対決を繰り広げている『対治邪執論』においても、「仏典を竊み、神道を竊み、詞に仮りて撃難・弁駁する」キリスト教による仏教からの剽窃行為は、最終的に「衆力を仮り、国位を奪はんと欲するがため」であるとして、侵略と結びつけられていた。

次にこのキリスト教邪教観の展開を追いたいと思う。

4　キリスト教邪教観の形成と展開

†伴天連追放令と近世秩序

九州征伐を終え、西日本の支配を確固なものとした豊臣秀吉によって天正十五年（一五八七）六月十九日に発令された伴天連《ばてれん》追放令は、「日本は神国たる処きりしたん国より邪法を授け候儀、太《はなは》だ以て然るべからず候事」の条文から始まる。「神国」とあるが、続く条文に「神社仏閣を打破らせ」、「日域の仏法を相破」るキリスト教徒の行為を非難する文言が見られることから、この「神国」は、幕末の国学者・水戸学者などが唱えた仏教を排除した神道のみの「神国」ではなく、神仏習合を前提とした「神国」であることが了解されるが、この「神国」の神道・仏教に対置されるのが、「きりしたん国」から伝わった「邪法」であるキリスト教である。

秀吉の法令では、「仏法のさまたげを成さざる輩」が渡航して商売することは許されており、あくまで宣教師（伴天連）の海外退去を求める《追放令》であって、そもそも《禁教令》ではなかった。秀吉が打ち立てようとしている秩序――それは宗教権力をも統制する統一的社会秩序であった――を破壊するものでなければ許容されたのである。そのため、仏教も無条件に保護されるのではなく、前日に出された『六月十八日付覚書』には、「伴天連門徒の儀は一向宗よりも外に申し合せ候由《よし》、聞《きこ》し召され候」と、キリシタンと一向宗（浄土真宗）とを並べ、その一向宗について、加賀一向一揆といった行為は、「天下のさはりに成候」と述べ、社会秩序の壊乱者として名指しされているように、あくまで《豊臣の秩序》の下にあることが前提であった。第一章1節で触れた方広寺の千僧供養会の参加は、そのための意志表示を宗教界に迫る場であった。

《豊臣の秩序》は《徳川の秩序》に引き継がれ、近世社会が確固としたものになっていくが、その過程でキリスト教は秩序を壊乱する《邪教》として、さらに厳しい目を向けられるようになる。

†『排吉利支丹文』の論理

以心崇伝によって慶長十八年（一六一三）に起草された『排吉利支丹文《はいきりしたんぶん》』は、徳川幕府が前年に幕領に対して公布していたキリスト教禁教令を全国に及ぼすに際して著された宣言文だが、その中で、「日本は神国、仏国にして神を尊び仏を敬ひ、仁義の道を専らにし、善悪の法を匡《ただ》す」と、秀吉の伴天連追放令を継承し、日本の宗教秩序を神儒仏三教一致的宗教世界として規定する。この日本の宗教秩序の壊乱者として指定されたのがキリスト教である。

かの伴天連の徒党、みな件《くだん》の政令に反し、神道を嫌疑し、正法を誹謗し、義を残《そこ》なひ、善を損《そこ》なふ。刑人あるを見れば、載《すなわ》ち欣《よろこ》び、載ち奔《はし》り、自ら拝し自ら礼す。是を以て宗の本懐と為す。邪法に非ずして何ぞや。実に神敵仏敵なり。急ぎ禁ぜずんば後世必ず国家の患《うれ》ひあらん。（『排吉利支丹文』）

「刑人」とは一義的には殉教者のことだが、その視線の先にいるのは十字架上のイエスだろう。殉教者やその遺骨・遺物への崇敬は従来の日本人の感覚とは異なるものであったが、この文書の論理は、刑死者とは秩序の壊乱者であり、その壊乱者を崇敬することは、すなわち秩序への反逆を意味するので、キリスト教は「邪法」に他ならないというものである。

神儒仏三教との共存を拒絶し、神道、仏教に加えられた攻撃もまた、秩序破壊行為そのものであった。それは言論による闘争のレベルを超え、教会領長崎やキリシタン大名大友宗麟《おおともそうりん》（一五三〇～一五八七）の領国では寺社の破却が実際に行われており、宗教秩序の改変を具体的に迫るものであった。

啻《ただ》に商船を渡して資財を通ずるに非ず、叨《みだり》に邪法を弘め、正宗を惑はし、以て域中の政号を改め己が有と作《な》さんと欲す。(『排吉利支丹文』)

キリスト教による排神排仏の先にあるものは何か。先に述べたように、近世権力は宗教をもって、自らの支配下に置くものであったが、日本に統一的な秩序をもたらそうとしている権力者にとって、ローマの教皇庁や、その権威を拠り所にしたポルトガルやスペインのような海外の勢力と結びつき、自己の威令の外にある勢力が国内に存在することは許しがたいことであった。一方で、この文章を崇伝が起草したということは、彼が代表していると自負している仏教は、近世権力を構成する一機関となっていることを認めていることに他ならない。

†《侵略の先兵》という言説

キリスト教の宣教は植民地侵略の先兵であるという言説は、禅僧雪窓宗崔の排耶書『対治邪執論』にも見られることは前に触れたところだが、崇伝や雪窓のような異教徒からの誹謗ではなく、キリスト教徒の側からも発せられたことが言説の信憑性を高めている。

文禄五年(一五九六)に起こったサン=フェリペ号事件での航海長のスペインによる侵略を示唆する暴言は、日本側の記録に残されていないため、日本側で把握されていたかは不確かであるが、金地院《こんちいん》に伝えられた『異国日記《いこく》』に収められた、慶長十五年(一六一〇)、オランダ総督マウリッツ・ファン・ナッサウから徳川家康に送られた親書には、「此はいてるの心は、日本の者を次第次第に我宗になし、余宗を嫌ひ、後は少々宗論を仕《つかまつり》、大なるとりあひも御座候事も之《これ》有るべく候。其時ははいてるの存分次第に罷成節《まかりなるせつ》も御座有へく候」と、「はいてる(神父《パーテル》)」が植民地支配の先兵であることが示唆されている。むろんこれはキリスト教の宣教と交易とが一体化しているポルトガル、スペインを押し退けて日本との交易に食い込もうとするオランダの外交戦略の一環ではあるのだが、日本側で認知していたことが明らかな《侵略の先兵》の言説である。

また、キリスト教を棄て《転向》した棄教者からも内部告発的に《侵略の先兵》の言説はもたらされた。前にも触れた遠藤周作の『沈黙』のモデル、宣教師クリストヴァン・フェレイラは穴吊りの拷問の末、寛永十年(一六三三)に棄教し、切支丹目明《キリシタンめあ》かし沢野忠庵《さわのちゆうあん》となるが、彼の『顕偽録《けんぎろく》』(寛永十三年成立)に「万事に付《つけ》、皆人をたぶらかし、宗旨を以て国をうばはんとの謀《はかりごと》也」と、《侵略の先兵》の(おそらくは口述された)言説を見出すことができる。

†不干斎ハビアンと『破提宇子』

忠庵の言説は簡単なものであったが、近年、釈徹宗《しやくてつしゆう》の著作(『不干斎ハビアン——神も仏も棄てた宗教者』二〇〇九年）が出て以降、にわかに注目度が上がった不干斎ハビアンには、禅僧、修道士《イルマン》、棄教者という転変を経た者であるがゆえに書くことができた、整理された《侵略の先兵》論の言説が見られる。

ハビアンはイエズス会士として、他宗との論争の最前線に立ち、『妙貞問答』を著して神儒仏を批判し、また林羅山が『排耶蘇《はいやそ》』にまとめた儒基論争などを行うが、慶長十三年（一六〇八）に突如棄教する。『妙貞問答』とは立場を反転させた彼の排耶書『破提宇子《はだいうす》』（元和六年〔一六二〇〕成立）は、棄教してさらに十数年を経た晩年の著作である。

初条にデウスの内証に背く義ならば、君父の命にも随はざれ、身命をも軽んぜよとの一条は、国家を傾け奪ひ仏法王法を泯絶せんとの心、茲《ここ》に籠れる者也。（『破提宇子』七段。原文では、「デウス」にはdとsの合字が用いられている）

この『破提宇子』に見える《侵略の先兵》の言説は、十戒の第一条を引き、秩序に対する壊乱者としてのキリスト教観が端的に述べられている。この「デウスの内証に背く義」とは、「第一デウスを背て仏神に帰依する事」であり、このためキリスト教徒は、「仏神に帰依せよとの君命」に従わず、その結果として刑死することも厭わない。

この「仏神に帰依」することの拒否がなぜ、秩序の壊乱者になるかと言えば、《日本》への敵対行為となるからである。日本は「神国」であり、天照大神より受け継がれた皇統を守り伝えているため、「吾朝の風俗皆神道に依らずと云事」なく、また「権化の神聖《かみ》」である聖徳太子——第一章4節で述べた天皇と仏教とを媒介する《聖徳太子》——が「天照大神の御心」を受け、日本に仏教を弘めたため、日本は仏法が盛んな「仏国」でもあり、「神道仏法あればこそ王法も盛なれ。王法在《まし》ましてこそ、仏神の威もます」という関係が神道・仏教と王権との間にあるとハビアンは主張している。こうした考え方は仏法王法相依《そうい》論としてありふれたものだが、これを踏み台にして、神道・仏教を攻撃するキリスト教は神道・仏教と一体である王権をも攻撃しているという構図が組み上がることになる。

この後、「王法を傾け仏神を亡し、日本の風俗をのけ、提宇子《ダイウス》、己が国の風俗を移し、自ら国を奪んとの謀を回らすより外、別術なし」と、ハビアンの筆は、国家論の議論から現実政治の問題に転じる。「呂宋《ルソン》、ノウバ・イスパニア（＝メキシコ）などの、禽獣に近き夷狄の国」を奪ったように簡単には、「勇猛他に越たる」日本の侵略はできないかもしれないが、「法を弘めて千年の後にも」奪おうという長期的な侵略を計画していると注意を喚起している。

神道・仏教が王権と一体であることが前提である以上、この議論の飛躍には抗しがたい魔力がある。もしキリスト教が勝利すれば、王権は残るかもしれないが、それはキリスト教と一体化した王権であって、別の《日本》であることは間違いない。なるほど仏教にかんしては、後にハビアンが指摘したものとは異なる種類の別の《日本》に際会することになる。

†通俗排耶書の時代

ハビアンはせっかく『破提宇子』を著したにもかかわらず、江戸時代を通して広く流通した通俗的な排耶書『切支丹宗門来朝実記《きりしたんしゅうもんらいちょうじつき》』(『吉利支丹文庫』本に拠る)では、白応居士との論争など主役級の活躍をし、禁教が厳しくなると隠れ切支丹になったと描かれている。この『切支丹宗門来朝実記』は、南蛮国の合志尾大王が日本国の侵略を企てるところから始まる《物語》である。大王はバテレンの宇留岸《ウルガン》に「破（ママ）天連の法を弘め、日本人を帰伏させ、その後に大軍を以て、日本を責め随へ、我等領に成したき望なり」と日本侵略の策略を告げ、日本への渡航を依頼する。

前にも触れたように、禁教のため、『どちりな・きりしたん』などの日本人向けの教義書が湮滅《いんめつ》したのはもちろんのこと、中国で出版された『天主実義』などの漢文の教義書は輸入禁止の禁書となり、正確なキリスト教の理解は望むべくもなくなった。代わって流通するようになったのが、『切支丹宗門来朝実記』や『伴天連記』、『吉利支丹物語』といった多分に物語的脚色のある通俗排耶書である。キリスト教邪教観が一般に広まってゆく担い手となったのがこれらである。造物主など部分的にはキリスト教の教えについて述べられている一方で、『切支丹宗門来朝実記』では、ハビヤン《(ママ)》たちが秀吉に招かれ、菱形に切った紙を水中に入れて魚に変え、観世縒《かんぜより》を投げて蛇に変えるなどの妖術を披露する場面がある。こうした魔法使いとしてのキリシタンイメージは、時代が下がりキリスト教の記憶が薄まってゆくにしたがって、ますます一般化してゆき、邪教イメージを補強していった。

†天竺徳兵衛と邪教

天竺徳兵衛《てんじくとくべえ》（一六一二～？）は実在した朱印船貿易時代の播州高砂《たかさご》の商人で、『天竺渡海《とかい》物語』という見聞録を残した。第四章2節で見た東南アジアをインドに含める地理観に基づく誤認はあるにしろ、さほど荒唐無稽な内容ではないのだが、《天竺徳兵衛》の名前が独り歩きを始め、いつしか戯作や歌舞伎の世界で日本転覆を企むスケールの大きい大悪党の名になってゆく。天竺徳兵衛は、初世並木正三《なみきしょうざ》（一七三〇～一七七三）らの合作『天竺徳兵衛聞書往来《ききがきおうらい》』では、徳兵衛実は七草四郎（島原の乱の首領天草《あまくさ》四郎のこと）とされ、現在でも上演されることの多い四世鶴《つる》屋南北《やなんぼく》（一七五五～一八二九）の『天竺徳兵衛韓噺《いこくばなし》』では、朝鮮国の臣下木曾官《もくそかん》の一子大日丸で、父より《朝鮮征伐》の復讐を託され、キリシタンの妖術を伝授される。その天竺徳兵衛が大蝦蟇《がま》の上に乗って唱える武器を無効化する呪文が、「でいでい、はらいそはらいそ」である。

「でい」は「デウス（Deus）」、「はらいそ」は天国（Paraiso）のことである。

キリスト教の邪教イメージもここに極まった感があるが、しかし、《侵略の先兵》という言説の内容自体の具体性は薄まり、すっかり邪教キリシタンは《侵略の先兵》として記号化してしまっている。

『天竺徳兵衛韓噺』の初演は文化元年（一八〇四）のことだが、それから半世紀の後、日本は真の植民地化の恐怖に陥ることになる。その時、再び《侵略の先兵》という言説が活性化することになるが、それはまた、ハビアンが述べたような王権と一体化した神道・仏教という思想をも活性化させることになる。

次に章を改め、神儒仏三教、とりわけ仏教が幕末の排耶運動に果たした役割について見ていきたいと思う。

第九章 《日本》における他者排除のシステム

1 寺請制度の再評価

†キリスト教禁教と寺請制度

幕末の排耶運動の問題に入る前に、そのことを考える上での大切な前提を押さえておかねばならない。それは寺請《てらうけ》制度である。

檀家と檀那寺との結び付きは、原初的には信仰によって成り立つものだが、江戸幕府の寺請制度によって家ごとに固定された、しかも強制的な結び付きになった。寺請制度とは檀家制度の特殊形態だが、それが常態化したため、メディアでの使われ方に混乱が見られる場合がある。

檀家であることを寺院が寺請証文によって保証し、この寺請を基礎に行う宗教調査を宗門改《あらため》と呼ぶ。宗門改というレベルで見るとき、幕府が意図していたことが明瞭になる。それは、幕府が禁止した宗教（キリスト教、日蓮宗不受不施派・悲田派）の信者ではないことを確認するという行為である。しかし、その有効性については、寺請制度定着期の十七世紀後半に早くも熊沢蕃山が『大学或問《わくもん》』の中で、「蛇のみちはへびがしるといへる諺のごとく、吉利支丹ならでは吉利支丹は知らずといへり。今の寺請は何の用にもたゝず。殊之外《ことのほか》なる国々の費也《ついえ》」（下冊）と疑問を呈している。蕃山の批判は、寺請が形式的なものに過ぎないことを指摘したもので、キリシタンの捕縛のために九州に行った者からの伝聞として、キリシタンと名指しされた者は、「常人よりは仏寺を信じ、後世願《ごせねがい》と見ゆるもの」であったと記している。まさにこのようにしてキリシタンは支配者の目をかいくぐり、良民にまぎれて幕末の開国まで潜伏していた。

元治二年（一八六五）、長崎の大浦天主堂での隠れキリシタンの発見に引き続くキリシタン弾圧を「浦上四番崩れ」と称するが、この「番」は回数の意味で、浦上村でのキリシタン発覚事件はそれまで三度あったが、一番崩れ、二番崩れは曖昧《あいまい》なまま決着し、獄死者の出た三番崩れでも浦上村民がキリシタンであることを否認したことにより、「異宗」として取り扱われ、公式にはキリスト教の存在は認められなかった。

†寺請制度の弊害

蕃山のように疑問を呈する者が一部にいたとしても、寺請は幕府の制度として全国に及ぼされる。いったん寺請が制度として確立すると、寺請されない、つまり禁止された宗教の信者となれば処罰の対象となるため、寺請証文を発行する寺院は、民衆の生殺与奪《せいさつよだつ》の権を握ることになった。そうなると権力に溺れて堕落する僧が現れるのは避けがたく、仏教批判の格好の材料となった。

吉利支丹請にて、不義無道の出家漫《はびこ》り、仏法の実は亡びたるといへり。(『大学或問』下冊)

蕃山は、寺請制度と仏僧の堕落とを端的に結びつけている。これは排仏論者蕃山のみならず、「出家も少し心あるものは、今の僧は盗賊なり」と述べていると云う。「淫欲肉食に飽きたる事在家に勝れり」という悪僧の所行は目に余るが、「貧なるものは出家に金銀をあたへざれば寺請に立ぬ事を迷惑し、目のあきたる者は、不義不作法の出家なれども、是非なく檀那とする事をきのどくにおもへり」(「きのどく」は癪に障るといったような意味)というのに、寺請制度が彼ら悪僧の存在を許していると蕃山は指摘し、寺請制度の廃止に言及している。

第二章2節ですでに述べたように、蕃山が仕えていた岡山藩主池田光政によって岡山藩では寺請に代えて神社請が試みられるが、仏教を神道に代えただけで、『大学或問』の蕃山の所説とはズレがある。しかし、政治の現場では、仏教を他のキリスト教ではない宗教に入れ替えるという方策が現実的であったのだろう。蕃山自身は「断絶の仕置くはしき事は、長々しければ略す。仁政の行はるゝ時を待《まつ》のみ」と、具体策については『大学或問』では述べていない。

寺請に代わるもの

寺請に代わるものというのは、寺請制度と仏僧の堕落を結びつけて仏教を批判する者にとっては、重要なテーマであった。山片蟠桃は『夢ノ代』異端第九で、仏教のほかに「儒宗」を立てて、その信者には「宗旨手形」を出し、また「神道宗を立られ、宗旨手形」を出すようにして、仏教・「儒宗」・「神道宗」三教によって宗門改を分担することを提案している。仏教を完全には否定せず、その独占を崩すことから始めて徐々に寺請を逓減《ていげん》させる戦略的な提言であった。

寺請の廃止に大胆に切り込んだのは懐徳堂の四代目学主中井《なかい》竹山《ちくざん》である。竹山が老中松平《まつだいら》定信《さだのぶ》（一七五九〜一八二九）に献上した政策提言『草茅危言《そうぼうきげん》』では、定信の祖父徳川吉宗が将軍であった時、「寺請証文のことを改めさせらるべきの御事有りしを、廟堂にて因脩の議ありて其儘《そのまま》なりしと云事」があったと聞いたと、寺請廃止の議論が以前からあったことを述べて、突飛な議論ではないことを示した上で、「何卒《なにとぞ》享保中の上意の如く、寺よりの証札と云ふことをさらりと止め、借家は家主より改め、家持は坊長里長より改め、主人たる者より自分に証札を出し、邪宗に非《あらざ》る旨を述頼み」と、宗門改の業務を名主や家主など、寺院に代えて世俗の統治機構の各末端に任せるという提言をしている。

この『草茅危言』に対して、浄土真宗本願寺派の淮水南渓《わいすいなんけい》（一七九〇〜一八六八）は『角毛偶語《かくもうぐうご》』（天保十五年〔一八四四〕序）を著して弁駁するが、その中で宗門改について触れ、貞享四年（一六八七）「六〔ママ〕月」（『御触書寛保集成』では「七月」）のキリシタン類族令を引き、「八箇条を以て海内の諸宗に令し、天下の四民宗旨なき者は郡国の中に止住することを許さず」（巻四）と、寺請制度の正当性を幕府の権威に寄りかかって主張している。また、「天主の邪法は暫く入れども、神明王法、弘興を許さす、直に撲《はらい》て永く滅す。誠に目出度《めでたき》こと也」（巻四）と、仏法王法相依論に依拠している点と合わせて、権威主義的な体質は近世仏教の負の面として刻印され、後々自らに返ってくることになる。

岡山藩の神道請や蟠桃の「儒宗」「神道宗」は、同じ宗教というカテゴリーの中で誰がその任に当たるかというものであったが、竹山の提言は、仏教のみならず宗教というものの社会における制度的役割に大きな変更を迫るものであった。

キリスト教という《邪教》の禁教対策には、キリスト教に対抗し得る宗教が当たることを自明としてきた常識が崩され、代わって為政者が統治機構を通して直接に民衆の信仰を管理することが主張されている。間接から直接へという流れは、近代の《国民国家》の到来を予見させるものである。

†《侵略の先兵》論の復活

安政五年（一八五八）に調印された日米修好通商条約では、外国人の信教の自由が保証され、居留地内での宣教師による宣教活動が認められた。続く安政の英・仏・露・蘭など他の西洋列強との条約にも同様の条文が記されている。むろん、この信教の自由から日本人は除外されていた。しかし、長らく絶えていた天主堂の鐘の音が日本に響いた時、長崎では先に述べた隠れキリシタンの発見という《奇跡》が起こった。

観念上の存在であったキリスト教が実体をもって姿を現し、その背後に西洋列強の影が見えるとなれば、《侵略の先兵》としてキリスト教を邪教視する観念に長らく慣れ親しんで来た者にとって、危機感は切実であっただろう。

（狡夷が）人の国家を傾けんと欲せば、則ち必ず先づ通市に因りて其の虚実を窺《うかが》ひ、乗ずべきを見れば則ち兵を挙げて之を襲ひ、不可なれば則ち夷教を唱へて、以て民心を煽惑す。
（『新論』巻上「虜情」）

開国に先立ち、日本近海に欧米の艦船が出没するようになった十九世紀の状況を踏まえて著された後期水戸学の大成者会沢正志斎《あいざわせいしさい》（一七八二〜一八六三）の『新論』（文政八年〔一八二五〕成稿）には、おなじみの《侵略の先兵》論が登場し、いずれ起こるべき危機を警告している。西洋列強はまず通商による利益によって、次いでキリスト教による信仰によって民衆の心を籠絡し、時期を俟って「其の国を併せ地を略する」のであると正志斎は述べている。

文久二年（一八六二）、老中安藤信正《あんどうのぶまさ》が尊王・攘夷派の志士に襲撃された坂下門外の変の首謀者であった宇都宮藩儒大橋訥庵《おおはしとつあん》（一八一六〜一八六二）の『闢邪小言《へきじゃしょうげん》』（安政四年刊）は開国後の著作だが、「抑《そもそも》西洋諸戎《しょじゅう》の者の、貿易互市を先務とする」理由について、訥庵は次のように述べる。

彼が大道と思へる所の、祆《よう》（＝妖）教に淵源せしことにて、宇内の万国を合併し、均しく同盟同志となして、国体も制度も教法も、万国一致になさんとするが、西戎志願《せいじゅう》の根底なり。（巻四）

訥庵は、西洋列強が海外に出かけて行って貿易するその根底には、「祆教」＝キリスト教に基づく世界統一の指向があると見ている。正志斎がキリスト教を手段として捉えているのに対し、訥庵はキリスト教を行動の原因と捉えている。正志斎は現実的で具体的であるのに対し、訥庵は根源的という意味においてラディカルで、現代のグローバリズムと称する世界のアメリカナイズを予知したかのようである。

正志斎と訥庵の思想では行き着く地点が異なるが、キリスト教の宣教と西洋列強による植民地化が結び付けられたことでは共通した言説が、幕末に影響力のあった『新論』と『闢邪小言』の二著に見られることから、《侵略の先兵》論が空想の物語から現実の政治状況に復活したことを確認することができる。

†仏教はキリスト教対策に有効か

正志斎が死の前年に著した『時務策』(文久二年成稿)では、「邪教の未だ滋漫せざるに及で、微に絶ち漸に杜《ふさ》ぐこと、尤《もっとも》急務なるべし」とキリスト教対策の緊急性を訴えている。この『時務策』は、正志斎の《開国論》として知られるものだが、現実的で具体的な政策論としての後期水戸学の性格に忠実に、すでに開国してしまったという状況下で為すべきことを記したものである。

キリスト教対策としてすでに寺請制度があることはこれまで再三見てきた通りだが、この幕末という状況下で、キリスト教の防遏《ぼうあつ》の任に果たして仏教が相応《ふさわ》しいのかという議論が力を得ることになる。それはやはり、現実的で具体的な政策論の場での議論である。

邪宗門の義も、平日正道の御教諭に御念入り、加之《しかのみならず》、保伍の法を正せられ、其教導の士大夫に命じ、邪書を繙《ひもと》き、邪教を聴き、邪言を吐き候義をいたく禁ぜられ候はば、此《か》く只今迄仏氏の御世話仕候よりも、御邦禁御厳密に相成申すべく存じ奉り候。(注――「保伍」は五人組)

これは晩年の正志斎と同様に、開国後の現実に向き合った佐久間象山が文久二年九月に提出した「時政に関する幕府宛上書稿」である。仏教の役割は否定され、先に見た竹山のように、キリスト教禁教の任には、儒教の教養を持った諸役人が当たることが求められている。

†仏教の役割の再確認

寺請制度は近世において、仏教の社会的存在証明の根幹にかかわるものであり、仏教からは当然として、キリスト教防遏の役目は仏教が最も適任であるという議論が起こることになる。

幕末から明治にかけて活躍した真宗大谷派の香山院龍温《りゅうおん》(姓は樋口《ひぐち》。一八〇〇〜一八八五)は多くの護法論書を著したが、ここでは『闢邪護法策』(文久三年五月二十二日開講の講義録)を取り上げる。龍温はキリスト教の防禦策として、「真諦門の防禦」と「俗諦門の防禦」の二種類を挙げる。真俗二諦《しんぞくにたい》論は真宗において、社会との関係を論じる際の基本構造である。

もと此《かく》の如く仏法海内に発《おこ》りしは彼の切支丹を禁制せしより発る。今亦彼妖教防《ふせぐ》をもて、逆縁を大因縁として学べし。在家の一人々々の胸に仏法入り満るときは何に依りてか妖教是を侵すことを得ん。（第五　呈防禦策）

仏教の真理の位相である「真諦門の防禦」について述べる中で、幕藩体制下における仏教のキリスト教防遏の宗教的役割の再確認が端的に述べられている。続く世俗的な位相の「俗諦門の防禦」では、「斯《かか》る悪世界となり、弥《いよいよ》邪教人心を惑すと云に至らば、実に国家の危急存亡なり。儒仏神の三道ともに頽廃する」ので、争いを止め、一致団結して幕府・諸藩や朝廷に「上疏」して、キリスト教が「妖教」であることを明らかにしなければいけないと、いささか具体性を欠く提言になっているが、「仏法王法双輪両翼の道理をもて、此邪教を遏絶《あつぜつ》せずんばおくべからず」という「念力」があれば成功するなどと、やはりここでも仏法王法相依論が姿を見せている。

この《侵略の先兵》であるキリスト教は邪教であり、その邪教に対抗するのが仏教の役割とすることと、そのことを仏教が果たす上での思想的立脚点を、仏法王法相依論に担保されたナショナリズムに依拠するという構造が見えてきたかと思う。

前提となる寺請制度の確認から始まって、幕末の仏教にようやく手がかかった。この仏教の社会的役割の設定は、仏教にとって大きな躓《つまず》きの石となる。

2 幕末護法論の陥穽

†勤王僧の時代と月性

江戸時代の護法論には、これまで要所要所で触れたように仏教の社会的・歴史的存在意義の証明に天皇との結び付きを強調する傾向があったのだが、幕末になると、尊王思想の盛り上がりの中で、よりいっそう護法論は天皇あるいは天皇が象徴する架構《かこう》された《日本》という国家との結びつきを強固なものとしてゆく。

そうした幕末の護法論を語る上で無視できない人物に、周防国遠崎《とおざき》の浄土真宗本願寺派妙円寺の月性がいる。西郷隆盛《さいごうたかもり》(一八二七〜一八七七)と錦江湾に沈んだ同音異字の京都清水寺の月照が、月性と同じ勤王僧というカテゴリーで語られるため、たまに混同される。原因の一つには、歴史上の重要さのわりに低い知名度がある。近年、海原徹《うみはらとおる》の評伝『月性』(ミネルヴァ日本評伝選、二〇〇五年）が出版されたため、いくらかは知名度が上がっているかもしれない。

月性は、青年時代に豊前の恒遠醒窓《つねとおせいそう》（一八〇三〜一八六三）の蔵春園、肥前の善定寺不及《ふぎゅう》（一七八五〜一八四六）の精居寮で学んでいるが、この履歴は勤王僧としては特筆すべきものではなく、いまだ地方の好学の僧という段階である。その後、当時としても晩学の二十七歳の時、有名な男児立志の詩を残して上方《かみがた》に遊学して以降、月性の人生が回転し始める。叔父である大坂島町の長光寺龍護《りゅうご》（一七九三〜一八五六）のもとに身を寄せ、近江の覚成寺超然《ちょうねん》（一七九二〜一八六八）の知遇を得る。龍護には『護国扶宗論《ふしゅう》』、超然には『護法小品』の著作があり、いずれも護法と護国とが一体となる主張をしており、後の月性の『仏法護国論』へと思想が受け継がれてゆく。なにより超然は、月性と西本願寺法主広如《こうにょ》（一七九八〜一八七一）との仲立ちをすることで、『仏法護国論』の産婆役となる。

さらに月性は、叔父龍護の紹介で篠崎小竹《しのざきしょうちく》（一七八一〜一八五一）の梅花社に学ぶ。小竹自身はノンポリの漢詩人だが、顔の広い小竹の塾を起点に、上方の尊王論者との間に人脈が形成されてゆく。帰省後は吉田松陰、安芸の宇《う》都宮黙霖《つのみやもくりん》（一八二四〜一八九七）らと交流を持ち、妙円寺内に私塾時習館（清狂草堂）を開いて赤根《あかね》武人《たけと》（一八三八〜一八六六）、世《せ》良修蔵《らしゅうぞう》（一八三五〜一八六八）、大洲《おおず》鉄然《てつねん》（一八三四〜一九〇二）らの人材を育てるが、四十二歳を一期として病で亡くなる。

†『仏法護国論』という典型

月性が著した『仏法護国論』は、尊王・攘夷思想（尊王と攘夷とをのみ等式で結ぶのは誤解を招く表現であるため、「・」を間に置く）と護法論とが交錯した言説の典型として評価できるものである。『仏法護国論』は、安政三年（一八五六）に月性が広如の求めに応じて京に上り、西本願寺の別荘翠江館《すいこう》で書き上げた「護法意見封事」がもとで、これを改題して刊行したものだが、この刊本は西本願寺から刊行され、全国一万ヵ寺に配布された。そのため本願寺派の公式見解として扱うことができるものだが、密封した上申書という意味の「封事」から刊本へと変更する過程で、宗門改革を訴えた部分が削除されるなど内容が改変されている。ここでの目的は月性の思想を明らかにすることではなく、幕末における護法論の典型を見ることであるため、公式見解である『仏法護国論』から引用する。

『仏法護国論』では、先行する排耶書と同様にキリスト教に対する《侵略の先兵》論を踏襲する。キリスト教に対する危機感が護法と護国とを結びつける接着剤の役割を果たしているが、その言説には幕末ならではのリアリティが与えられている。それはインドの植民地化である。月性は植民地化の過程を、十六世紀初頭のポルトガルのインドおよび周辺での拠点開設から説き始める。月性には、インドにおける仏教滅亡の直接の原因がイスラーム勢力にあるという知識が欠如しているため、ポルトガルの侵略がそのまま仏教衰亡と結びつけられているが、その《侵略の先兵》となるのがキリスト教である。

印度沿海の地を奪てこれに拠《より》、土人に教ゆるに耶蘇《やそ》教を以《もつて》し、漸《ようや》く其地方を蚕食し、霊鷲山《りようじゆせん》におくところの仏像を毀《こわ》し、七十余万金となす。是に於て固有の仏法竟《つい》に湮滅《いんめつ》に帰せり。

さらに、インドの支配者はポルトガルからイギリスへと変じ、やはり「大に邪教を煽《せん》し、土人を教化し、すなはち其国と仏法とを併せ、ことごとく変じて夷狄《いてき》となる」という惨状を示すことになる。西洋列強による植民地化に対する恐怖心・敵愾《てきがい》心は、すべての攘夷論者に共通することだが、月性には、さらに僧侶という属性が加わっている。侵略されたのは、「世尊降誕の地にして、仏法根元の国」である、ほかでもないインドなのである（第四章3節参照）。そしてインドでの仏教は滅んだ。そこで月性が導き出した方程式は、次のようなものである。

それ仏法無上といへども、独立することあたはず。国存するに因《より》て、法も亦建立するなり。

仏教の存続（護法）と仏教が信仰されている《国家》の存続（護国）とが、等号で結びつけられている。その媒介をなしているのが《侵略の先兵》であるキリスト教に対する恐怖心・敵愾心である。

《護法＝護国》の方程式

月性は西洋列強の侵略の手段として、「教と戦との二」つがあるとする。「戦」の責任者は言うまでもなく「征夷将軍」（傍点筆者）である。しかし、天下の形勢は開国通商やむなしという状況にあり、「戦」は封印されている状況である。そうなると「沿海の愚民、夷狄と相親み、情好日に密にして、彼の厚利を啗《くら》ひ、彼の邪教に蠱《こ》し、変じて犬羊の奴」となるものが出てくる。そこで登場するのが「教」である。月性は、そこに仏教の存在意義を見出す。

故に今日海防の急務は、教を以て教を防ぐにしくはなきなり。而《しこうして》その責に任ずるものはたぞ。曰《いわく》、八宗の僧侶なり。

月性はキリスト教防遏の任を仏教が担ってきた歴史を呼び起こし、幕府が「八宗の僧侶を命じ、これに属するに天下の民を以てし、これにかすに宗判の権を以てし、これをして邪教に迷執するものを教化解導して、以て神州の民に復《かえ》らしむることを職《つかさど》らしむ」と、日本全国を覆う

「宗判」(寺請制度)の正当性を幕府の権威によって保証する。さらに月性は、「大法主」(広如)の名を挙げ、法主の権威によって、門徒に「教」の戦いへの参加を強く促している。

このように『仏法護国論』には、《侵略の先兵》論、キリスト教防遏の責任者としての仏教、そのための制度である寺請という、これまでキリスト教と仏教との関係で見てきたものがすべて登場している。それらによって組み立てられたものが、《護法＝護国》という方程式である。

この方程式は、近世における仏教の存在意義を申し分のない形で証明するものであったが、しかし、仏教にとっての躓きの石を準備するものでもあった。寺請制度を保証するのは幕府の権威だが、仏教が存立する基盤に《国家》を求めたことが、幕府を超える権威の登場を予感させる。何となれば幕府に対し、この《国家》の先有権を潜在的に主張している存在がいる。それは冒頭に述べた、《日本》を象徴する天皇という存在である。これは国学者や儒者の大義名分論の理念というだけではなく、十八世紀後半以降、「大政委任論」という幕府の公式見解によって認められていたのである(第十章1節参照)。

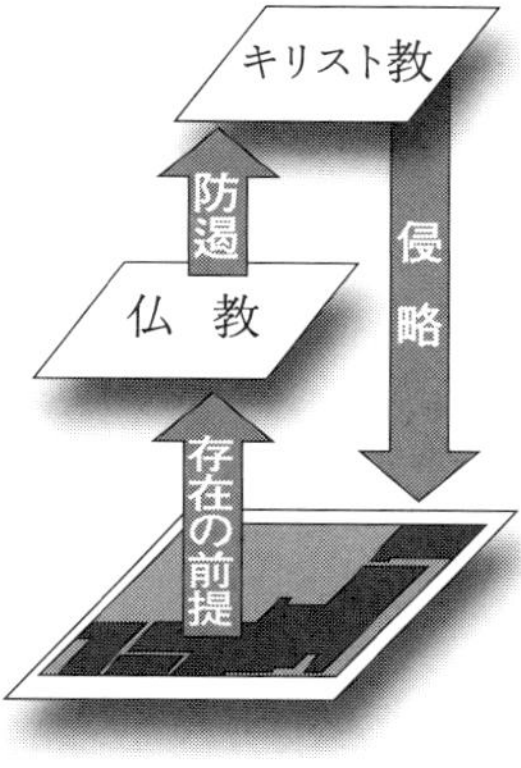

図4　《護法＝護国》の方程式

もちろん仏教は王法仏法相依論によって天皇と

は近世以前より結びついてはいるが、その結び目を解く者が幕末に登場する。それが、第八章2節に転向者として登場した伴林光平である。

†勤王僧から勤王の志士へ

還俗前の本願寺派の僧周永であった頃の光平が表した『難解機能重荷《なげきのおもに》』（安政五年〔一八五八〉成立）では、西洋列強が尊崇する道は、「所謂《いわゆる》かの天主の邪法」であり、「珍芸異術」「医学奇薬」などで引き寄せ、あるいは「異形の軍艦を装来りて驚動」させて、「不慮の防禦に其の国財を費《つい》」やさせ、「或は佞言を巧にして利害を説諭し、和信通商に事よせ」るなど硬軟交え、「遂に他境に雑居しつゝ、いつよりとなく彼の邪法を拡め、さて後に手を袖にして他邦を掌握」するのだと、開国通商状況下の《侵略の先兵》論を踏襲し、その対抗策として僧侶の役割を強調するのも護法論の常道に沿ったものだが、教義の「正義を諒解するもの実に稀なめり」と、僧侶の力量不足を指摘し、このままでは「皇国固有の大道も唯我独尊の正法もみすみす邪法の為に劫奪《ごうだつ》せられ、五十余万の天下の寺院、旧来奉仕の仏像を破却せられ、みるみる魔王の栖《すみか》とならむこと、天竺漢土の当今の体制を見ても速《すみや》かにさとりぬべきものをや」と、植民地化されたインドや中国を悪しき先例として挙げて危機意識を喚起している。

インドを先例に出すのも『仏法護国論』と同様だが、ここで注意すべき点は、「皇国固有の大道」と「唯我独尊の正法」が併記されている点である。これが言葉の綾ではないのは、最後のまとめとして、「あはれ天下の人宰たらむ人、正法護持の職掌たらむ人々、皇朝の為に精忠をぬきいで、正法の為に肺肝を砕き、慷慨憤発し邪法の根底を抜きとるべき良策をめぐらさば、一には皇朝廷《すめらみかど》へ対したてまつり紀世の勲功ともなりぬべく、二にはおのが宗祖へ対し無二の忠勤ともなりぬべし」と述べていることから明らかである。

周永（光平）の「皇国固有の大道」〜「天下の人宰たらむ人」〜「皇朝廷へ対したてまつり紀世の勲功」と、「唯我独尊の正法」〜「正法護持の職掌たらむ人々」〜「おのが宗祖へ対し無二の忠勤」という二元論には、『仏法護国論』では保たれていた《護法＝護国》の一体感が弱く、《護法＝護国》の方程式に亀裂の気配が漂い出している。

†方程式の欠陥

第八章2節で述べたことのおさらいになるが、周永（光平）は『難解機能重荷』に見られた「凡そ彼が余れるをもて吾が不足を補ふは皇国上古の方策」という機能主義の仏教への適応を『園の池水』（安政六年成立）でさらに深化させ、「儒仏の教も皇国の為妨《さまたげ》となる事をこそ排斥すれ」と、二元論から階層的な関係に仏教の社会的存在意義を変化させる。

この機能主義は「大物主神の御心寄にて、万国の親国なれば、児たる末国の参来《まいき》て仕へまつらむことは、自然しか有るべき理」であり、《近世神話》の世界観がそのまま現実の世界に適用されることで保証されている。この世界観は、「神の御はからひ」によって儒仏の存在を容認する本居宣長（第三章3節参照）や、「真の古伝」の「訛伝」という概念によって道・梵を包括しようとする平田篤胤（第四章1節参照）から受け継がれた国学の世界観に棹さすものであり、還俗前の周永の思想がもはや僧侶のそれではなく、国学者のものに変じていることを如実に示している。

還俗後の『於母比伝草』（文久二年〔一八六二〕成立）の「死生随神」条では、復古神道の顕幽二元論に則り、浄土信仰に対する完全な決別が見られるが、いま注目するのはそこではなく、「抑々《そもそも》此の国に居て此の法（復古神道）を信行《うけおこな》はんは順なり。此の国に居ながら彼法（仏教）に心寄するは逆なり。順逆いづれかよけむ」という記述である。月性が「国存するに因て、法も亦建立するなり」と述べた《護法＝護国》の方程式の欠陥がここで露《あら》わになる。仏教の至上性を担保せずに《国家》に力点が移ると、《国家》との近しさから、より根源的に天皇が象徴する《国家》に帰属する復古神道に対し、仏教は従属の立場に転落するのだ。月性には「仏法無上」という僧侶としての立場があったが、転向者光平にとって、それは絶対の真理ではない。したがって儒仏の役割は、「国の政を補助《たすけ》しめて、且外寇の防禦《ふせぎ》に備」える（「家狗嗽主」条）という機能主義的なものにならざるを得ない。

†《他者》としての仏教

開国通商に伴う《侵略の先兵》キリスト教流入に対する仏教側からの危機意識の喚起も、光平の目には相対化して捉えられる。

> 此はあらぬ外国の教のさらに参《ま》ゐ来て、固有の仏教の其が為に亡び失《う》せなんことを歎けるにて、得《え》止むべからぬ真情なるを、且つ其の己がえやむべからぬ真情をもて、守屋の外教を忌み悪《にく》みて真情にひそかにたくらべみて、事の理非を弁へ知るべし。大連も法師も本を尊びて末を嫌ふ真情は露ばかりも違ふ理あらじをや。（『於母比伝草』忠逆異名）

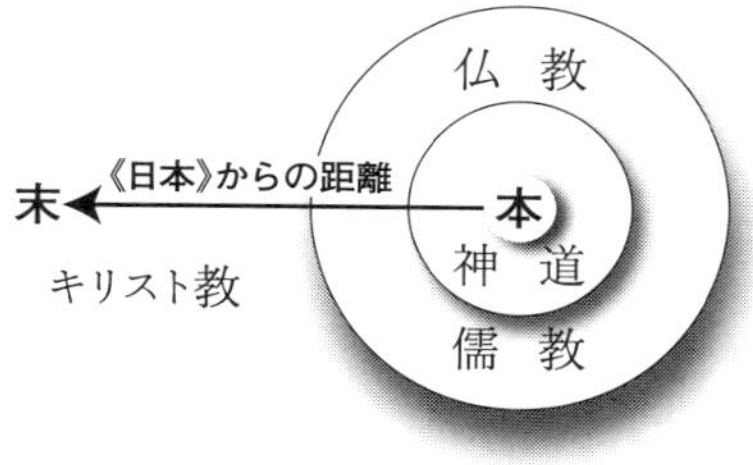

図5　《他者》としてのキリスト教と仏教

第一章4節で取り上げた浄土真宗本願寺派万行寺の曇龍の『垂釣卵』のように、物部守屋《もののべもりや》は排仏論者として日本仏教史の出発点に立つ人物であるが、光平は守屋の排仏と僧侶の排耶とは「得止《えや》むべからぬ真情」という点において共通すると述べている。

守屋と僧侶を分けるのは「本末」である。守屋は「内レ本外レ末の人」であるとされる。ここで言う「本」とは言うまでもなく、天皇に集約される《日本》という国家である。より「本」に近いのが守屋であり、仏教はその一周外にある「末」である。キリスト教に対しては「固有の仏教」という「本」の立場だが、《日本》からの距離では、「外教」である「末」なのである。キリスト教という大文字の《他者》に対して、言わば小文字の《他者》が仏教（と儒教）なのである。

明治維新以後、《日本》という国家は、天皇という存在を軸として新たに回転し始めるが、その天皇に対する近しさによって、社会は階層化されてゆく。仏教は他者排除のシステムの中で有効な立ち位置を占めていたつもりが、気づくと自分も《他者》の地位にいたことに気づかされることになる。

近代という天皇が象徴する《日本》という《国家》が正統性を与えられる時代になると、《護法＝護国》の思想が《日本》という国家との一体を主張したことが足かせとなり、仏教は逆流する渦の中に飲み込まれてゆくことになる。

第十章　歴史と宗教

1　《王権》の正当性

†将軍と天皇

前章で幕末から近代へと架橋する尊王思想と仏教との関係を瞥見《べっけん》したが、尊王思想と神儒仏三教との関係を改めて考え直しておくことが、近世という時代を立体的に捉え直すことになり、さらに近世と地続きの近現代を見つめ直すことにつながる。そこでまず、所与の条件であると思われている《尊王》について、それが果たして所与の条件であるか否か、所与の条件であるならどういうものであったのかを再度整理しておきたいと思う。

これまでいろいろな面から見てきたように、江戸幕府の正当性を神儒仏三教がそれぞれに主張してきた。天台宗を中心とする東照宮信仰や浄土宗の『松平開運録』についてはすでに述べたが（第一章2節参照）、その折に挙げた新井白石や荻生徂徠などによる《徳川王朝論》については、詳しく述べることを後回しにしていたため、徳川幕藩体制を崩壊に導く《尊王》という問題設定を考える前段階として、《王権》を支える思想について考えてみたいと思う。ただし、ここで言う《王権》とは天皇ではなく、徳川家という《王権》である。

《徳川王朝》という奇異な用語は、何も筆者の発明ではなく、丸山眞男《まるやままさお》（一九一四〜一九九六）の衣鉢《いはつ》を継ぐ渡辺浩《わたなべひろし》が提示している用語である（『日本政治思想史　十七〜十九世紀』二〇一〇年）。渡辺に先行して飯沼二郎《いいぬまじろう》（一九一八〜二〇〇五）に『徳川絶対王政論』（一九九一年）があるが、《徳川絶対王政》が欧米の社会思想に根ざしているのに対し、渡辺は儒教思想の王朝論を踏まえているため、この機知に富んだ渡辺の用語を借用し、江戸時代の《王権》の在処《ありか》について考えてみたいと思う。

『礼記《らいき》』（曾子問）に「天に二日無し、土に二王無し」（同様の言葉が『礼記』坊記・喪服四制や『孟子』万章上篇にある）とあるように、天皇と将軍という二人の《国王》が共存している現状は儒教では原理的に認められないが、さらに朱子学が正統論に傾斜することで、よりいっそう《王権》の共存という現実との整合性が、江戸時代の儒者には求められることになる。

†大政委任論という解法

征夷大将軍の任命権者が形式上にしろ天皇である以上、完全に天皇の権威を無視することは制度的に不可能であった。そのため、武家官位と公家官位とを切り離し、武家官位を幕府の推挙に限ることで諸大名と天皇との直接交渉を禁じる（「禁中並公家諸法度」等）など、徳川将軍家による天皇権威の独占によってこの問題を回避しようとした。それが最も整備されたものが、大政委任論である。

幕府、皇室を尊べば、すなはち諸侯、幕府を崇《たっと》び、諸侯、幕府を崇べば、すなはち卿・大夫、諸侯を敬す。夫れ然る後に上下相保ち、万邦協和す。（『正名論《せいめいろん》』）

水戸学者藤田《ふじた》幽谷《ゆうこく》（一七七四〜一八二六）の『正名論』（寛政三年〔一七九一〕成立）に端的にまとめられたこの一文が、大政委任論の性格をよく表している。天皇を始点とした権威のピラミッドを見ることができるが、このピラミッドの勘所《かんどころ》は、直接の上下とのみ関係を持つことが可能で、諸侯の敬意の対象は幕府までで、そこから上、つまり天皇への敬意は幕府が独占していることである。幽谷によれば、将軍は諸侯のリーダーである「覇主」になるが、この「覇主」は、天皇に代わって王道を実質的に行うものとして位置づけられ、「伯にして王たらざるは、文王の至徳たる所以なり」と、自らは王にならなかった儒教の聖人の一人、周の西伯昌《せいはくしょう》（文王を追号）になぞらえられる。

幽谷の理論は首尾一貫しているが、欠陥を有している理論であった。それは将軍の権威は、王道の実践によって担保されているため、それを果たし得ないとなれば、「覇主」として天皇を独占する権利を失うのである。その危機は幽谷の時代から遠くない時に訪れた。

†大政委任論の陥穽

当時の用語で「癸丑《きちゆう》以来」、それが現実となる。癸丑とはアメリカのペリー率いる東インド艦隊が浦賀沖に来航した嘉永六年（一八五三）の干支である。開国とその後の政治の混迷により、幕府の権威は大きく揺らぐことになる。

> 若し夫《それ》征夷大将軍の類は　天朝の命ずる所にして、其職に称《かな》ふ者のみ是に居ることを得。故に征夷をして足利氏の曠職《こうしよく》の如くならしめば、直に是を廃するも可なり。（『講孟余話《こうもうよわ》』巻一。「曠職」は職務を怠ること）

吉田松陰が安政二年（一八五五）六月十三日から約一年間、萩の野山《のやま》獄および実家杉家に幽囚中に行った『孟子』講義をまとめた『講孟余話』では、将軍は大政委任の欠格者として扱っれている。その後、幕府は退勢を挽回することなく、自ら大政奉還するところまで追い詰められる。

この大政委任から大政奉還への流れには、思想が独り歩きしてしまうことの恐ろしさが表れている。そもそも大政委任とは、幕府と天皇とを矛盾なく共存させるための《虚構》でしかない。歴史の判定するところから言えば、これは失敗の理論であった。

この大政委任論は幽谷の独創ではなく、時代思潮であった。老中松平定信が「六十余州は、禁廷より御預り遊ばされ候御事に候へば、仮初《かりそめ》にも御自身のものと思召すまじき御事に御座候」と述べて、将軍とは天皇に代わって天下を治める職分であると、若き第十一代将軍徳川家斉《いえなり》（一七七三〜一八四一。当時十六歳）に将軍としてのあり方を説いた「御心得之箇条《おこころえのかじょう》」（天明八年〔一七八八〕成立）にも、大政委任論の考え方を見ることができる。しかも、一学者の学説ではなく、老中と将軍とが共有していたものとして、現実の政治でより重要な意味を持つ。

徳川幕府にとって皮肉なことに、大政委任論が広く共通の認識であったがゆえに、最後の将軍徳川慶喜《よしのぶ》（一八三七〜一九一三）が大政奉還という《虚構》を演じてみせる形式によって、その時点では平和的な政権の委譲が可能であったのである。

†新井白石と《徳川王朝論》

大政委任論が失敗の理論であるならば、別の理論はあり得たのだろうか。それが時代的には大政委任論の一般化に先立って登場した《徳川王朝論》である。《徳川王朝論》とは何かと端的に言えば、《王権》の実質が、公家から武家へ、天皇から将軍へ移行したことを、「実」のほうに寄せて名実を一致させることを求める議論である。その代表者が新井白石である。「名」（名称）と「実」（実質）とを一致させることは、儒教では重要な問題で、それを正名論と呼ぶが、先に見た幽谷の著作ではそれをそのまま書名に採用している。

白石の史論『読史余論《とくしよろん》』（正徳二年（一七一二）成立）は六代将軍徳川家宣のための進講がもとになっている。このことは『読史余論』が徳川政権正当化のための史論であることを物語っている。

白石は、藤原氏の摂関政治の始まりから当時の徳川幕府まで、天下の「大勢」が移り変わっていく転換点を「変」として捉え、それを公家九変と武家五変に整理した。「変」をもたらす歴史の原動力は、「徳」の有無である。「天道は天に代りて功をたつる人にむかひ給ふことはり」であるとして（巻下）、公家から武家への政権の大きな流れを、武家には国のために身命をなげうつ「徳」があり、公家・僧侶にはその「徳」がなかったことが原因であると説明している。

公家から武家への政権の移動は、明らかな歴史上の事実であったが、事実を事実として認め、それにふさわしく変わることにはまた別の次元の議論が必要であった。頼山陽のロマン主義史観（『日本外史』）や浅見絅斎（『靖献遺言《せいけんいげん》』）や山県大弐《やまがただいに》（一七二五〜一七六七。『柳子新論《りゅうししんろん》』）ら崎門《きもん》派の大義名分論などは、同じ名実の一致と言っても、「名」に寄せて名実を一致させる理念優先の思想であり、これらが明治維新の胚珠《はいしゅ》となる。

一方の白石は、政権が武家に移ったのであるならば、その「実」にふさわしく制度の変更がなければならないと考えた。「徳」の有無による政権交代は、儒教の文脈では天命が改まったことを意味しているが、白石の認識ではそれを決定づけたのが、「後醍醐中興の政、正しからず」と断定された、「不徳」の君主後醍醐天皇による建武の中興であった。その結果は、「朝家はたゞ虚器を擁せられしまゝにて、天下はまつたく武家の代」となるものであった（巻上）。しかも、南朝に対抗した北朝の天皇は、武家によって擁立された「共主」であって、実権は武家にあったため、足利将軍は「その名、人臣なりといへども、その実のある所は、その名に反せり」という名実の不一致が発生した。白石は、その不一致が解消されないまま今の徳川政権に至っていると考え、「世態すでに変じぬれば、その変によりて、一代の礼を制」すべきだったという名実の一致を足利義満《あしかがよしみつ》に求めている（巻下）。

源家、本朝近古の事制を考究して、その名号をたて丶、天子より下れる事一等にして、王朝の公卿・大夫・士の外、六十余州の人民等、ことごとく其臣たるべきの制あらば、今代に至るとも遵用するに便あるべし。（『読史余論』巻下）

ここで問題となる礼とは、個々の儀礼ではなく、社会全体のシステムの総体の名称としての礼である。政権の実質が変わったのであれば、それに合わせて「名」も変えるべきであるという議論は、天皇を頭に頂きながらも、徳川家による新しい《天下》を構想する《徳川王朝》の誕生を希求するものであった。

†日本国王と日本天皇

《徳川王朝》と言うと、易姓革命を予見させるものだが、白石の目指したものは、天皇と将軍の役割を明確にすることにあった。白石は朝鮮との外交において、徳川将軍を指す「日本国大《たい》君《くん》」の名称を「日本国王」に変更するが、足利義満について言われる皇位簒奪《さんだつ》説の文脈での「日本国王」ではなく、白石の「日本国王」は、天皇の《棚上げ》による、実質権力者（将軍）における「名」と「実」の一致である。

白石は『折たく柴の記』で、「公家の御事には、係るに天を以てして、日本天皇と称じまゐらせ、武家の御事には係るに国を以てして、日本国王と称じまゐらする事は、おのづから天と地と其位易《か》ふべからざる所あるがごとく」と述べている。天皇・公家・「天」・日本天皇と、将軍・武家・「国」・日本国王という二元論により、天皇と将軍との併存の矛盾を解決しようとしているが、ここでの天皇の領分とする「天」は多分に抽象的であり、「禁中並公家諸法度」の許容する文化的権威の範囲に天皇を閉じ込めておくことを意図しているように読み取れる。白石は世襲親王家の閑院宮《かんいんのみや》家を新たに設けて皇統の断絶に備えているため、決して天皇という制度を廃しようとしていたわけではない。

この構造は確かに白石の理論の内部では矛盾していないが、いかんせん「国王」の名称は、国内的には徳川家による皇位の簒奪の意図と受け取られ、対外的には中国皇帝に認証されない「国王」は東アジアの冊封《さくほう》体制の国際秩序の中では僭称に当たるため、八代将軍徳川吉宗の代には「日本国大君」に戻される。

†継承者荻生徂徠

その吉宗政権下で、吉宗からの諮問に答えた荻生徂徠にもまた《徳川王朝論》の議論を見ることができる。政策提言書『政談』（巻二）には、「制度と云は法制・節度の事也。古聖人の治に制度と言物を立て、是を以て上下の差別を立、奢《おごり》を押へ、世界を豊かにするの妙術也」と、「制度」の意味と、その重要性が説かれている。しかし、徂徠によれば現状は「何事も制度皆亡び失せたりし代の風俗を改めず、其儘におかれたるに依て、今の代には何事も制度なく、上下共に心儘の世界と成たる也」と、時代に不適合の制度が残る一方で、適合した制度は生み出されていないと認識されている。現在見られる社会の秩序は「格」と呼ぶべきものだが、それは「古より伝りたる礼にも非ず。亦上より屹《きつ》と立させられたる格」ではなく、その時々の成り行きで作られたものに過ぎないとして、体系的な「誠の制度」を立てることの必要性を説いている。

徳川政権独自の社会秩序の構築を理想とするのは白石と同様だが、政権内部での発言力の違い、また実現可能性の認識の違いから、政策提言のうちに留まる。もう一つの政策提言書『太平策』では、「開国（幕府の成立時）の時に立ぬ制度を、中頃に至て立替」ることで、かえって事態が悪化する恐れを述べ、家綱の末、綱吉の初めが「よき時節の至極」であったが、時機を失して「もはやなりがたく思ひ侍る。然れども世界の困窮を救ふ道外になく侍るゆへ」に、「今二十年ばかりまでの間はなるべきことなり」と悲観的な発言をしている。

むろん白石にしろ徂徠にしろ、彼らの説いた徳川幕府独自の礼の体系の整備による、儒教の文脈において言うところの新たな《王権》の誕生は現実には達成されないまま、次の大政委任論のステージへと時代は移ってゆく。徂徠の言うように、すでに手遅れであったかもしれない。

†天皇という難問

天皇をいかに位置づけるかは、天皇と将軍という二元体制が前提であった近世において不可避の問題であった。白石や徂徠の《徳川王朝論》は、「実」と「名」の一致を目指して儒教の形式論をぎりぎりまで現実に肉薄させたものであったかもしれない。しかし、《礼の新設》＝《新しい国家体制の構築》は夢想に終わり、天皇という問題は未解決で残った。その天皇を再び取り込み、一元的に説明したのが大政委任論だが、天皇を取り込む一方で、白石や徂徠が目指した新しい国家体制を構築しないままにしておいたことは、いずれ「名」によって復讐される時限爆弾を抱え込むことになった。古い「名」は天皇を主宰者とする律令国家であり、祭祀国家であったからである。

《天皇》とは近世において、その位置づけを誤れば死命を制されかねない重要なキーワードであった。それは時に隠微《いんび》なものであったため、様々な光彩を発している。

まだ《尊王》についての検討は続く。天皇とは何かという議論の展開について、別の角度から次に掘り下げてゆく。その一つが「泰伯皇祖説」というスキャンダラスな儒教的天皇論である。

2　神話と歴史

†神話の解体

中国の宋の時代に完成した朱子学という思想体系は、世界のあらゆる存在・事象（気）は一つの究極の原理（理）の多様な現れであるという理気《りき》二元論を体系の中枢に据え、その「理」を窮《きわ》めることを目標としていた。

合理主義的発想とは、単純化してしまえば、すべてが説明できるということである。朱子学は、そこに万能の「理」という原理を持ち込んだ。世界は「理」によって説明できるという、この合「理」主義の考え方は、科学思想との相性がよく、富永仲基や山片蟠桃などの批判精神、あるいは三浦梅園《みうらばいえん》（一七二三～一七八九）の思弁的宇宙論など、江戸思想史における人材育成の養土となり、さらに、蘭学（洋学）の受容の地ならしの役割を果たした。この朱子学によって訓練された儒教的合理主義の代表とも言える人物が、新井白石である。

白石については、第四章3節で宣教師シドッティとの邂逅《かいこう》について取り上げたが、ここでは前節で述べた「徳川王朝論」を受け、白石の神話観から話を始めたいと思う。

古くから続く歴史叙述の多くは、その始めに《神話》を有している。しかし、神話は文字通り神という人ならざる者が登場し、超常的な出来事が起こる物語である。この神話を歴史から切って捨てることなく合理的に説明するのに、現在においてもよく使われる手法が、神話を歴史的事実が反映されたものと考えるエウヘメリズムである。ギリシャの哲学者エウヘメロスから名付けられたこの手法は、神話を歴史に還元してしまうことから、《神話的知》の自立性を否定することになり、のちに本居宣長によって徹底的に批判されることになる。

†新井白石と『古史通』

白石の『古史通《こしつう》』(正徳六年〔一七一六〕成立)は、エウヘメリズム的歴史還元主義の代表のような著作である。白石は、『先代旧事本紀《せんだいくじほんぎ》』『日本書紀』『古事記』などを史書として扱う上で、「史は実に拠て事を記して世の鑑戒を示すものなり」という儒者として常識的な史書観に立ち、「神道不測以て論ずべからず」という不可知論の立場を排し、「其詞を以て其意を害する事なからんは其書をよむことの要旨」であると(「古史通読法凡例」)、合理的解釈を神話の読解に持ち込む。

神とは人也。我国の俗、凡其《およその》尊ぶ所の人を称して加美といふ。古今の語相同じ。これ尊尚の

義と聞えたり。今字を仮用《かりもち》ふるに至りて神としるし上としるす等の別《わかれ》は出来れり。(巻一)

『古史通』の最もよく知られた一節を引いたが、日本神話の《神》は神格を否定され、地上の人——尊敬に値する人だが、人は人——に引き下ろされる。神話は人が「鑑戒」とすることのできる過去の事実に変容し、その舞台も地上に求められ、「高天原」は、卜部《うらべ》兼方《かねかた》の『釈日本《しゃくにほん》紀《ぎ》』に「(日本紀)私記には師説上天をいふ也。按ずるに虚空をいふべし」とある神話的理解を排し、タカとは「常陸国の多珂の郡」、アマとは「海」、ハラとは「上」と解し、「高天原」を「多珂海上の地」とする(巻一)。徹底して神話は歴史の反映として解釈される。

白石が『古史通』で行った作業によって、天皇は宗教性を奪い去られ、有徳の君主という道徳的存在に置換される。これが儒者白石の狙いであった。

†泰伯皇祖説の展開

こうした白石の視点は、白石の儒教的合理主義者としての個人的性格に限定されるものではなく、その前史があった。それが、泰伯《たいはく》皇祖説である。泰伯皇祖説はより大胆に、天皇を儒教的な有徳の君主の系譜へ取り込んでゆく。

孔子が至徳の人物と評価する(『論語』泰伯)泰伯(または太伯)は、周の古公亶父《ここうたんぽ》の長男で、父が末弟の季歴《きれき》（季歴の子が周の文王）に王位を譲りたいと思っているのを知り、次男虞仲《ぐちゆう》とともに出奔して荆蛮《けいばん》に去り、王位の継承の意志がないことを示すため、蛮族の風習に従い髪を短く切り、入れ墨をする。この泰伯が呉の国の祖となる。ここまでは『史記』などにあることだが、泰伯（または末裔）はさらに海を渡って日本に来たという伝説がある。『魏略《ぎりやく》』逸文（『翰苑《かんえん》』所収）、『梁書』『晋書』さらには『資治通鑑《しじつがん》』などに、「自ら太伯の後と謂ふ」と、倭国の使者が太伯の子孫を称したという記述が見られる。

北畠親房《きたばたけちかふさ》（一二九三〜一三五四）は『神皇正統記《じんのうしようとうき》』で泰伯皇祖説に言及して否定し、一方、親房と同時代の五山の禅僧中巌円月は『日本書』（逸書。松下見林《まつしたけんりん》（一六三七〜一七〇三）『異称日本伝』巻上などに引く）では肯定的に言及し、「議有りて行われず」と存在証明に含みを持たせている。中世にはすでに知識人の間では共有されていた泰伯皇祖説は、儒教と日本との接点を求めていた儒者にとっては、願ってもない説であった。林羅山、熊沢蕃山といった十七世紀の錚々たる儒者が泰伯皇祖説に飛びつく。

　夫れ太伯荆蛮に逃れ、髪を断ち身を文き、交龍と共に居る。其の子孫筑紫に来る。想ふに必ず時の人、以て神と為さん。是れ天孫《あめみま》日向高千穂の峰に降るの謂《い》ひか。当時国人疑て之を拒《しりぞ》く。或は之《これ》有るか。是れ大己貴神の順《まつろ》ひ服せざるの謂ひか。

羅山の「神武《じんむ》天皇論」（『羅山林先生文集』巻二十五）では、天孫降臨・国譲りという《神話》が、泰伯の子孫の日本渡来と原住民との葛藤という《歴史》の反映として置き換えられている。

嗚呼《ああ》、姫氏の孫子本支百世、万世に至《いた》りて君為《た》るべし。亦盛んならずや。彼の強大の呉、越に滅《ほろぼ》さると雖《いえ》ども、我が邦の宝祚《ほうそ》天地と窮《きわま》り無し。余、是に於て愈《いよいよ》太伯の至徳為るを信ず。

「姫氏《きし》」とは周の王室の姓である。孔子が理想国家として描いた周室の流れが、本国中国で滅んだとしても、この日本においては、天壌無窮《てんじょうむきゅう》に宝祚《ほうそ》（皇位）を伝えているという《歴史》は、儒者にとって願ってもないかたちで、儒教の中に天皇を取り込み、儒教と日本の歴史とを結合させることを可能にしてくれる。

蕃山は『三輪物語』で、アマテラスと泰伯とを結合させるが、「姫は婦人の美称ながら周の姓」であるため、女神で皇祖神であるアマテラスこそが泰伯であり、両部神道でアマテラスと習合される雨宝童子《うほうどうじ》については、「泰伯の呉にて髪を断り給ひしかぶろの姿」であると言い、日本の衣服を呉服と言い、食器を呉器《き》（御器）と言うのは、すべて呉国のことなどと（巻一）、羅山に比べると歴史叙述の合理性という点では一歩を譲る。

†泰伯皇祖説への批判

そもそも泰伯皇祖説は、中国の史書において伝説の範囲を出るものではなく、日本史に適用するにも推測の域を出るものではない。実証史学の立場からは根拠のない奇説であり、儒教的合理主義の権化である白石からすれば、批判されるべきものであった。

世の人、其心を用ゆる所精《くわ》しからず。いまだかつて我王迹の肇《はじま》れる地を知る事を得ず。みだりに異朝の書を徴として我国は夏の少康の後也、我祖は呉の太伯の後也など申すは、異端の徒の伊弉那天・毗盧遮那を以て天祖と誣《しい》申す説に相同じ。(「古史通読法凡例」)

白石は数種ある聖人の末裔説の一つである夏《か》の少康《しょうこう》の末裔説と合わせて、泰伯皇祖説を否定している(なお、この他に徐福《じょふく》の末裔という説もある)。また「伊弉那天」とは、伊舎那天《いしゃなてん》(欲界第六天他化自在天《たけじざいてん》の主)をイザナギと習合させ、「毗《び》(毘)盧遮那《るしゃな》」とは、(毘盧遮那仏と一体化される)大日如来をアマテラスと習合させる本地垂迹説を指している。白石が指摘するように、泰伯皇祖説は、神仏習合の言説の儒教による焼き直しであり、儒教の文脈の中に日本神話を接合させる習合説の一変奏に過ぎない。

しかし神仏習合の言説と異なるのは、本地垂迹説に現れた神仏習合の言説の本質が宗教的言説であり、究極的には実証性のレベルでの正否を問うことができないものであるのに対して、泰伯皇祖説は、史料によって正否が実証され得る歴史という場において、儒教と日本神話を媒介させる試みであって、その言説の特質は《神話的》ではなく、《歴史的》なものであった。

†仏教史の中の日本史

この泰伯皇祖説で試みられた歴史の場における神儒習合は、日本史を全仏教史の中に組み込む試みとしての中世の歴史書『扶《ふ》桑略記《そうりやくき》』『水鏡《みずかがみ》』に比較例を見出すことができる。なお、この宗教的な言説による神仏習合とは異なる、歴史的な言説による仏教と天皇および日本史との結合が早くに仏教において行われていたことが、いずれ近世の仏教と天皇との距離感となって跳ね返ってくることになる。

卅一年辛卯四月、天皇巡幸し、地勢を望む。始めて秋津島の名有り。此比《このころ》、天竺迦多演尼《カーティヤーヤニー》子《プトラ》発智論を造る。云云《しかじか》（『扶桑略記』巻二）

『扶桑略記』は、比叡山功徳院にいた皇円《こうえん》（?〜一一六九。法然の得度の師）の撰とされる。この書は部分的に伝存し、引用した『扶桑略記』の神武天皇の条を含む巻一は抄記のみが伝存している。ここでは、神武天皇の本地が何仏何菩薩であるという宗教的な文脈ではなく、歴史の文脈の中で、インドと日本とを架橋《かきょう》している。

また、垂仁《すいにん》天皇の条（巻二）では『本朝法華験記《ほっけげんき》』を引用し、「後漢明帝永平十年丁卯、仏像教始めて漢地に来たれり。日本第十一代垂仁天皇即位九十六年丁卯の歳に相当する也」と記し、インドのみならず中国の仏教史とも連結し、歴代天皇の治世と全仏教史とが結びつけられている。

この関連づけは歴史年表のように機械的に対応させるのではなく、応神天皇の元年を「如来滅後一千二百一十九年也」に当たると記すように（巻二）、そこには時代精神としての末法思想が刻印されている。

『扶桑略記』巻一は先に抄記のみ伝存していると述べたが、『扶桑略記』の記事に多くを依拠している『水鏡』では、神武天皇の即位の年は「釈迦仏涅槃に入り給ひてのち、二百九十年に当たり侍りし。されば世あがりたりと思へども、仏の在世にだにもあたらざりければ、やうやう世の末にてこそは侍りけれ」と、初代の天皇の即位という盛時に言及しながら、全仏教史の視点から天皇の権威は末法思想の中で相対化されてしまっている。

これを泰伯皇祖説と比較すると、いずれも全儒教史、全仏教史の中に日本の歴史を位置づけようとする試みであることが見て取れるが、本地垂迹説という宗教的解決法を持たない儒教では、歴史の中に《虚偽》を巧みに織り込ませることになる。日本で《道》が皇統において継承されていたことを示すのは、天皇が泰伯という聖人の末裔であるという歴史的粉飾をまとった《虚偽》である。わかりやすく言い直せば、《偽史》の創造である。儒教的合理主義が準備し、白石も呼吸した近世の実証主義の空気は、中世の《創造的な》言説を許さないものであった。十八世紀には白石も依拠した権威ある『先代旧事本紀』すら偽書認定され、正史の座から引きずり下ろされた。

†神話と歴史とを分ける

白石に一つの極相を示す儒教的合理主義は、日本神話を《歴史》に還元し尽くすが、そこから排除された《神話的知》からの反撃を受けることになる。その代表が、先にも挙げた本居宣長である。ここでは宣長の《近世神話》からではなく、歴史学的手法からの反論を見てみよう。

泰伯皇祖説を奉じる藤貞幹《とうていかん》(一七三二〜一七九七)の『衝口発《しょうこうはつ》』に対して宣長が反駁した『鉗狂人《けんきょうじん》』(天明五年〔一七八五〕成立)では、「地神五代の始めは西土の西漢の時にあたる」という貞幹に対し、「天照大御神の高天原をしろしめし初しは、かの一百七十九万余歳よりなほ遥に古《いにしえ》の事にして、其年数は伝へごとなければ、幾百万歳といふことをしらず」と宣長は述べている。ここに儒者とも、あるいは凡百《ぼんぴやく》の国学者とも異なる宣長の発想が表れている。宣長は貞幹の年数換算を否定し、別の年数を提示するのではなく、「伝へごと」がないのでわからないと、通常の歴史叙述の意識と同じ土俵に立つことを否定する。

また『真暦考《しんれきこう》』(天明二年成立)では、神代には春夏秋冬とそれぞれを、はじめ、なかば、すえに三分しただけであり、何年何月何日という暦は存在しなかったとし、「御代御代《みよみよ》の年の数も、伝へ伝へのかはり有て、さだかならねば、某年《そのとし》といへるすらうたがはし」と『日本書紀』の記年法に潜む漢意《からごころ》に注意を促している。

宣長は「伝へごと」の有無という実証的な方法に依拠しながら、古代(神代)の時間の流れを我々の経験している時間の流れにそのまま接続することを拒否している。むろん、神と人が没交渉と言うのではない。それどころか人間の行為はすべて「神の御所為《しわざ》」に拠る(『玉くしげ』)とすら述べ、神と人との密接な関係を述べている。宣長が否定したのは、人の「賢しら(儒教的合理主義)」によって神の世界を推し量ることであった。宣長の視点からは、皇紀や建国記念の日などをことさらに定めることは「賢しら」の一つであり、神ながらとは異なる代物である。

しかし、神話を歴史と結びつける考え方の誘惑の強さは、戦前の皇国史観の反省から生まれた現代の古代史・神話学においてもなお抜きがたい誘惑を持っているのは明らかである。古代史の真実を明らかにしたという白石亜流のなんと多いことか。

3 《歴史》という名の桎梏

†虎関師錬と『元亨釈書』

先に『扶桑略記』『水鏡』について触れ、日本史を仏教史の中に組み込む試みとして紹介した。これらは仏教の影響を強く受けた一般の通史だが、元亨二年（一三二二）に後醍醐天皇に上呈された五山の禅僧虎関師錬《こかんしれん》（一二七八〜一三四六）の『元亨釈書《げんこうしゃくしょ》』は、日本仏教史という特定の宗教史を標榜しながら、中国の正史の体裁に倣って伝（僧伝）・資治表《しじひょう》（編年史）・志（項目別）の三部から成り、やはり仏教史の中に日本史を再構成して組み込むことを試みている。

「欽明皇帝」から「建暦皇帝（順徳天皇）」までの仏教関連の事項を記した資治表の序では、「窃《ひそ》かに皇朝の徳化を見るに、且《また》仏乗の翼佐に託《よ》れり」と述べ、この年表は単なる年表ではなく、仏教が統治の上で有効であったことを証明する「資治（政治の助けとなる）」の年表であることを明らかにしている。これは資治表だけではなく、『元亨釈書』全体を覆う仏法王法相依の歴史的証明という性格を表している。中でも伝のうち、王臣伝では、特に論を付して仏法王法相依の歴史的証明を鮮明にしている。

†王臣伝論の日本観

師錬は王臣伝の論で、日本を「大乗の国」であるとともに「閻浮界至治《えんぶかい》の域」であると規定している。「閻浮界」とは仏教の須弥山宇宙説における人間の住む世界で、「至治」は優れて治まっているという意味である。

日本が「閻浮界至治の域」である理由として挙げられるのが、三種の神器の存在である。三種の神器は神から伝えられたもので、国璽《こくじ》など「受命の符」がすべて「人工」である中国に対し、「天造」である日本が優れている理由になる。師錬はこれを「邦家の基《もと》は自然に根づけり」と表現する。そして、この「人工」であるか「天造」であるかの違いは、「支那、剣璽を伝ふと雖《いえど》も、十数姓を更《か》ふるは、豈《あ》に其の宝器の人工たる所以か。我が国、一種系連して綿邈無窮《めんばくむきゅう》なるは、天造自然の器なるが致す所か」という王朝の交替の有無となって表れる。天造の宝器がなければ、「閻浮の本邦」である天竺であっても、「簒乱《さんらん》」を免れることはできない。

王臣伝の論の終わりでは、「区域の霊勝、祖宗の聖武《せいぶ》にして、亦吾が仏乗の資輔なり」と簡潔にまとめているが、王臣伝の序で「閻浮界裏に豈に是の如きの至治の域有らんや。故を以て仏乗繁茂して率土和洽《わこう》し、君臣崇奉して歳暦綿邈たり」と、仏教の隆盛の前提に「至治」があることを述べるのに続けて「亦我が真宗の助化なるか」とあって、「大乗の国」と「閻浮界至治の域」との二者は別個のものではなく、互いに条件となり結果となることで、相互に関連しあって一体のものであると精しく述べられている。なお、ここでの「真宗」は仏教という真実の教えという意味である。

仏法王法が相依であることは、日本仏教史において連綿と主張されてきたことで、『元亨釈書』もその一つに過ぎないのだが、歴史という事実の場で証明されるものとして記述されていることに特色がある。この記述スタイルが、世俗的な言説が極めて支配的な近世という時代の護法論において大きな位置を占めることになるが、そのことに及ぶ前に、この「元亨釈書王臣伝論」の近世における享受者について触れておこう。その人物とは僧侶ではなく、排仏論の立場に立つ朱子学者谷秦山《たにじんざん》（一六六三〜一七一八）である。

†谷秦山と『元亨釈書王臣伝論』

元禄九年（一六九六）の跋がある『元亨釈書王臣伝論』という本が、京の書肆《しょし》柳枝軒《りゅうしけん》から刊行されている。『元亨釈書』の注釈書には『元亨釈書微考』（延宝三年（一六七五）刊）や恵空《えくう》（天台宗。浄土真宗の恵空は別人。一六四三〜一六九一）の『元亨釈書和解《わげ》』（元禄三年（一六九〇）刊）などがすでに世に出回っていたが、この『王臣伝論』はそれらとは異なり、「王臣伝論」と谷秦山

（重遠《しげとお》）の「元亨釈書王臣伝論の後に書す」（『秦山集』巻四十三）とを合わせたものである。なお柳枝軒小川家は、江戸時代には「物の本」と総称された学術書の出版社として著名であった。

土佐国には、実質的な祖である谷時中《じちゅう》から始まる土佐南学という朱子学の流れがあった。崎門学派を開いた山崎闇斎も土佐で修学しているのは第八章1節で取り上げたところである。一時期沈滞した土佐南学を復興したのが、闇斎およびその弟子浅見絅斎、渋川春海《しぶかわはるみ》（二世安井算哲《やすいさんてつ》。一六三九～一七一五）に学んだ秦山である。なお、時中と秦山との間に血縁関係はない。秦山の学問は子の垣守《かきもり》（一六九八～一七五二）、孫の真潮《ましお》（一七二七～一七九七）と受け継がれ、土佐藩の尊王思想に影響を与えている。幕末・明治の軍人・政治家谷干城《たてき》（一八三七～一九一一）はその子孫である。

†秦山の虎関師錬評価

秦山は「元亨釈書王臣伝論の後に書す」で、天地と同じく王統が続き、王臣の別が明らかな日本を、「君は則ち日の神の嗣、臣は則ち興台産霊《こごとむすび》の児、億万載に亘《わたり》て一日の如し。隆《さかん》なるかな」と褒めたたえる。「日の神」はもちろんアマテラス、「興台産霊」はアメノコヤネの父親である。アメノコヤネは中臣氏・藤原氏の祖であり、天皇と藤原氏との関係をもって王臣関係の不変性を表している。

一方、儒者が「中華礼儀の国」とする「西土（中国）」は「簒弑《さんし》を以て基業」としていて、「伏羲《ふつき》以来姓を更《かう》る者三十氏、弑を以て書す者二百事、其の余の放廃、紛紛として疏挙すべからず」というありさま。また、仏者が「閻浮の本邦」と言う「天竺」については、「其の教、家を出づ」と簡単に触れているが、出世間の教えであって政道を語るには問題外ということだろう。

さて、この日本・中国・インド三国を比較する口ぶりは、『元亨釈書』の王臣伝論を踏まえていることは言うまでもない。秦山は、「偶《たまたま》師錬が釈書の中、国宝を論ずる者」を見たところ、師錬の言葉は卓絶していて、「近世の学者或は及《およぶ》こと能《あた》はざるを歎じ」と、師錬の三国比較論を賞賛する一方、「其の徒《いたずら》に知《しり》て信ずること能はず、躬《み》は髪長の醜類《しゅうるい》に陥るを悼む」と述べ、師錬が「髪長（僧侶を指す斎宮《さいくう》の忌み詞）」であることが残念であるとしている。

この後、本文は星座の二十八宿のうちどの星宿に日本・中国・インドが当たるかで国柄が決まるという秦山の師の一人、渋川春海の分野説を引いている。これは三国比較論と天文・暦学との結合ということで興味深いが、今は深入りはしない。

ここで注目したいのは、秦山が、僧侶の手による仏書であっても、中国・インドに対して日本の皇統の万世一系をもって日本の優位を宣揚するものに対しては評価するという態度を取っていることである。排仏論者としての立場を超えるものを見出しているということは重要である。しかも、この『元亨釈書』の王臣伝論が秦山の後書と合わせて柳枝軒という有力書肆から刊行されていたことに、江戸時代において流通する言説の力点がどこにあったのかを示唆している。

†大我と『三彝訓』

排仏論の立場にあっても、秦山がそうであったように、皇統の万世一系に集約される他国に対する日本の国家としての優越性を説き、その天皇の治世に寄与したという言説ならば評価されるのであるならば、排仏論と対峙する護法論の中から、相手の用意した土俵に上がり、そもそも仏法王法相依は仏教内部で説かれてきたことであるため、『元亨釈書』の王臣伝論に記されたような主張をリフレインする者が現れても不思議なことではない。

大我は、外には儒教や日蓮宗、内には持律念仏の浄土宗捨世派の関通や浄土律の普寂ら改革派を批判した論争家の浄土宗の学僧であった。大我自身の立ち位置は、尾張徳川家の庇護を受ける山城国八幡の正法寺の住職の座を狂気を装って辞したように、名利を厭いながらも、祈禱念仏などの徳川幕府の体制下の浄土宗のありかたを肯定する立場にあった。

その大我の三教一致論の著述『三彝訓《さんいくん》』（宝暦八年〔一七五八〕序。刊記は七年）は、冒頭、四書の『大学』についての考証『大学考』を完成させたばかりの大我による荻生徂徠への批判から始まる。大我の儒教についての教養が推し量られる箇所だが、それに続けて弟子の天理《てんり》（生没年未詳）が「仏に天下を安んずるの道なし」というお決まりの仏教の出世間性に基づく仏教批判についての大我の見解を質《ただ》したところから、三教一致論へと議論が進む。

大我は、「大日本国は諾冉両尊、辱《かたじけな》く天祖の命を蒙《こうむ》りて、共に議《はか》りて造就する所」であり（「諾冉両尊」とは伊弉諾尊・伊弉冉尊二神）、「天照太神、国を皇孫に譲りて以来《このかた》、百王不易の皇統、万代弗革の聖洲」である万世一系の皇統（「弗革」とは易姓革命が起こらないこと）が護り伝えられてきたことを称える神国観の上に立ち、さらに、儒教・仏教が伝来する以前から日本の国には道が無為自然に行われていたことについて、神武天皇、菟道稚郎子《うじのわきいらつこ》、仁徳天皇の仁政の例を挙げ、

しかのごとくの仁義、華夏にもあらんか。これ釈儒いまだ風を移さざるの時。あに異邦に倣《なら》ふ者ならんや。実《げ》に吾が豊葦原の中津国、又は千足るの国と名づく。何の足らざるありて、漢・韓・竺乾の国に謝せん。

と述べ、諸外国に優れた国であることを宣揚するためには、「竺乾《インド》」にも容赦はない。まるで国学者の口ぶりのようだが、むろんこの書は僧の手による三教一致論の書であるため、「皇天

自ら三道を立て、以て国を治め民を安んずるにおいては、謂ひつべし、至れり尽くせり」と、天皇（「皇天」）の意志によって神儒仏三教が日本に併存することを賞賛した上で、

三教、途を殊にすといへども、その帰、一なり。善を勧め悪を懲して、人心を正しくする所以なり。この故に、三道の学者、鼎《かなえ》のごとく立ちて、各《おのおの》万邦に嚆矢《こうし》して、人をして悪を止め善を修せしめば、則ち以て天下を安んずべし。

というように、三教の行く道は異なるが、その目指す所は一つであるという三教一致論の言説に帰結させてゆく。大我の三教一致論は、偽書の『先代旧事本紀大成経』が根拠の一つとなっているが、これについてはすでに第一章4節で触れた。

『三彝訓』は京・大坂・江戸で刊行されるが、京の版元は惣本山御用御書物所とされる知恩院門前の沢田吉左衛門であるため、本書は宗門から許された著作と考えてよいだろう。大我の三教一致論もまた、江戸時代に流布された言説の一つであった。ちなみに、江戸時代には今のように流通網が発達していなかったため、全国規模で出版される場合、各地ごとの版元から出版されるというかたちをとっていた。

†絶対化する日本の《歴史》

再び『扶桑略記』『水鏡』に戻るが、これらでは全仏教史の中に日本史を組み込んだ結果、日本が相対化されたのに対して、『元亨釈書』の君臣伝論を振り出しに見てきた仏法と王法との結びつきを歴史の中で証明する流れは、仏法興隆が日本という場において可能であり、その日本という場において仏法は治国に寄与するという、相対化とは逆のベクトル、日本との相互依存による一体化を主張するものであった（第九章2節参照）。

その原因となるのは、これまで見てきた《歴史》というものが、万世一系の皇統が連綿と続く他国とは異なる優れた国であるということを証明するものであったからである。前に例で挙げた『水鏡』では、末法思想という別の体系が《歴史》の価値基準となっていた。そこに両者を分ける鍵がある。江戸時代は、日本史上において世俗化が進んだ時代であり、末法思想は退潮し、《憂き世》は《浮世》に変わる（第一章3節参照）。前に見た皇祖泰伯説もまた日本絶対化の障害として安全装置たり得たのだが、これらはすべて退潮し、《歴史》の価値を語る言説は、国学と崎門学派・水戸学が牽引する《万世一系》の《神国》である《日本》に集約されてゆくことになる。

Ⅳ　近世的なるものと近代的なるもの

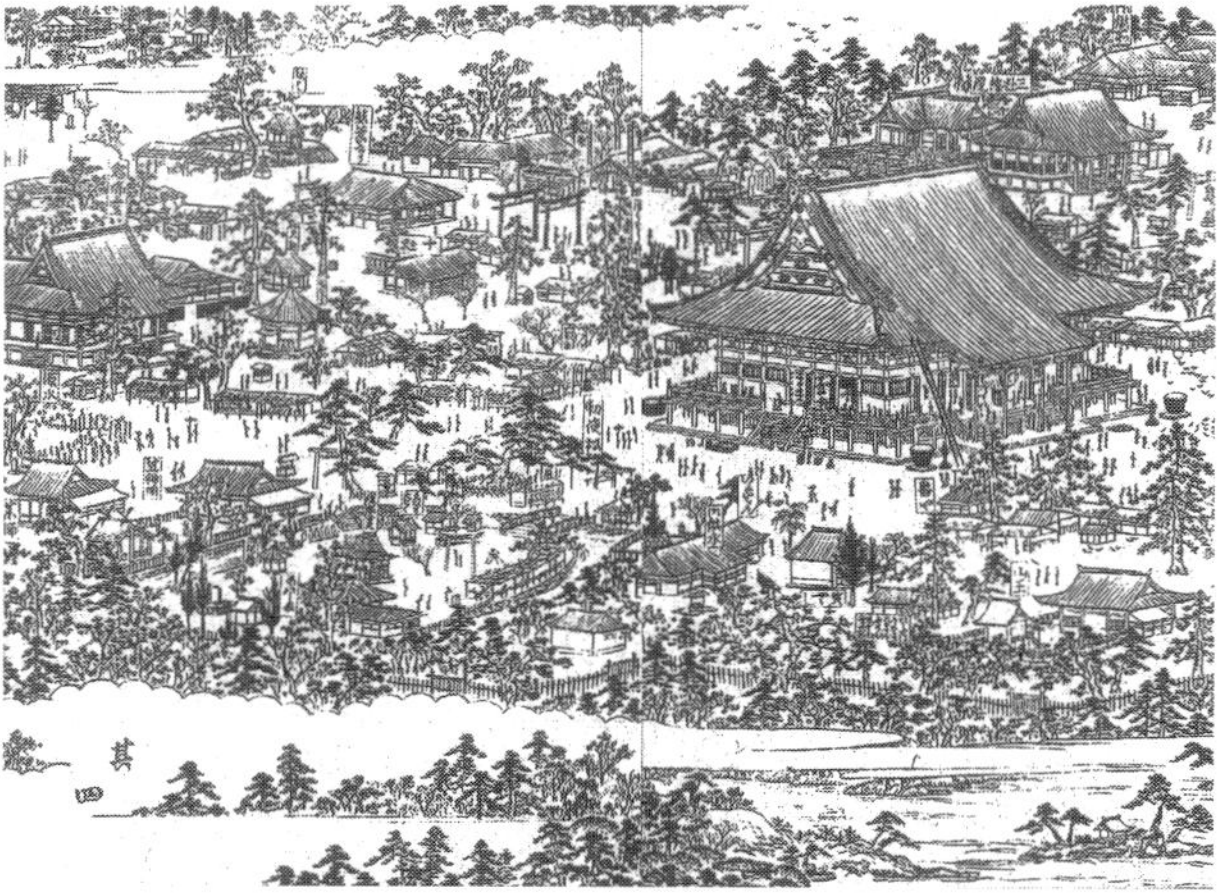

「金竜山浅草寺全図」より本堂周辺（『江戸名所図絵』巻六）

第十一章　庶民の信仰

1　世俗とともにある神仏

†信仰のカタログ化

しばらく思想的な熱量の高い《本気の人》を取り上げるのが続いたが、いつの時代もそういう部類の人は少数派である。江戸時代の宗教をめぐる状況を冷静に、初めに結論ありきではなく、相対化して見るために、町人や農民の――あるいはノンポリの武士も含めてもよいかもしれない――姿を俯瞰で見ておくことは大切である。

第三章1節では、三教一致論が説かれる場としての近世小説について述べたが、そうした教えを説き、それを広めてゆこうというベクトルの著述ではなく、むしろ、そうした真面目さが江戸二百六十年の太平の中で溶解してゆく様子を近世文芸の世界に追ってゆきたいと思う。おそらくそれは、現代に生きる我々にとっては親近感の湧く世界であるかもしれない。
江戸の雉子《きじ》町・三河町三丁目・同裏町・三河町四丁目・同裏町・四軒町の六カ町を支配する古町名主《まちなぬし》で、代々市左衛門《いちざえもん》を名乗る斎藤《さいとう》家の七代目幸雄《ゆきお》（長秋《ちょうしゅう》。一七三七〜一七九九）が着手し、子の幸孝《ゆきたか》（県麻呂《あがたまろ》。一七七二〜一八一八）、孫の幸成《ゆきなり》（月岑《げっしん》。一八〇四〜一八七八）の三代をかけて完成した『江戸名所図会《ずえ》』七巻二十冊（天保五年（一八三四）〜七年刊）は藤田理兵衛《ふじたりへえ》（生没年未詳）『江戸鹿子《かのこ》』（貞享四年（一六八七）刊）、菊岡沾涼《きくおかせんりょう》（一六八〇〜一七四七）『江戸砂子《すなご》温故名跡誌』（享保十七年（一七三二）刊）などに続く江戸地誌の代表作として、長谷川雪旦《はせがわせったん》（一七七八〜一八四三）による挿絵とともに、現在でも江戸について記された著作にたびたび引用される。

　これらの江戸の地誌に採られた名所の多くを占めるのは社寺である。『江戸名所図会』では、採録された社寺には場所、規模、縁起などがまとめられているが、縁起の多くは利《り》益譚《やくたん》と結びついている。月岑の『東都歳事記《とうとさいじき》』四巻（天保九年（一八三八）刊）と合わせて、江戸の信仰を俯瞰するには最適な著述だが、なぜ最適かと改めて考えてみると、それは江戸の信仰世界がカタログ化されているからである。『江戸名所図会』は場所を（『東都歳事記』なら時間を）指標《インデックス》にして、信仰に価値判断を下し、優劣を付けるのではなく、平等に列挙してみせる。極言すれば信仰が突き放され、客体化されている。

　むろん、『江戸名所図会』は地誌なので社寺が平等に並列されるのは当然だろうという意見も出てくるだろう。しかし、万寿亭正二《まんじゆていしようじ》こと歌舞伎狂言作者二世並木《なみき》五瓶《ごへい》（一七六八〜一八一九）の『江戸神仏願懸重宝記《がんかけちようほうき》』（文化十一年〈一八一四〉刊）では、頭痛平癒の永代橋西詰の高尾稲荷であったり、イボ・ホクロ取りの牛込筑土《うしごめつくど》明神境内の痣《あざ》地蔵であったり、願掛けを目的として神仏がカタログ化されている。その本を手に取った者は、自分の病気・悩み事に合った神仏を選び出すことができる。それこそがカタログ化のメリットなのだが、そこには自らの信仰において、自己の存在をかけて選び出した神なり仏なりに帰依するという《敬虔な》信仰心はない。神仏は歯痛や失せ物といった——自己の存在をかけるということに比べれば——日常の些細なことの解決のための手段となり、目的の消滅とともに忘れ去られる消費財となってしまっている。

地域・時代を問わず庶民信仰というものは、そうした直接的な現世利益《げんぜりやく》をその性格として持っているのだが、江戸時代の特徴は、それがカタログ化され出版されるという点である。消費財としての信仰の客体化が進行している。これは現在、パワースポットの案内として消費される社寺の情報と地続きなのである。

†遊興と参詣

江戸の住人——商人や職人、旗本御家人あるいは大名の参勤に従って江戸藩邸に詰めている地方の武士など、彼らは江戸案内の類を持って参詣に向かった。遠くは富士山、筑波山、すこし近くなら大山、江の島、成田山、そして手近の日帰り可能な「朱引き」の内側の社寺を参詣したが、先に見た願掛けのような日常卑近に切実なものから、祭礼縁日、あるいは花鳥風月などの遊楽の勝ったものなど、その目的は様々である。戯作者岡山鳥《おかさんちょう》（?～一八二八）の『江戸名所花暦《はなごよみ》』四巻（文政十年〔一八二七〕刊）などは遊楽のためのガイドブックだが、季節の草花によって名所が分類され、その名所の多くは社寺であって、四季折々の遊楽の場を提供する場所にまで客体化されている。

これまで挙げた江戸案内の類は、いわば一般向けのガイドブックであるため、あまり下品なことは書かれていないが、武陽隠士《ぶよういんし》（生没年未詳）の『世事見聞録《せじけんもんろく》』（文化十三〔一八一六〕成立）には「寺社の門前は、悪場所と唱ふるものになり、境内は隠し売女《ばいた》・囲ひもの・妾宅、また地獄などいふものありて、とかく女色のこと多く、魚鳥料理茶屋・水茶屋の類多く、そのほか遊興の事に寄せて、芝居・物真似・手妻《てづま》・落し噺もすべて人を犯して金銭を奪ひとる事を欲するなり」（巻三）とある。「地獄」とは私娼の種類の一つである。武陽隠士は批判しているが、庶民にとってはそれこそが社寺参詣の楽しみの一つであった。

むろん社寺側にも、建前は衆生済度としても、本音のところでは経営努力として、積極的に時世に迎合する側面もあった。庶民信仰の寺である浅草寺には、現在でも小堂小祠が影向堂《ようごうどう》周辺に集められており、雑多な願いを受け入れてきた信仰のありさまを肌で感じることができるが、武陽隠士が批判したほうも、伝法院前の「二十軒茶屋」と総称された水茶屋や仲見世に並ぶ玩具・菓子などを扱う店、裏手の奥山には見世物小屋や講釈、軽業などの大道芸が客を集めていた。なお女色については、北の浅草田圃の新吉原遊郭（公娼）に足を伸ばし、懐が寂しい向きは夜鷹（私娼）を求めて大川端へ足を向けることになる。

†一九版六阿弥陀詣の真相

社寺参詣のうち、今でも盛んな七福神や六地蔵、そして六阿弥陀など、数を揃えて社寺を巡るという行為には、信仰からであったとしても、これもまた遊楽の気分が濃厚に漂っている。ちなみに五色不動は、江戸の頃にはまだ未整備であったようである。

十返舎一九《じっぺんしゃいっく》（一七六五～一八三一）は弥次郎兵衛・喜多八の珍道中を描いた滑稽《こっけい》本『東海道中膝栗毛《ひざくりげ》』で知られる戯作者だが、『東海道中膝栗毛』の大当たりを受けて無数の「膝栗毛もの」と呼ばれる追随作が作られ、一九自身も珍道中を描いた作品を続々と送り出す。そうした一九の作品に、江の島詣の『滑稽江の島土産』、六阿弥陀詣の『串戯《おどけばなし》教諭六あみだ詣』、堀ノ内妙法寺詣の『誹語堀之内詣』とその続編で雑司ヶ谷の鬼子母神法明寺詣の『雑司ヶ谷紀行』といった、一連の江戸近郊の社寺を描いた滑稽な参詣の様子を描いたものがある。

その中から、『串戯教諭六あみだ詣』の一部を取り出してみる。場末の町の平長屋の大屋が流行の六阿弥陀仏（豊嶋村西福寺・下沼田村応味寺・西ヶ原村無量寺・田畑村《(ママ)》与楽寺・下谷長福寺・亀井戸《(ママ)》常光寺）参詣に出かけるが、この大屋と道々で出会う人々との会話で物語が構成されている。嗣篇（文化九年〔一八一二〕刊）は、「仏頼む六阿弥陀詣も、慰み半分の世の中。大原の雑魚寝《ざこね》の夜は、留守番を頼まれさうな、役に立たずの婆嬶《ばばかか》どもを、引連れ」て出かける。そこに八百屋の婆様が追いついてくるが、とにかくこの大屋の口が悪い。婆様は連れ合いのご隠居（「親父殿」）が日がな一日、釣りだの投網だの殺生に精を出しているのが気がかりである。それに対して大屋は、お前さんも一緒に出かけて息子夫婦の邪魔にならないようにしろとたしなめ、「親父殿の殺生より、こなさんが内にへばりついて、嫁をいぢる殺生がわりい〳〵」と言う。むろんこの婆様は嫁いびり（「嫁いぢり」）などしていないと怒るが、そこで大屋は改めて、殺生など恐れることはないと諭す。

（親父殿は）すきの殺生に日がないちにち草臥《くたび》れ、夜は寝るとすぐに極楽、なんにも知らぬが仏性《ほとけしよう》、ナニ罪も報いもあるものか、一休和尚さへぴち〳〵する鯉を捕へて、汝生きて水中に遊ばんよりは、愚僧が糞となれと引導渡し、煮て食はれたと云ふ事がある。世界に人間程尊い者は無いに、それとくらぶれば何でもないうろくず、丸きり命を取られたばとて、その恨みも報いも、ナニ人に歯が立つものか。それを此方《こっち》の根性が弱いから、ひよつと子供に不仁《かたわ》が出来るか、其の身が病み煩ひでもすると、これは数年《すねん》殺生した報いだと、自分から瑕瑾《きず》を付けて、あつたら頭《つむり》を削り廻し、仏頼んで地獄に落ちぬ用心とは。さりとては器《いれもの》のちつぽけな手合の云ふ事。ハテ殺生はせずとも、時の災難病難は有る習ひ、鳥類魚類の命を取つたとて、あいつらに報はれてつまるものか。

せっかくの名調子なので長々と引用したが、とてもこの大屋の六阿弥陀詣は慰み半分どころか、慰み九分の勢いで、「網や釣りに行くも寺まゐりするも、大きくとれば同じこと」と言い放つありさま。むろんそこには大屋ならではの理屈があり、年寄りと若い者が一緒にいると喧《けん》嘩《か》をしてしまうということなのだが、やはり「畢竟《ひっきょう》仏法と云ふものは、年寄の持ち遊び」だからと言うのだから不信心は疑い得ない。

滑稽を旨とする滑稽本であるため、カリカチュアライズされた人格であることは言うまでもないが、存在もしない人格ならば笑いの種にはならない。因果応報など毛ほども恐れていないない江戸庶民の乾いた世俗主義を垣間見ることができるが、一方で、何か悪いことがあれば罪や報いと考えて熱心に社寺に参拝したであろう人々の姿もうかがわせる。おそらくそれは、江戸の住人の中に共存していたのであろうと思われる。

なお、引用文中の一休宗純《いっきゅうそうじゅん》（一三九四〜一四八一）が鯉に引導を渡したエピソードは寛文八年（一六六八）刊の『一休咄《ばなし》』（巻一）に見えるもので、むろん史実とは言えないものだが、今の我々が周知している一休像が定着したのが江戸時代である。

先にカタログ化は信仰を客体化すると述べたが、信仰が求められていなければカタログ化という行為は無意味である。目的と手段の相互関係がここにはある。信仰は求められるがゆえに世俗化するのである。

†世俗主義と信仰心

江戸の住人の宗教との近しさと、その反面での宗教心の欠落は、戯作者式亭三馬《しきていさんば》（一七七六〜一八二二）の滑稽本『柳髪《りゅうはつ》新話浮世床《うきよどこ》』初編巻上（文化十年（一八一三）刊）の次の一節からもうかがうことができる。床屋の鬢五郎《びんごろう》と常連の伝法者、じゃんこ（痘痕《あばた》面の意）熊との会話である。

熊「へ一ばんきめたナ。こつちは宗旨が違はァ

びん「トキニ何宗だ

熊「宗旨は代々山王《さんのう》さま宗

でん「馬鹿ァ云やな。それは産神《うぶすな》さまだァ

熊「何でも構はねへ。山王さまは、おれが贔屓《ひいき》だから、おれが宗旨にして置かァ。南無阿弥《なんまみ》陀仏《だぶつ》や南無妙法蓮華経ぢやァ威勢がねへ

　滑稽本であるため割り引いて受け取っておくとして、信仰心があるのかないのかわからない会話である。まして神仏習合とか混淆とかではなく、この熊という勇み肌の男は単に宗教の違いに頓着のない様子に描かれている。こういう不心得者もいるかもしれないと思わせないと笑いは生まれないため、案外と江戸庶民の宗教意識の実態に近かったかもしれない。

　さらに質《たち》の悪い不心得者になると、同じ三馬の『諢話《おどけばなし》浮世風呂』第四篇巻下では、よいよいの病人ぶた七と銭湯の番頭との会話で、ぶた七が盂蘭盆会《うらぼんえ》で飾る灯籠を買い込んできて、「後生願《ごしょねげ》だ。ヒヽ、是《こえ》だア。たまねへ〳〵。南無妙法蓮華経《なんもほうねぎよ》〳〵。なもほねぎよ〳〵〳〵。お題目《でもこ》の書有《かえた》る灯籠《とろ》だア。安かねへ御祖師様《おそったま》のお書《あと》遊ばつたのだ。安かねへ十二文《も》だ」と言うと、番頭は「祖師」と「星」とを掛け、「お星さまの書た蓮華なら、お月さまの書た泥亀《すつぽん》が居るだらう」と返す。罰が当たる、謗法《ほうぼ》罪《ぜ》だ、と言うぶた七に「謗法《ほうぼう》」と「方々」とを掛け、「ほうぼうぜへいらつしやい」と返す始末で、信仰心のかけらもないが、こうした会話が成り立つことに、宗教がすぐ身近にあった生活が透けて見えてくる。

　今の我々なら宗教アレルギーに起因するか、あるいは宗教について真面目に語らなければい

けないという自己規制に起因するか、いずれにしてもできない会話であろうし、笑い話にするなどもってのほかである。

江戸時代が世俗主義の時代であったことは間違いないが、だからといって反宗教の時代であったわけではない。むしろ世俗と一体化するかたちで信仰は身近にあった。むろん近世の宗教世界は世俗化した宗教、あるいは堕落した宗教という意見もあるかもしれないが、それはあまりに窮屈なもののとらえ方である。我々は得てして、そうした近代の厳正主義《ピューリタニズム》の照射によって近世を捉えるのに目が慣れてしまっているのかもしれない。

2　妙好人と近世社会

†近世社会の中の浄土真宗

庶民の信仰を代表する仏教宗派は、浄土真宗と日蓮宗だろう。現在の信者数を基準にすれば浄土宗、真言宗、曹洞宗なども挙げなければいけないが（文化庁編『宗教年鑑』平成二十七年度版）、中世末期に「一揆」を組織して既存の権力に対抗する《宗教王国》を作るほどの集約力を見せたのは、一向一揆の浄土真宗と法華一揆の日蓮宗の二宗である。

そのため権力者からの圧迫も強く、浄土真宗では、織田信長との石山合戦を経て本願寺は二分され、続く豊臣秀吉、徳川家康らの歴代の天下人によって牙を抜かれ、日蓮宗では、秀吉による方広寺千僧供養をきっかけに不受不施義が問題視され、謗法の権力者からの布施をも受け取る受不施義に舵を切らざるを得なかった。

ここでは浄土真宗を中心に見てゆくが、江戸時代にはすっかり体制の一部となり、浄土真宗本願寺派（西本願寺）の第十七代法主法如《ほうにょ》（一七〇七～一七八九。称号は江戸時代の用例に準拠する）が自宗の僧・門徒に出した消息では、「王法の威徳によりて、国治り民やすくして仏法さかんにひろまる、ゆへにもしよく仏法を信し、善根をも修せん人は、たゝ仏恩を報するのみならす、また国恩をも謝することはりにあひかなふへし」（宝暦六年〔一七五六〕二月三日）と、典型的な仏法王法相依論の立場の発言をしている。まして、家康の助力で一派を立てた真宗大谷派（東本願寺）では、第二十代法主達如《たつにょ》（一七八〇～一八六五）の消息に、「誰の人も国恩のふかきことを忘れさるか中にも、別して当山にをいては、神祖の旧恩不浅かゆへに、常にかしこみはんへるに」（弘化三年〔一八四六〕八月五日）と、「神祖（徳川家康）の旧恩」を強く意識した文言を見出すことができる。

†浄土真宗に対する疑いの目

しかし、仏法が王法に超越する《宗教王国》を築いた遺伝子をすべての人の目からそらすことはできない。新井白石の『読史余論』（正徳二年〔一七一二〕成立）では、一向一揆を論じて次のように終わりをまとめている。

ちかく我神祖も此事（一向一揆）によりて、国ほどほどあやうかりき。されば御代のはじめに、東西にわかち給ひてすこしく其勢を抑へ給ひしかど、尺寸の地を領せずして、二流、猶《なお》国領する人の富に適す。尤《もっとも》心得あるべき事にや。（巻下「信長治世の事」）

この「神祖」も家康のことである。江戸時代には「神祖」と言えば、東照神君徳川家康を指すことが多いため、テキストを読むときは要注意である。家康が三河一向一揆に苦しめられたことは、徳川家の歴史に刻みつけられていた。白石は、なお浄土真宗は侮《あなど》りがたいと見た家康が勢力を割くために東西の本願寺に分けたが、依然としてこの二流は国持大名に匹敵する力を持っていると述べ、浄土真宗に対する注意を喚起している。白石のような政権の中枢に近い人々の意識には、警戒心が薄まっていなかった。

このことは前に引用した武陽隠士のような、白石からすれば下層の知識人にも時代と地位を超えて共有されていた。『世事見聞録』には、「僧侶かくの如く一致したる事、その宗門にとりては至極の事なれども、さりながら本領領主・地頭をも次になし、親族をも脇にするやうにてはいかんなり。時に取りては国家の邪魔ともなるべく、武備にも障るべきなり」(巻三)と、浄土真宗の法主を頂点とする結束力に疑いの目を向け、さらに「別して武士のこの宗門を信ずるなど、以《もっ》ての外宜《ほかよろ》しからず。主君を外にしたること出来るなり」(同前)と、三河一向一揆のことを想起しながら、国家の外に別の秩序を立てる《宗教王国》の遺伝子にやはり警戒心を隠さない。

さらに平田篤胤は、王法からの背馳《はいち》を白石や武陽隠士とは別の角度から見ていた。篤胤の排仏論書『出定笑語』三巻には「附録」二巻が付け加えられているが、その『出定笑語附録』の別名を『神敵二宗論《しんてきにしゅうろん》』と言う。厳密には巻一之下以降が「神敵二宗論」である。

この書で「神敵」と名指しされる二宗とは、浄土真宗と日蓮宗である。篤胤は「此二宗ほど、吾が神の道の妨害《さまたげ》を為す者は无《な》い」(巻一之下)と断じている。その理由として「一向宗と日蓮宗と、伊勢大御神を祭り奉らず、また余神をも拝まぬ」(同前)ということを挙げているが、阿弥陀如来のみを信仰する浄土真宗、法華勧請された神以外は謗法の邪神であるとする、いわゆる神天上説の日蓮宗は、ともに仏主神従から神祇不拝に進む非妥協的な宗派であり、復古神道を提唱する篤胤としては数ある仏教宗派の中でも《神敵》と認めざるを得ないものであった。

この篤胤が奉じる「王法」は、近世の現実に存在する政治権力である徳川幕府を指す「王法」ではなく、篤胤の生きた時代にはまだ理念だけであった神道を通して天皇へと連なる「王法」である。

こうした批判者の目を意識しつつ、浄土真宗が近世社会に適応した、つまり反体制宗教でないことの証拠として見出されたものが「妙好人《みょうこうにん》」であった。

†『妙好人伝』の登場

妙好人の伝記をまとめた『妙好人伝』が世に現れたのは天保十三年（一八四二）のことだが、石見浄泉寺（本願寺派）の仰誓《ごうせい》（一七二一〜一七九四）がまとめて生前に刊行が叶わなかったものを美濃専精寺《せんしょうじ》（本願寺派）の僧純《そうじゅん》（一七九一〜一八七二）が初篇として刊行したもので、以後、僧純自身の編による二篇から五篇が安政五年（一八五八）までに相次いで刊行された。これとは別に松前の象王《しょうおう》（伝未詳。本願寺派か）が仰誓の初篇に対して続篇を嘉永三年（一八五〇）に刊行し、この続篇を六篇として『妙好人伝』全六篇として扱われる。妙好人として著名な因幡《いなば》の源《げん》左《ざ》（足利喜《あしかがき》三郎《さぶろう》。一八四二〜一九三〇）や浅原《あさはら》才《さ》市《いち》（一八五〇〜一九三二）などの言行録は、近代になってからの編纂である。今は近世の『妙好人伝』について考える。

多くの人が妙好人と言えば、鈴木大拙や柳宗悦《やなぎむねよし》が紹介した文脈で、浄土真宗の篤信者というイメージを持たれていると思う。しかし、大拙や宗悦が描いたような庶民自らの内からわき起こる信仰――大拙の用語ならば「日本的霊性」に応えて自生し、自律した人間像というのは、その一面に光を強く当てているのに過ぎない。さらに言えば、近代的個人の確立を日本の伝統＝仏教の中に見出そう、しかも庶民の中に見出そうという、すぐれて近代的な問題意識による《妙好人》の再発見であった。

むろん、大拙や宗悦の問題意識は否定しないし、妙好人が信仰に生きた名もなき庶民であることも否定しない。ただし、それだけに限るのではなく、妙好人には、篤信者であるとともに江戸時代における理想的人格――それも庶民の、被治者としての理想的人格を併せ持つ者として江戸の『妙好人伝』の中では提示されている。いわば、仏法王法相依を一身に体現する人物こそが妙好人であった。

神明の恩徳と国恩

『妙好人伝』二篇（僧純編）では、伝に続く僧純の評の中に四つの恩が記されている。普通、四恩《しおん》と言うと『大乗本生心地観経《しんじかんぎょう》』の四恩（父母・衆生・国王・三宝）を挙げることが多いが、二篇では「神明の恩徳」「国恩」「父母の恩」「師恩」を特記し、さらにそれぞれを五種の恩に分けて精しく説明している。阿弥陀如来の「仏恩」は当然のこととして書中でたびたび言及され、あえて四恩として整理しないことで全体の背景に溶け込んでいる。以下で見てゆこう。

「神明の恩徳」は、芸州九右ヱ門男《きゆうえもんのむすこ》の伝（巻上）に語られる。想四郎《そうしろう》・想吉《そうきち》兄弟が五々《ごご》（興居《ごご》）島の沖で嵐に遭った時、想四郎が「先祖より浄土真宗の御流《おながれ》にて、現世の寿福は祈らざれども、此期《このご》におよびては金毘羅《こんぴら》大権現をたのみ、この危難をまぬかれんと思ふ。今こゝにて二人とも相果《はて》なば、親のなげき想像《おもいやる》べし」と想吉に言うが、想吉は「教を守りて浄土へ往生すれば、親子兄弟も同じ蓮台に乗ずるとこそ聞《きき》つれ」と言って、教えを捨て、今この場で生き残ることよりも、教えを守り、来世ともに浄土に往生することを選び、金毘羅大権現への祈願を拒否する。世俗倫理として近世に推奨された孝の実践は信仰の上でいかにあるべきかという二者択一問題である。すると兄想四郎も、実は自分も初めからそのつもりであったと言い、二人で念仏を唱える。孝を信仰の中で果たす選択をしたのだ。すると、五々島の八幡宮の神が神主・庄屋に託宣し、救いの船が出て兄弟は助かり、「念仏行者は、たのまれざれども神慮にかなひて、神明の守り給ふ事を仰がぬ」者はなかったと記されている。

神を「たのまれざれども」とあるのが、阿弥陀如来のみを《たのむ》対象とする浄土真宗の教えの根幹にかかわるところだが、阿弥陀如来のみを信仰することで結果として神の加護があったとすることで、浄土真宗信者が日本という《神国》で受け入れられる構図を描き出している。

さらに浄土真宗と日本との共存を述べるのが、「国恩」である。摂州庄兵衛《しようべえ》の伝（巻上）で語られているが、神崎の油屋庄兵衛は、手次寺《てつぎ》（檀家寺）の僧が訪れた時には必ず草履を直して「尊敬屈請《くつしょう》」するため、庄兵衛が老人なのを慮《おもんぱか》り、そのようなことは無用と僧が言うと、「出離生死の一大事御聞せにあづかりし御師匠なれば、彼方《あなた》はおゆるしありとも、聊《いささか》も心易《こころやす》だていたし候ては、仏祖は赦したまはじ」と答え、「私老躰《ろうたい》ゆゑ、御厭《おいと》ひはありがたく候へども、粉骨砕身しても報じがたき仏恩・師恩ぞ」と言って涙を流す。庄兵衛は僧を通してその先に阿弥陀如来を見ているのだが、媒介となる僧に対しても敬意を払い、合わせて「仏恩・師恩」への報謝の念を語る。後でも述べるが、「師恩」とあるのが本願寺を頂点とする浄土真宗の秩序維持に大きな力となっている。このように妙好人らしい篤信者である庄兵衛だが、次のように国家への恩を語る。

亦《また》ある時いふやうは、「我この間、外に置《おき》し稲を我家に入るとて、御上の御恩を初《はじめ》て思ひしりたり。其ゆゑは、我身は楽に寝て、御領主に稲番をさせ奉ることの勿躰《もったい》なさよ」といひて、国恩を喜びしとなり。

ずいぶんと慎ましい国恩だが、法主の語る「王法の威徳によりて、国治り民やすくして仏法さかんにひろまる」という仏法王法の関係性を庶民の身の上に落とし込んでみれば、このような具体例になる。国家によって護られているため、安心して信心を行うことができるという構造である。

†父母の恩と師恩

「父母の恩」は、防州おいしの伝（巻下）にある。おいしは「わづか十七歳にして御法義に志しふかく、両親に事《つか》へ孝行にして、其実躰《じってい》（まじめで正直）なること、皆人称ぜざるはなし」という信仰心と近世社会で求められる儒教的世俗倫理の実践とを兼ね備えた女性である。そのおいしの嫁いだ伊八《いはち》は「心得かた悪き者」で、ついに「欠落《かけおち》」してしまうのだが、おいしは実家に戻ることを拒否し、残された病気の義理の父母に孝養を尽くす。このことは毛利藩の藩主にも伝わり、萩に呼び出され、藩主に拝謁し、褒美《ほうび》として賞金を下される。「是偏《ひとえ》に孝徳・信徳のあらはれと、人々賞せざるはなし」として伝は閉じられ、僧純の評で父母の恩が述べられる。

最後の「師恩」は、二篇の最後を締め括る越後甚右衛門《じんえもん》の伝（巻下）に見える。この甚右衛門も先のおいし同様に、「信の上より、王法・国法、仁義・孝順の宗の掟を如実に守りければ、領主の御聞に達し」て、「御感書幷《ならびに》鳥目三貫文」（つまり賞状・賞金）を賜る。ここで「王法・国法、仁義・孝順」が「宗の掟」とされていることは重要な点である。儒教的世俗倫理の実践は、教団の教えに沿うものとして門徒に示されているのだ。ここでは、浄土真宗の信仰と儒教的世俗倫理とは矛盾するものとは捉えられていない。

領主からの褒賞が述べられるのは、現世利益を説くことが目的ではなく、妙好人の信仰と徳行の生活の結果として《褒美》を受けることで、社会的認知を、それも国家からの認知を浄土真宗の信者が得ることの証明に目的がある。

甚右衛門が、その上で「師恩」の例とされるのは、「偏《ひとえ》に大善知識の御教化の御蔭、近くは彼方《あなた》の御陰」であるとし、三貫文のうち、一貫文を本山、一貫文を手次寺に寄進し、残った一貫文で一族に酒食を振る舞い、献金を受けた本山の法主から盃を拝領したことにある。ここでの教えを導く「大善知識」とは法主のことを指しており、「彼方」とは手次寺のことである。

本山にとってはずいぶんと都合のよい「師恩」の報謝で、武陽隠士からは「日々国々の門徒より財宝を納むる事、寸隙も退転なく、泉の湧くが如く、七宝万宝充満して、驕奢安逸《きようしやあんいつ》の体《てい》、これまた日本第一といふなり」(『世事見聞録』巻三)と批判されることになるのだが、あえて「師恩」を特記する意図は、妙好人が、信仰と世俗倫理のみならず、もう一つ、教団にとっても理想的な門徒であることを示している。

†近世の妙好人を如何に評価するか

以上見てきた「神明の恩徳」「国恩」「父母の恩」「師恩」の具体例は、いずれも近世社会に適応し、浄土真宗の信仰と近世において期待される儒教的世俗倫理とを両立させた人物として描かれている。これを両立することが、浄土真宗の近世社会における存在証明であった。

しかし、理想的な信仰者として妙好人を発掘した大拙は、「自分のおかれてある地位に安んじて、その職業にはげむ」妙好人の消極的で体制順応的な姿には違和感を訴えている（『妙好人』一九四八年）。大拙のこうした妙好人評価は、時代的要請とは言え、近代的個人の確立を急ぐあまり、妙好人の姿を歪める結果になっている。一方、中村元は、マックス・ウェーバーの『プロテスタンティズムの倫理と資本主義の精神』で提示された「プロテスタンティズムの倫理」に当たるものを日本人の信仰の中に追求して鈴木正三を発見し（『近世日本における批判的精神の一考察』一九四九年）、さらに大拙が批判したその点において、妙好人を近世社会における資本主義の担い手として評価する（『日本宗教の近代性』一九六四年）。中村の研究の本来の目的とは異なるが、近世社会における世俗倫理の実践者の面にも肯定的評価を与えてこそ、妙好人をご都合主義的に剖判することなく、全体として考えることができる。

ここではあえて体制順応と呼ばれる姿にまで妙好人を引き戻したが、信仰と社会とは根源的に微妙な関係にあり、つねに軋《きし》みを伴っている。『妙好人伝』はその解決の一つであったが、それがすべてではない。幕藩体制の制度疲労が露わになり、既存の社会秩序が揺らぐとき、信仰もまたそのありようを問われるようになってゆく。

3　仏教系新宗教の近世的位相

†《新宗教》は新しいか

《新宗教》というのは、伝統宗教に対して使われる用語で、それ自体は相対的なものでしかない。黒住教《くろずみきょう》や天理教《てんり》、金光教《こんこう》など幕末期に開教された教派神道系の新宗教などは、百年以上の歴史を持つ。まして扶桑教《ふそう》や実行教《じっこう》、御嶽教《おんたけ》など、遡《さかのぼ》れば江戸中期の山岳信仰の講社にたどり着く教派神道などは、通常の感覚として《新宗教》と呼ぶことに抵抗もあるが、これに代わる学術用語もないので、本書では新宗教で通す。

長い伝統を持つ宗教では不断に改修工事《リノベーション》が行われ、その生命力を活性化させてきた。仏教は、その最たる例である。ゴータマ・ブッダの初転法輪《しょてんぼうりん》から始まり、アビダルマ仏教、大乗仏教、密教と展開し、中国に渡ると天台、華厳、浄土、禅などに分かれ、それが日本に伝わり、さらに多岐に変容をしてゆく。すべてが既存の宗派からすれば、異端の新宗教であった。

しかしその運動は、江戸幕府の宗教政策により一旦停止する。武家の実力行使による生存競争が「元和《げんな》偃武《えんぶ》」を里程標《メルクマール》にしてすべて停止させられたように、宗教の世界でも、十七世紀前半の状況をもって宗派間の生存競争も停止させられることになる。宗教の生命力の根幹にかかわる教説も、「新義を立て奇怪の法を説くべからざる事」(「諸宗寺院法度」)という制約により、新しい展開の芽は公的に潰されることになったと説明される。いわゆる「近世仏教堕落論」を支える柱の一つがこの幕府の政策である。

二百六十年の泰平が続いた江戸時代には、社会からの宗教に対する要請が世俗化してゆく傾向にあった。つまり《現世利益》である。これに対応するために、たとえば回国の念仏行者であり、独特の徳本《とくほん》文字による六字名号を生み出した徳本(一七五八〜一八一八)が招かれ、浄土宗関東十八檀林の一つである伝通院の一行院に住したように、既存の宗派による信仰の裾野からの回収が江戸時代を通して行われ、まったく社会からの要請に対応しなかったわけではないが、寺請などの社会制度の一部に組み込まれていた既存の宗派のフットワークは重く、社会からのすべての要請に漏らさず応えることには限界があった。その隙間を埋めるように生まれてきたのが、近世の《新宗教》である。

†日扇と本門仏立講

本門佛立宗《ほんもんぶつりゆうしゆう》の本門法華宗(八品派《はつぽん》)からの独立は、昭和二十二年(一九四七)と戦後のことだが、その起源は、幕末の安政四年(一八五七)に長松日扇《ながまつにつせん》(清風《せいふう》。一八一七〜一八九〇)が京で開いた本門仏立《ぶつりゆう》講にある。日扇は嘉永元年（一八四八）に得度するが、安政二年に還俗し、四年に在家中心の題目講として本門仏立講が開講される。その後、明治維新の成った慶応四年（一八六八）に、キリシタンの邪教を広めているとの讒言《ざんげん》があり、京都府の取り調べを受け、日扇が再出家することを条件に釈放される。この時に日扇が詠んだ教歌の「たゞなりのデモの坊主と清風は　骨のをりよがチトちがふなり」で、在家仏教者としての気概を述べている。
在家中心の仏教である本門仏立講の特徴に、「現証利益《げんしようりやく》」の強調がある。「み仏のお立《たち》なされた此講は　何かしらぬが利益現証」と日扇の歌う現証利益は、現世利益と言葉は似てはいるが、現証利益とは、信心の結果としてもたらされる寂光《じやつこう》浄土への往生の、その証明として表れるものとされており、《利益》という結果こそ同じだが、現世利益とはベクトルの方向が反対になっている。次に挙げる教歌には、そのことが明確に示されている。

めに見えた事でなければ今時の
　我等凡夫に信はおこらず
現証の利益で信を起させて
　未来を救ふ祖師の御本意

この現証利益の考え方はある面において、浄土真宗の異端である隠し念仏（秘事法門《ぼうもん》、御蔵法門《おくらぼうもん》など）と共通した地盤に立っている。そもそも、それぞれ日蓮宗と浄土真宗から生まれたものであり、異なる面のほうが明らかに多いのだが、既存の宗派から分かれ出た近世の新宗教としての共通性をいくつか見出すことができる。その一つが、具体的な体験として信仰の確信を得たいという欲求である。

†東北の隠し念仏

隠し念仏（「隠れ念仏」ではない）は地下信仰として日本各地に伝わっている。その起源については諸説あるが、東北の南部藩領に伝えられた隠し念仏は、蓮如《れんによ》を始祖と仰ぎ、大成者とされる京の鍵屋五兵衛《かぎやごへえ》（?～一七六〇）から伊達《だて》家一門伊達村利《むらとし》（水沢伊達家）の家臣山崎杢左衛門《やまざきもくざえもん》、柳町の長吉《ちょうきち》に伝えられたものである。杢左衛門と長吉は宝暦四年（一七五四）、浄土真宗の僧からの訴えにより捕らえられて磔《はりつけ》となったが、杢左衛門の弟子たちは潜伏して布教を続けた。

南部藩領に伝えられた隠し念仏の資料はまとまって『日本庶民生活史料集成』第十八巻に収められているが、その中に明治二十六年（一八九三）に行われた隠し念仏信者が集まる正信講舎での問答を民俗学者 橘 正 三《たちばなしょうぞう》（一八五九～一九三七）がまとめた『内法問答』という資料がある。その中で冒頭「隠念仏《かくし》」とは何かという質問があり、要領よく隠し念仏についてまとめられている。

隠念仏とは外からつけた名前で実は浄土真宗御内法ともふしまして、上つらばかり信心者ぶる念仏とはちがひ、ほんの他力の信心を内心にいたゞいて後生の一大事を決定する御法でござります。（第一集。以下同）

「御内法《ごないほう》」が彼ら自身の隠し念仏の呼び名だが、この隠し念仏が目的とする「後生の一大事を決定する」ために行われる行事が秘儀的性格を帯びたものであるため秘事法門と呼び、また、その秘儀が行われた場所の名を採って御蔵法門と呼ばれることになる。正統の浄土真宗の教義の立場からの是非はここでは横に措《お》いて、この異端的信仰は、具体的な体験として浄土真宗の信仰の確信を得たいという欲求が生み出したものである。

第六章2節で取り上げた三業惑乱で異《い》安心《あんじん》と判定された三業帰命説も、本来は越前の隠し念仏系の異安心「タノマズの秘事」を否定するため生まれたものだが、身《しん》・口《く》・意《い》の三業において阿弥陀如来に帰命するというその説は、やはり信仰の確信を具体的な体験において得たいという大きな範疇《カテゴリー》の中に含まれるものであった。なぜそうなってしまうかと言えば、一つには浄土真宗の安心決定《あんじんけつじょう》が、易行《いぎょう》の表皮にくるまれた難行であるからだろう。信仰に篤い者であればあるほど、安心決定の確信について不安になるという陥穽が用意されている。

隠し念仏の信者が求める真実の信仰（「ほんの他力の信心」）は、既存の教団への不信と表裏の関係にある。「もともと仏法といふものは和尚方ばかりでおしへるものときまつたものではござりません」と、職業宗教者である僧を絶対的な存在とは認めず、親鸞は非僧非俗であったことを根拠に、「俗がおしへてすこしもさしつかへはござりません」と、宗教者としての在家の存在を認めている。ここにも、近世における既存の宗派から分かれ出た新宗教が持つ在家中心という性格が表れている。

寺請や本末制度により教団組織が硬直し、その組織に属する僧が組織の論理を最優先するようになると、檀信徒と僧との間に齟齬《そご》が生じ、そこに教団・僧の対立軸としての在家が浮かび上がってくる。

もう一つ、本門仏立講と比較して興味深いのは、異端の宗教を批判する言説が、常に邪教キリシタンというレッテルを伴うことである。第九章でも見てきたように、近世社会において概念化された《他者》としてキリスト教が存在し、排除されるものは、それと常に同一視される構造にあった。

隠し念仏でも、「全く切支丹と一つものだとき〻ちがへてきびしくした役人もあつた」と述べられている。このことは、『庫裡《くり》法門記』にも「仏像をかくるとはいへども、みな是西洋耶蘇の余類、時節を待て事を吾宗（浄土真宗）に託し、衆を惑はすものなるべし」として同様に見える。この『庫裡法門記』は、江戸の隠し念仏講に潜入し、明和四年（一七六七）の摘発に一役買った、戯作者平秩東作《へづつとうさく》の顔も持つ内藤新宿の煙草商稲毛屋金右衛門《いなげやきんえもん》こと立松懐之《たてまつかねゆき》（一七二六〜一七八九）が、後にまとめた記録である。隠し念仏を語る際にはおなじみの資料なのだが、資料の性格上、隠し念仏が邪義であることが前提であるため、ここではこの資料で隠し念仏の教えを語ることはあえて避けた。

また次に述べる如来教も、やはりキリシタンの嫌疑《けんぎ》をかけられて弾圧を受けている。

†きのと如来教

本門仏立講、隠し念仏などは既存の宗派から分かれ出てきたものだが、既存の宗派から距離を置いたところから生まれてきた、創唱系の新宗教とも言えるものに一尊如来《いつそんにょらい》きの（一七五六〜一八二六）が始めた如来教と分派の一尊教団がある。

きのは名字も伝えられていない尾張国熱田の貧農である。享和二年（一八〇二）、このきのに金毘羅大権現が降《くだ》り、「如来」の教えを伝えた。天理教の開祖中山《なかやま》みき（一七九八〜一八八七）に「てんりんわう（天輪王、天理王）」が降ったのは天保九年（一八三八）のことで、約三十年の開きがある。この一世代の差を大きいと見るか小さいと見るかは分かれるところだろうが、ともに農村の一婦人――ただしみきは貧農ではなく庄屋の妻――であり、この世の始まりを泥の海からの「如来」（如来教）・「親神」（天理教）による創造とする共通項もありながら、その教えの指向性は来世と現世とに分かれる。

天理教は人々が「陽気ぐらし」をするのを見て神様が楽しむ（「にちにちによふきづとめのてがつけば　神のたのしゆみいかほとの事」『おふでさき』四）という教理が示すように、黒住教や金光教などの幕末期の新宗教と共通する現世中心の思想なのだが、きのの世界観は対照的である。

どふもあ方《かた》（如来）にも、お主達《ぬし》をお助遊《たすけ》ばす御仕法が出来ぬゆへ、是此世界をお拵《こしらえ》成され、此世界をお主達の修行場とお立《たて》成されて、夫《それ》お主達を此娑婆へ追戻《おいもど》し成されて、此娑婆世界でお主達に仏道修行をさせて、今度後世は助とらしたいと思召されてお立置れた、是此世界で御座るぞや。（『お経様《きようさま》』御つゞり御説教）

如来が作ったこの世界は、仏道修行の場として用意されたもので、この世界での仏道修行の成果として来世に「能所《よいところ》（極楽）」に行くことができるという来世主義が、きのの信仰の骨格である。来世主義と言っても、世界の立替え、立直しを希《こいねが》う丸山《まるやま》教や大本《おおもと》教などに見られる千年王国思想ではなく、来世での幸福は、現世での「仏道修行」によってもたらされるという点で、現世とのかかわりを失っていないばかりか、現世での行いが成仏に影響するという観点からは、現世における実践を説いているという見方もできる。

しかも、その現世における実践というのは、「如来様とお誓ひの上でやに依《よっ》て、けふ夫々《それぞれ》のつとめ、其家職、忠儀孝行太切《たいせつ》に勤《つとめ》て、後世の一大事を心にかけねばならぬ」（『お経様』文化六年〔一八〇九〕巳十月十八日　広瀬舎）というように、家職の励行や、孝や忠といった儒教的世俗倫理に従うのがその内容であった。

†現世主義と来世主義

きのの教えにおよそ過激さはないが、ただし、世俗倫理の実践が現世における幸福と直結はせず、「其心痛苦労は誰がさすや。夫《それ》皆お主達の、兎《と》角《かく》今度の一大事の所へ心が相寄ぬゆへ、たゞ娑婆斗《ばかり》の事に頓着致て暮されるゆへの事」（『お経様』御つゞり御説教）であると、来世へと還元されてゆくことに、世俗倫理ではなく、宗教としての相貌《そうぼう》が表れている。

ただし、ひたすら現世の苦に耐えるのではなく、信仰の確信の契機という点では、黒住教や金光教、そして天理教などの幕末期の新宗教との共通点を見せる。それは病気直しである。

是《これ》一度は死ねば成《なら》ぬ。夫《それ》、死んでどこへ行《いく》。其行所を教《おしえ》るのじや。是能事《よい》をすれば極楽へ行。

悪事をすりや地獄へ行なぞと言ても、其地獄極楽、見て来たもの一人もなし。其証拠の為に、病気を直し取《とら》する。信心する人皆々助《たすけ》取する。其手形に病気を直し取する。(『お経様』御済度御物語りの事)

新宗教の特徴の一つとして現世利益が挙げられるのが一般的だが、本門仏立講でも、具体的な現証利益となると病気直しが挙げられるように、万人に降りかかる切実な悩みである病気と新宗教は切っても切れない。きのの『お経様』は、その病気直しを臆面もなく信仰の証拠と言い放ったところに、後に続く新宗教のための道が開かれていた。

ただし、仏教から分かれ出た新宗教は、本門仏立講の現証利益が、来世での寂光浄土への往生を保証するものであったように、現世利益の主張がそのまま現世主義とは言い切れない要素がある。いわんや「後生の一大事の決定」に立脚する隠し念仏や、後世には「能所」へ往生することを目的として現世の仏道修行を説く如来教においてをや。

一方で近代になってから登場した霊友会とその系統(立正佼成会《りっしょうこうせいかい》、佛所護念会《ぶっしょごねんかい》など)や創価学会などは、同じ仏教系と言っても現世主義については性格を異にするが、これは議論の範囲を江戸時代に定めた本書の範囲外になるため、いずれ機会があれば考えてみたいと思う。

終章　近代への傾斜

1　水戸学から見た神儒仏

†尊王思想の一般性

尊王思想が明治維新を準備したのは間違いないとしても、その尊王思想を詳しく見てみると、さまざまな種類の尊王思想があった。

単純な色分けとしての三教を手がかりにしても、尊王論では国学の名が最初に挙がるかもしれないが、儒教、とりわけ朱子学が主流であった江戸時代には、正名《せいめい》論に由来するいわゆる大義名分論によって儒者は大きく見て尊王論者であり、とりわけ尊王の傾向が強いものに水戸学があり、崎門学があった。

近世の仏教も、やはり自らの優越性を主張するために、歴代の天皇との結びつきを主張し、また、実際に近世を通して後七日御修法《ごしちにちみしほ》などの玉体安寧・国家安穏を祈る修法が行われていて、仏教もまた尊王であった。

尊王思想でないという思想を見出すことのほうが難しく、第十章1節で取り上げた《徳川王朝論》に取り組んだ新井白石や荻生徂徠は特殊と言っても言い過ぎには当たらない。こうした尊王思想に染め上がった江戸時代の中で、突出していたものとして水戸学に指を屈することができる。

水戸学を取り上げるのは、これから見ていく思想的な内容に加えて、その担い手も重要な理由となる。

国学が町人・農民の知識層や神職などを主な担い手としていたのに対し、水戸学は、徳川御三家の一つである水戸徳川家の史書編纂《へんさん》事業をその光源とし、その周りを儒教の教養を持った武士身分の知識人が取り巻いていた。

前期水戸学では儒教知識人を中心としていたが、後期では藤田幽谷・東湖《とうこ》（一八〇六～一八五五）親子、会沢正志斎などの水戸学者の令名を慕い、すでに《志士》と呼ばれるようになった人々がその教えに影響を受けた。水戸学を取り巻く円周は大きく広がっていたのである。横井《よこい》小楠《しょうなん》（一八〇九～一八六九）や西郷隆盛は江戸で東湖と交友し、吉田松陰は東北遊学の手始めに水戸で東湖に会おうとするが、東湖が謹慎中であったため、正志斎を訪問している。

直接ではなくとも、正志斎の『新論』、東湖の『弘道館記述義《じゅつぎ》』『回天詩史』『正気歌《せいきのうた》』などを通して、間接的には水戸学は志士の情操に大きな影響を与えた。

政治に直接かかわる層が受容していた点で、明治維新への影響は国学に勝るものがあった。

†水戸学とは何か

水戸学は前期と後期とに二分される。水戸藩主徳川光圀が修史局「彰考館」を設け、藩内外より学者を集め、紀伝体の日本通史『大日本史』（ただし書名が確定したのは光圀歿後）の編纂を行っていた時期が前期に当たる。光圀が生きている間に、本紀・列伝はようやくかたちになったのだが、彰考館総裁の安積澹泊《あさかたんぱく》（通称は覚兵衛。『水戸黄門漫遊記』の渥美格之進のモデル。一六五六〜一七三七）が亡くなると、紀伝体に求められる志・表の編纂が停滞するようになる。

前期の水戸学は、『大日本史』の「三大特筆」とされる、①神功《じんぐう》皇后を后妃に列する（天皇として扱わない）、②大友皇子を本紀に掲げる（天皇として扱う）、③南朝を正統とするといった、朱子学の正統論に則り、ただ一つの皇統を確定させてゆく歴史思想が中心となる。いわゆる大義名分論である。「大義」も「名分」も伝統的な儒教の概念だが、「大義名分」という一続きの単語になったのは日本の、それも幕末以降の用法であるため、光圀時代については、正統論と言ったほうが思想用語としては正しいだろう。

後期は徂徠学の流れをくむ立原翠軒《たちはらすいけん》（一七四四～一八二三）が登場し、再び『大日本史』の編纂が活発化してくる時期からだが、時代は、外国船が日本近海に現れるようになった《外患》と、徳川幕府の制度疲労が誰の目にも明らかになった《内憂》の時代を迎え、水戸学には現実政治の処方箋としての役割が期待されるようになる。その役割は翠軒の弟子の幽谷とその門人正志斎、息子東湖らによって担われる。これがよく知られた《水戸学》である。

ちなみに政治党派化する藤田派とは別に、栗田寛《くりたひろし》（一八三五～一八九九）らの手によって孜々《しし》として『大日本史』の編纂は続けられ、明治三十九年（一九〇六）、本紀七十三巻、列伝百七十巻、志百二十六巻、表二十八巻、目録五巻が完成する。

前期水戸学の朱子学の正統論は日本的な成長の結果、後期水戸学の国体論へと変容する。《国体》という語自体は古くからあるが、いま国体論と言う時の国体の概念は水戸学に淵源する。

†儒教と国学と

東湖の『弘道館記述義』（巻上）では、『弘道館記』本文中の「国体」の義を述べ、「赫赫《かくかく》たる大八洲は、磤馭慮島《おのごろ》に基づく。磤馭慮の島は、実に天瓊矛《あめのぬぼこ》より成る。国威の由来する所遠し」と、神話から語り始める。水戸学とは儒教と国学との混合種《ハイブリッド》である所以である。つまるところ国体とは、「赫赫たる神州は、天祖の天孫に命じたまひしより、皇統一統、これを無窮に伝へ、天位の尊きこと、猶ほ日月の踰《こ》ゆべからざるがごとし」という、万世一系の天皇による日本国の統治ということにたどり着く。

国体がこのようなものであるならば、「唐虞三代の道」（唐陶氏帝尭、有虞氏帝舜と夏・商・周の三代で、つまり古代の聖王の道）は、「悉《ことごと》く神州に用ふべきか」という問いに対しては、「否」と言うことになる。決して用いてはいけないものは「禅譲」と「放伐」という、いずれも王朝交代のありかたを示す語の二つを挙げる。皇統は交代も断絶もしないのだ。

ここで注意すべきことは、水戸学では儒教は絶対的な真理ではなくなっている点である。取捨選択することが可能なものに相対化されてしまっている。この時点で儒教ではない《何ものか》になっている。

しかし、先に水戸学は混合種《ハイブリッド》であると述べたが、国学に対しても、是々非々の態度を取る。道とは、「可畏《かしこ》きや高御産巣日神の御霊によりて、神祖伊邪那岐大神伊邪那美大神の始めたまひて、天照大御神の受たまひたもちたまひ、伝へ賜ふ道なり、故是以《かれここをもて》の道とは申すぞかし」（本居宣長『直毘霊』）という、『弘道館記述義』に先駆する古道論を展開するのが国学だが、国学者、とりわけ本居宣長を想定してのことと思われる儒教倫理が人情の自然に反するという批判には、「忠孝仁義の実は、天地以来、生民の固有する所」であって、国学者の言うような人為的なものではなく、自然なものであるという反論をし、「俗儒曲学を罵りて、併せて周孔の教を廃するは、是噎《これえつ》（むせぶ）に懲りて食を廃するなり」（巻下）と、あくまで儒教倫理の自然主義的な普遍性は譲らない。

ただし中国のことを「西土《せいど》」と呼び、儒教のことを「西土の治教」と呼んで、儒教的な普遍的真理である「斯道《このみち》」は、「天地の大経にして、神皇の遵行したまいし所なり」（巻上）と、中国とは切り離され、日本に直結されている。

†教育勅語との暗合

国体論と儒教倫理の合体は、その後の明治二十三年（一八九〇）の『教育ニ関スル勅語《ちょくご》』、いわゆる『教育勅語』に顕現する。「皇祖皇宗《こうそう》、国ヲ肇《ハジ》ムルコト宏遠ニ」とあるのは国体論に基づき、「我ガ臣民、克《ヨ》ク忠ニ克ク孝ニ」とあるのは儒教倫理に基づき、それが一体となって「世々厥《ソ》ノ美ヲ済《ナ》セルハ、此レ我ガ国体ノ精華」であるとしている。なにを以て『教育勅語』であるかは、これに続けて「教育ノ淵源亦実ニ此ニ存ス」とあるからである。『教育勅語』は戦前の国家イデオロギー全般を指す広義の国家神道の中核に位置する《経典》であった。

もちろん、『教育勅語』と水戸学とは直接は関係しない。幕末の水戸藩の文字通り血で血を洗う内部抗争（山川菊栄《やまかわきくえ》（一八九〇～一九八〇）の『武家の女性』『覚書　幕末の水戸藩』に詳しい）の結果、水戸藩からは明治新政府に提供できる人材はあらかた失われてしまった。『教育勅語』は、小楠と同じ熊本の実学党に属し、儒教倫理を保守しようとする元田永孚《もとだながざね》（一八一八～一八九一）と、小楠と交流はあったが熊本の学校党に属し、近代的国家主義に進んだ井上毅《いのうえこわし》（一八四三～一八九五）との《合作》であるため、あくまで水戸学の影響を広く取った上での関連性である。儒教倫理を「漢意《からごころ》」と呼んで排斥する宣長の国学からは、ストレートに国家神道は生まれない。そこには平田国学を介する変容も必要だが、さらに重要な役割を担うのが、混合種《ハイブリッド》である水戸学の存在である。

ただし、水戸学が始まりから混合種《ハイブリッド》であったわけではない。東湖の父幽谷が『大日本史』編纂の経緯をまとめた『修史始末《しゅうししまつ》』では、光圀の言葉に、「神代の事、率《おおむ》ね皆怪誕なり。神武紀の首《はじめ》に載せ難し。宜しく別に天神本紀・地神本紀を作るべし」（巻上）とあると述べ、儒教的合理主義に則って、神話と歴史とを分けようとしている。ちなみに現在ある『大日本史』本紀は神武天皇紀から始まっている。光圀が『大日本史』編纂に着手する上で刺激となった林羅山・鵞峯《がほう》（一六一八～一六八〇）親子の編年体の『本朝通鑑』も、神武天皇より始まる儒教的合理主義に則っている。この儒教的合理主義が伸張すれば、新井白石の『古史通』のように、神話を合理的に解釈することによって歴史の側に回収しようという試みも生まれる。

水戸学内では正志斎もやはり、「古者《いにしえ》、人文未だ開けず、夷蛮戎狄《いばんじゅうてき》、禽獣の相群がるが若《ごと》く、未だ以て其の沿革を論ずるに足らざるなり」（『新論』形勢）と、儒教的文化主義に立ち、神話の居場所は歴史の中にはない。混合種《ハイブリッド》は東湖から始まる。

†仏教を見る視線

儒教と国学との混合《ハイブリッド》は見てきた通りだが、仏教に対してはどうだったのだろう。水戸学は基本的に排仏論である。正志斎の『新論』（国体上）では、仏教は、日本の神々を「悉く胡神の分枝末属と為し、神明の邦を変じて、以て身毒《インド》の国と為し、中原の赤子を駈《か》つて、以て西戎の徒属」としてしまい、その結果、「内既に自から夷となれば、国体安《いず》くんぞ存せんや」と、神仏習合を国体を損なうものとして激しく非難している。

東湖も同じく神仏習合を批判し、「神州の道は、浮屠《ふと》之《これ》を奪ひ、俗儒之を壊《やぶ》り、神道者流之を小にし、古学者流殆《ほとん》ど之を明らかにせんとして、又従つて之を晦《くらま》せり」（巻下）と、仏教、儒教、伊勢神道・吉田神道（「神道者流」）、国学者（「古学者」）をまとめて批判する中で、仏教を筆頭にあげ、神仏習合（「浮屠之を奪ひ」）を批判している。ここでも、国学者には比較的点が甘いのが東湖である。

さらに、国体論における原理論ではなく、為政者として現実的な視線も仏教に注いでいる。「愚冥の民は、信じて之（仏教）を奉じ、智巧の士は、利して之を使ひ」とまず述べ、さらにそ

れを敷衍して、

其の説妄なりと雖も、以て愚俗を勧懲するに足る。苟《いやしく》も我が治に補ひ有らば、何ぞ夷狄の法を嫌はん。是亦利して之を使ふならずや。（巻上）

東湖は、仏教の統治における教化手段としての有効性については気づいている。さらには、「若《も》し徒《いたず》らに攻撃駆除して、快を一時に取らば、則ち禍変の激する所、将《まさ》に勝《あ》げて救ふべからざるもの有らんとす」と、急激な排仏がもたらす反作用も冷静に予想している。だからと言って排仏を諦めるのではなく、仏教に代えて「神州の道」による教化を一貫して東湖は説くが、決して観念論に安住する排仏論者でなかったことには注意が必要である。

†排仏論の継承

幕末明治の排仏運動では、激烈な廃仏毀釈を主導した日吉神社の神職樹下《じゅげ》茂国《しげくに》（一八二三～一八八四）や美濃苗木藩の青山景通《あおやまかげみち》（一八一九～一八九一）・直道《なおみち》（一八四六～一九〇六）親子のような平田派国学者に目が行きがちだが、熱狂はいずれ醒める。また、政府も混乱自体は望んではいない。神道国教化政策が推し進められていったのは、冷静な排仏の遂行者がいたからこそである。歴史家遠山茂樹《とおやましげき》（一九一四〜二〇一一）も指摘している（『明治維新』一九五一年）ように、水戸学自体は尊王敬幕の思想であり、維新には直結しないが、明治新政府の元志士たちの教養の苗床となっていたのが水戸学であったことまでは否定できない。水戸学は尾骶骨《びていこつ》として残り、存在を隠微に主張するのである。

2　国学の宗教性の顕在化と仏教

†明治初年の宗教政策の蹉跌

慶応四年三月十三日（一八六八年四月五日）の太政官布告において、「此度、王政復古、神武創業の始に基《もと》づかせられ、諸事御一新、祭政一致の御制度に御回復遊ばされ候に付ては、先は第一、神祇官御再興御造立の上、追々諸祭奠も興さるべき儀、仰せ出され候」と、高らかに祭政一致の国家プランが宣言されたのが平田派国学の頂点であったかもしれない。

しかし、明治新政府は明確な青写真のもとに建設されたものではなく、試行錯誤の連続であった。祭政一致を謳《うた》ったものの官制すら不安定で、初め太政官内にあった神祇官（政体書神祇官）を改め、明治二年（一八六九）七月、律令体制に倣って太政官とは別に神祇官を設けるが、現実には太政官を通さねば何もできないことから、再び明治四年八月には太政官に属する神祇省となり、翌五年には教部省に名が改まる。さらに明治十年には教部省は廃止され、宗教行政は内務省に移管される。

この間、明治四年三月に国事犯の嫌疑をかけられた平田派の矢野《やの》玄道《はるみち》（一八二三〜一八八七）・角田《つのだ》忠行《ただゆき》（一八三四〜一九一八）・丸山《まるやま》作楽《さくら》（一八四〇〜一八九九）・権田《ごんだ》直助《なおすけ》（一八〇九〜一八八七）が明治政府から一斉に追放され、平田門人ではあるが平田派と一線を画す大国隆正門下（津和野派）の福羽《ふくば》美静《よししず》（一八三一〜一九〇七）らに神祇官の主導権が移る。その福羽も、翌五年には失脚して教部省から追われるなど、目まぐるしく舞台の上の役者が入れ替わる。

一方、浄土真宗四派（本願寺・大谷・高田・木辺《きべ》各派）の大教院からの分離運動により、大教院は明治八年四月に解散に追い込まれる。明治五年に設置された大教院には当初、神職のみで行っていた大教宣布《せんぷ》運動の限界を悟った明治政府が、大教宣布の要員として僧侶を動員するため教導職を設け、その中央統括機関としたものであるため、大教院の破綻は、明治政府の国民教化政策に大きな変更を迫ることになった。

同じく明治八年十一月二十七日の教部省口達書《こうたつしょ》により、政府は「信教の自由」を認めることになる。むろん、後の大日本帝国憲法と同様に、「啻《ただ》に政治の妨害とならさる」という但し書き付きである。

大きな流れは、当初の国学者が夢みた神道国教化が国内・国外の政治情勢の中で変容し、国家神道という新たな国民の思想統合システムが形成されてゆく過程だが、国家神道の完成は、早くても明治二十三年（一八九〇）の教育勅語の発布、下れば国体明徴運動の教義書として昭和十二年（一九三七）に文部省から『国体の本義』が公刊されるまで待たねばならない。

先を急ぎすぎた。本書は問題を近世に限定しているので、視線をこの国学者の夢にまで引き戻さねばならない。

†国学の宗教性の血脈

戦前の国家神道体制に対する不在証明《アリバイ》からか、国学は契沖から始まる古典学であるということに関心が向けられ、四大人の一人である平田篤胤が批判されるのはともかく、もう一人の荷《か》田春満《だのあずままろ》に至っては無視されるという傾向が長く続いた。

たしかに春満は、京都伏見稲荷神社の社家であり、神道学の講義を行ったが、『万葉集僻案《へきあん》抄《しょう》』などに結実する文献学的な古典研究を行い、それが賀茂真淵を経由して本居宣長へと流れる国学本流を形成している。当初から国学の遺伝子には宗教性が組み込まれており、篤胤とその門人たちによる復古神道の形成は、先祖返りとは言えても、国学の変容と呼べるものではない。国学が宗教化したのではなく、国学の宗教性が顕在化したと言うべきだろう。

篤胤が日常拝礼する神々について記した『毎朝神拝詞記《まいちょうじんぱいしき》』は、現代の神社の祭祀にも影響を与えている重要な著作なのだが、宣長にも『毎朝拝神式』の著作があり、篤胤自身がこれを参照したことを認めている（三木正太郎《みきしょうたろう》〔一九一三〜一九八八〕『平田篤胤の研究』一九六九年）。このことからも、宣長と篤胤の間には宗教性の血脈が通じていたことがわかる。

国学の宗教性が顕在化すれば、同じ土俵の上に立つ好敵《ライバル》は、儒教ではなく、仏教となる。宣長の「漢意《からごころ》」批判が主に儒教を仮想敵としていたのに対し、篤胤の仮想敵が仏教となるのは、国学の宗教性の顕在化と密接にかかわっている。

篤胤が『神敵二宗論』の中で、一向宗（浄土真宗）と日蓮宗とをことさら「神敵」として名指ししたのは、「一向宗と日蓮宗と、伊勢大御神を祭り奉らず、また余神をも拝まぬ」という神祇不拝の教義にその理由がある。浄土真宗や日蓮宗は、法然が提示した《選択《せんちゃく》》という鎌倉仏教の精神を徹底させ、排他的なレベルの《専修《せんじゅ》》に達した宗派であるため、神祇祭祀やそれを緩く包み込む神仏習合的世界観からは逸脱する傾向があった。篤胤の立場からすれば、排仏は、「向方《さきかた》より、邪魔を為《す》ることが甚しければ、此方より、厳《きび》く打払はねばならぬ」という正当防衛であった。

誤解がないよう申し添えておけば、篤胤の頃は、まだ国学は社会的には微々たる勢力であった。寺請制度によって幕府と一体化した仏教は圧倒的な力を持っており、篤胤の言葉は、この時点では蟷螂《とうろう》の斧《おの》に過ぎない。

†『玉襷』の思想

国学の宗教性の顕在化は、第七章3節で取り上げた、篤胤の『霊の真柱』に見られる顕幽《けんゆう》論の深化――やはり顕幽論は宣長に先に見られる――に注目が集まるが、『毎朝神拝詞記』と篤胤自身によるその解説『玉襷《たまだすき》』(文化八年〔一八一一〕初稿・文政七年〔一八二四〕改稿)にも目を向ける必要がある。しかし、柳田國男・折口信夫《おりくちしのぶ》(一八八七〜一九五三)らの民俗学とも密接に関係する顕幽論の一般的な関心の広がりに対し、現代の神道神学へと連なる篤胤の祭祀論は、神道学者以外にはあまり関心を持たれていない傾向がある。

ちなみに、前述の『神敵二宗論』は、はじめ『玉襷』十二巻の附録として巻十一・十二に当てられていたものが、のちに『出定笑語』の附録に改められたものである。

古道の消長の歴史的経緯を述べる巻一・二の「発題」に続き、各「神拝詞」の解説に入る『玉襷』巻三の冒頭に、神々を拝する理由が端的に述べられている。

世に有《あら》ゆる事物は、此天地の大なる、及び我々が身体までも、尽く天神地祇の、御霊に資《よ》りて成れる物にて、各々某々《おのおのそれぞれ》に神等《たち》の持分け坐《まし》まし、命をつゞくる衣食住の道、一として、神

の恵み君の賜物に非《あら》ざる事なき。（巻二）

世界のすべては神々の恩恵によって成り立ち、神々の恩恵によって育まれているという世界観が示されている。『霊の真柱』が死後の世界、神々の世界である幽冥界《かくりよ》に力点があるのに対し、『玉襷』は、我々が生きて働くこの世界、顕明界《うつしよ》に力点がある。

（天神地祇八百万《やおよろず》の神たちの）其恩頼《みたまのふゆ》の辱《かたじけな》さを思へば、世に有《あら》ゆる人等の、かくて在《ある》こと、大小尽《ことごと》く神の恵みに洩るゝ事無し。然《しか》れば世に居る人のかぎり、日々に其御徳《みめぐみ》を思ひて、拝礼し奉らでは、得有まじき謂《ことわり》なり。（巻三）

この篤胤の世界観において、人々は我々を生かしてくださる神々への感謝を捧げることが求められる。しかし、八百万の神々がいる神道的世界では、それぞれに神々が得意分野を分掌しているが、すべてを拝礼するのは日常的には不可能であるため、『毎朝神拝詞記』（文政十二年〔一八二九〕改刻版）では枢要なものを選び出し、「拝龍田風神詞」から始まり、「拝天日御国詞」「拝月夜見国詞」「拝伊勢両宮詞」と続き、「拝水屋神等詞」「拝守厠神詞」「拝古学神等詞」「拝先祖霊屋詞」まで二十五の神拝詞を連ねる。

なお、龍田風神の名が最初に挙がるが、これは自然現象の風の神であるとともに、もろもろの罪悪を祓い清める神、人々の言葉を神々に伝える神であることがその理由である。

こうした現世をおおらかに肯定する世界観と、出家して家族との絆を断ち、乞食《こつじき》して人の食べ残しをもらい、糞掃衣《ふんぞうえ》を着、寂滅為楽《じゃくめついらく》・厭離穢土《おんりえど》という現世否定を唱える仏教の出世間性とが対立するのは自然のことである。

其行ひ人道に外れて、天皇祖神《あまつみおやがみ》たちの、世人を生成蕃息せしめ、愛恵《うつくし》みます御心に背《たが》ふが故に、天照大御神は、(仏教を)甚《いた》く悪《きら》ひたまふ事と所思《おぼゆ》るなり。(巻一)

草莽《そうもう》の国学と呼ばれるような庶民への国学の広がりは、こうした現世肯定的な世界観が受け入れられていった結果であり、国学といって連想される古道論的な思想は、この国学の宗教世界の正当性を保証するものとして機能していた。

†草莽の国学者

篤胤の門人で、下総国香取郡松沢村の名主であった宮負定雄が著した『国益本論』(天保二年〔一八三一〕成立)では、「吾皇国《みくに》の人は皇国を尊び、外国《とつくに》に贔屓《ひいき》せず、天地の神明を恐れ畏《かしこ》み、其恩頼《みたまのふゆ》を辱《かたじけ》なみ、神の忌み給ふ事をば必忌み、聊《いささ》かも神の御心に差《たが》はぬやうに心がくる」ことを、人としてなすべき善行善心としている。やはりここでも神々の「恩頼」とその感謝が核にある。

この善行善心によって、「人民日々に殖《ふ》え、人民殖ゆれば財宝殖ゆ。道立ち人殖え、財殖ゆれば、即《すなわち》国益なり」という人口増による殖産興業を説くことをこの書は目的としている。これには幕末の疲弊した関東の農村の間引きや逃散《ちょうさん》による人口減が背景にあり、名主であった定雄はその矢面に立っていた。

この定雄の問題意識から、「人民殖ても、世に僧《ほうし》の多きは国益にならず」という言葉が出てくるのは当然である。ただし定雄は、「幼稚の時より僧」となすことは批判するが、「人も夫婦の道を立て、男女の情《なさけ》を通じ、子孫を産み継ぎ、人倫の大業を仕遂終へて晩年」になってからの出家は否定しない。これに続いて、若年での出家は人情の自然に反するから破戒坊主が現れるのだとあるが、破戒の具体的な描写は生々しいので省略しよう。

もう一例、草莽の国学者を挙げよう。平田門の鈴木《すずき》重胤《しげたね》（一八一二〜一八六三）に学んだ、越前新津《にいつ》の大庄屋桂誉重《かつらたかしげ》（一八一七〜一八七一）の『済生要略《さいせいようりゃく》』（文久三年〔一八六三〕頃成立か）は、大庄屋という自分の社会的役割から「済生（世間に生きている人々を救う）」という問題意識のうえで国学を受容している。

誉重の人間観は、「人間の霊性と申ものは、即《すなわち》天つ神より賦《くば》り与ひ玉へるもの故に、三歳の小児にても、善悪の二つは弁《わきま》へしれり」という平田派国学の人間観をそのままに受容しているが、庶民の教化において仏教への並々ならぬ対抗心を抱いている。仏教の教えは「取るには足らぬもの」と言いながら、「一向・法華の二宗門の、其宗徒を懇切に教込し所は、誰が見ても感心なるべし」と、浄土真宗・日蓮宗の教化には一定の評価を与え、ひるがえって「神に神習ふ人間、今日の大道を、御預り申居る人民《ひとくさ》に、其役人としての教導の出来ぬとは、畢竟精神《たましい》の入はまり足らぬ故也」と、国学側の教化力の不足を嘆いている。

定雄の「其手習師匠を見るに、田舎にては、大抵、神主・名主・僧・山伏・医者などの、為す事なれども、文字の読書を教ふる事をば知れども、真の道を教ふる術《てだて》を知る者稀なり」という言葉、あるいは誉重の「御預けの人民を、僧徒に教化させ、其衆心を奪とられ、罪を得させて、役儀は済べきか」という言葉に表れた国学者の自負心と仏教への対抗心が、明治の神仏判然令から廃仏毀釈へと暴発する道をならしてゆくことになる。

しかし、冒頭に述べたように明治の大教宣布運動は、二転三転した挙げ句に当初の企図を果たすことなく頓挫することになる。それがなぜかは、すでに彼ら自身が語っていることである。

†国学の宿命

明治初年の仏教弾圧には様々な側面があるため、ここで語ってきたことがすべてではないが、これまで廃仏毀釈があまりに古道論の視点に偏って一般に語られることが多いことから、国学の宗教性の顕在化が仏教を同じ土俵の上に立つ好敵《ライバル》として認識させたという観点をあえて提示した。

国学の宗教性と古道論とは不離の関係であり、切り離して国学の再評価を行うべきものではない。ここにはやはり功罪の両面がある。その負の面のもっとも大なるものは、古道論的発想によって、国学が《日本》という場に制約されて普遍性を持ち得ず、かりに持ったとしても《日本》を地続きに拡大させる普遍性であったということである。第二次世界大戦後、折口信夫が神道宗教化論を唱えたのは、国学・神道が何に桎梏《しっこく》されていたのかを象徴している。

幕末の政治状況は、この負の面をして明治維新のイデオロギーの一つに国学を据えさせた。しかし前に見たように、維新を担った多くの志士たちのイデオロギーを形成したのは水戸学であり、儒教によって為政者としての素地を育んだ志士は近代的官僚に転身し、その素地を持たない国学者は敗れ去る宿命を背負っていた。

3　仏教における近世から近代への継承

†法制度から排除される仏教

これまで本書では近世という枠組みから踏み出すことを自制してきたが、最後に近代へと視線を大きく広げることにする。

意図するところは、近世と近代との断絶の一方で通底するものがあるのではないか、しかも、それは宗門の伝統教学といったようなものではなく、近世に生まれた思想の中で近代へと継承されたものがあるのではないかということである。

明治新政府は、明治四年（一八七一）四月四日に戸籍法（太政官布告第一七〇号）を公布し、寺院が行っていた戸籍（宗門人別帳《しゅうもんにんべつちょう》）の管理を国家の手に移し、同年七月四日の太政官布告第三二二号により氏子調《うじこしらべ》を創始して宗門改（思想管理）の担当者を神社に切り替えるが、キリスト教禁制の高札を撤去してキリスト教を事実上解禁した明治六年二月二十四日の太政官布告第六八号によって宗門改の必要性が失われ、神社の能力不足も相まって、同年、氏子調は廃止され、国民の管理は戸籍に一本化される。これらの経過を経て寺請制度は廃止され、仏教が近世社会において担っていた公的な役割が失われた。

さらに、明治五年（一八七二）四月二十五日の太政官布告第一三三号により、僧侶の「肉《にく》食《じき》・妻帯・蓄髪等」は政府の処罰の対象ではなくなり、戒律は国家が保証する公的なものではなくなる。また、明治八年二月十三日の太政官布告第二二号では、すべての国民に苗字を名乗ることが義務づけられ、それは僧侶も例外ではなかった。四民平等の見地により封建身分から僧侶が《解放》され、僧侶という特殊な身分は法制度上なくなる。

特権を奪われ、仏教は一宗教となり、僧侶は一宗教者となった。国家による保護を失った仏教に、さらに明治政府の神道国教化政策と、それに力を得た廃仏毀釈《はいぶつきしやく》のうねりが襲いかかる。さらに言えば、解禁されたキリスト教という新たな競争者も加わる。

こうした劣勢に対抗して「近代仏教」が立ち上がってくるのだが、いくつか近代仏教の特徴として挙げることのできるものの中でも、宗派的閉鎖性を克服する仏教統一への指向、あるいは特権にあぐらをかいた江戸時代の僧侶の堕落を真摯に受け止め、その反省から生まれた戒律の復興、これらに通底するゴータマ・ブッダへの回帰といったものは、近代に新しく考え出されたものではなく、江戸時代において、すでに泉は湧き出し、その水脈を受け継ぎ、仏教が危機を迎えた時代に奔流となったのである。

起源を遡《さかのぼ》れば幾人かの僧侶の名を挙げることができるが、流れを遡ると、ある一人の僧侶から太い流れが流れ出ていることに気づく。その僧侶の名を慈雲飲光《じうんおんこう》と言う。

†慈雲と正法

慈雲については、第五章2節で一度取り上げているが、ここでは江戸時代人としての慈雲ではなく、慈雲と近代仏教をつなぐものに視線を据えて見ていきたいと思う。

慈雲の業績として、『梵学津梁《ぼんがくしんりょう》』一千巻に結実する梵文研究、あるいは正法律《しょうぼうりつ》の提唱と実践、正法律のエッセンスである十善戒《じゅうぜんかい》による庶民教化などを挙げることができるが、これらはすべて、ゴータマ・ブッダへの回帰という地盤の上に立っている。

正法とは、経律論を多く記したを云《いう》でない。神通《じんずう》あるを云でない。光明《こうみょう》を放つを云でない。無碍《むげ》辯舌《べんぜつ》を云でない。向上なるを云でない。唯《ただ》仏の行はせられた通りに行ひ、仏の思惟《しゆい》あらせられた通りに思惟するを云。

『慈雲短篇法語』に「正見《しょうけん》」と題して収められた一節だが、「仏の行はせられた通り」にするのが正法律、十善戒の実践であり、「仏の思惟」を知るための方法が梵文研究であった。

仏教の根元であるゴータマ・ブッダそのものへ直参《じきさん》しようとする慈雲は、結果として、宗派を止揚することになる。

宗旨がたまりは、地獄に堕するの種子《しゆうじ》。祖師びいきは、慧眼《えげん》を瞎《かつ》するの毒薬。今時の僧徒、多は我慢偏執ありて、我祖は仏菩薩の化身なりと云ひ、天地の変、陰陽の化《け》をとりて、我祖師は不思議の神力なりと説き、愚癡《ぐち》の男女を誑《たぶらか》す。仏説によるに、末法には魔力を興隆して、多くかくのごとき事ありと示し給ふ。若《も》し真正の道人ありて、真正の仏法を求《もとめ》んと欲《ほっせ》ば、唯《た》だ仏在世を本とすべし。仏世には今の様なる宗旨はなかりき。

同じく『慈雲短篇法語』に見える言葉である。しかし曹洞宗の改革が、黄檗禅の要素の払拭《ふっしょく》と道元への回帰であったように（第六章2節参照）、近世に現れた多くの仏教の改革運動は、宗祖への回帰をモットーとして、宗派色を強める方向へと進んだ。慈雲が「宗旨がたまり」と呼ぶ傾向は江戸時代に強化され、それが現在にまで及んでいる。

「宗旨がたまり」の批判の一方で、実際の慈雲は、真言律という枠組みを抜け出ることはなく、かえって正法律の《一派》を建てて屋上屋を架すことになるが、慈雲の精神は、《理念型》として後代に引き継がれてゆくことになる。

ここで言う慈雲の《理念型》とは、戒律の復興と宗派の止揚の論拠にゴータマ・ブッダへの回帰がある思考形式のことである。

†行誡と「兼学」

明治維新の激震は、慈雲の《理念型》を呼び覚ますことになる。増上寺、知恩院を歴住し、浄土宗管長も務めた福田行誡《ふくだぎょうかい》（一八〇九〜一八八八）は、浄土宗における高僧というだけではなく、慈雲の《理念型》を受け継ぐ一人であった。

明治七年（一八七四）秋、慈雲の『十善法語』を行誡が講談した際に聴衆に対して示した「十善帖」に、「此《この》ころ慈雲和上の十善法語をよみ侍《はべ》るに、いと〳〵おどろかるゝまでのめづらかなる御文にてぞおはすなる。いかなる時にか世に三宝おはしまさで、御袈裟《けさ》のみ影も見えさざらん時とても、此法語一帙《ちつ》もたらん人は、即ち大小権実《ごんじつ》の御経文もてるなり」とあるのを見れば、行誡の慈雲への傾倒がわかる。

行誡の業績の一つに明治十四年（一八八一）に刊行が始まり、十八年に完結した『大日本校訂大蔵経《だいぞうきょう》』（縮刷《しゅくさつ》大蔵経）の刊行がある。行誡は、「一度大蔵経を通読せざるものは、坊主仲間には這入《はいら》ぬほどのことなり。若き人達は、此大蔵経を生涯には一度読むと極《き》める可《べ》し」（「学問の用心」）と述べ、仏教全体に通じる知識を持つことを僧侶に勧めているが、『縮刷大蔵経』の刊行は、行誡の「兼学」の主張の実践でもあった。

「兼学の弁」で行誡は、「故《ゆえ》に今も宜《よろし》く教相者は禅を学ぶべし、禅者は教相を学ふへきなり」と教禅の兼学を説き、さらに「小乗弁」で、「小乗は実に大乗の根基なり、大乗家常に小乗の法を学ばずんはあるべからさるなり」と、大小の兼学も主張する。この思想は慈雲の精神を踏まえた通《つう》仏教としてゴータマ・ブッダに回帰する。

牟尼世尊《むにせそん》に宗旨なし、西方世界に宗旨なし。宗旨は人によりて建つ、法はもと無法なり、況《いわん》や宗旨あらんや。仏は解脱《げだつ》の法を説く、八万四千《はちまんしせん》種あり、大小半満あり、此土入聖《しどにつしよう》の道あり、往生浄土の法あり、維摩経《ゆいまぎよう》に「一音演法随類各解」と説きたまへり。時に正像あり、人に熱不熱あり。此土入聖は祖師西来の意なり、浄土往生は廬山善導《ろざんぜんどう》の弘法なり、共に解脱の法をひろむ。仏法をもて宗旨を説くべし、宗旨をもて仏法をとくことなかれ。

これは望月信道《もちづきしんどう》（一八八七〜一九六三）編『行誡上人全集』収録「上人の逸事」に見える、明治十三年頃にある禅僧に与えられた垂示だが、ゴータマ・ブッダという根元から振り返り、宗派の区別を止揚しようという口吻は、慈雲そのままである。

なお、宗派の止揚を説きながら宗派の枠内から出ないことにおいても同様で、学問の師を問われ、「通仏教と浄土宗と云ふ二種の見解を立てゝ学べり、其通仏教に付きては、葛城《かつらぎ》の慈雲尊者を師とし、浄土宗に付きては四休庵貞極《しきゅうあんていごく》上人なり」（同上）と答える行誡の、浄土宗の僧としての自己像《アイデンティティ》には揺るがぬものがある。

ただし、ゴータマ・ブッダへの信仰は借り物ではなく、英国留学から帰朝した南條文雄《なんじょうぶんゆう》（真宗大谷派。一八四九〜一九二七）の「両膝に両手を差し出し、これを頭上に推し」頂いたというよく知られたエピソードがある（南條文雄『懐旧録』）。行誡は文雄がインドの仏蹟を巡拝したものと思い込んでいたのだが、実際には往路で英領セイロン（現在のスリランカ、以下同）のコロンボに寄港しただけであった。

†戒律復興運動

行誡と慈雲をつなぐものにもう一つ、戒律に対する意識がある。すでに触れたように、明治五年に「肉食妻帯蓄髪等、勝手為《た》るべき事」の太政官布告が出されるが、行誡は積極的に反対の論陣を張る。

一　（中略）婬肉《いんにく》勝手の御沙汰之《これ》あり候《そうろう》に於《おい》ては、全く仏教の戒律をゆるべ、人情の私を誘い候義〔ママ〕にて、教場の教導に差《さし》ひゞき何共迷惑仕《つかまつり》候

一　僧俗の相違は、婬内〔ママ〕〔肉〕鬚髪《しゆはつ》の有無に就《つい》て差別仕候儀にて、右勝手次第と是《これ》あり候ては、僧俗のわかち混乱仕り候て、何とも迷惑に存し奉り候

行誡は、この「教部省へ建言」の後ろのほうで「出家共の内《うち》放逸の者は自然破戒濫《みだり》に及ぶもの、是又古今人情無理ならぬ義には候得共《そうらえども》」と述べているように、人情の自然に流されやすい僧のいることを直視し、戒律から《解放》された僧侶の頽廃《たいはい》を恐れていた。そのため、政教分離を金科玉条《きんかぎよくじよう》にする立場からすればまったくの反動だが、国家の法制度としての戒律の維持を主張することになる。

しかし、明治政府の方針は、四民平等によって生まれた国民に対し一人の天皇が南面する一君万民の国家の創成であるため、「僧俗のわかち」がなくなることこそが明治政府の意思であり、行誡の建言は蟷螂の斧でしかなかった。

現実の仏教界は行誡の危惧した方向へと流されてゆくが、政府への働きかけが徒労であるならば、僧みずからが反省し、ゴータマ・ブッダの時代の本来の僧侶のありかたに《復古》するより方法はなかった。

目白《めじろ》僧園に拠って盛んに戒律復興を唱えた釈雲照《しやくうんしよう》などは、その最極端の存在だろう。真言宗の僧であった雲照は、十善会を組織し、雑誌『十善宝窟《ほうくつ》』を発行し、盛んに十善戒を説き広め

た。

（仏教の）其根本其大躰《そのこんぽんだいたい》とは何ぞ。曰《いわ》く、十善十悪因果応報の真理是《これ》なり。釈尊三大僧祇《そうぎ》の修行も此の真理を研究し得んが為《ため》のみ。五十余年の説法八万四千の法門も、此の真理を布演《ふえん》し拡張するの外《ほか》ならず。

明治二十三年（一八九〇）十一月十九日に行われた外護者三浦梧楼《みうらごろう》陸軍中将（一八四六～一九二六）邸での十善会の法話を筆記した『十善戒和讃略解《わさんりやくげ》』（明治二十五年刊）には、十善戒によって宗派を止揚し、仏教を統一しようという雲照の主張を見ることができる。

こうした根元への遡及は、やはりゴータマ・ブッダへの回帰へと至るが、雲照自身のインド渡航はかなわず、甥の釈興然《こうねん》をしてインドに送ることになる。ただし、十九世紀末に仏教を学ぶのであれば、インド亜大陸ではなく、セイロンが妥当であり、セイロンにも受け入れ体制ができていたこともあって、興然は明治十九年（一八八六）、単身セイロンに赴き、テーラヴァーダ仏教の具足戒を受けてグナラタナ比丘《びく》となる。

セイロンでの興然は、ヒンドゥー教徒の管理下にあったブッダガヤの大塔買収のために雲照から資金を送ってもらうなどしているが、不首尾に終わっている。ブッダガヤの大菩提寺は現在もヒンドゥー教徒の管理下にあるが、アンベードカルの新仏教運動に身を投じ、インドに帰化した佐々井秀嶺《ささいしゅうれい》（アーリア・ナーガルジュナ）が管理権奪還運動の中心となって活動している。

明治二十六年に興然は帰朝するが、彼の心はすっかりテーラヴァーダ仏教のグナラタナ比丘となり、その結果、雲照とは袂《たもと》を分かつことになる。

雲照の戒律復興運動は、その厳格で非妥協的な方針から大きく広がることはなく、まして興然の教化を受け入れる土壌は当時の日本にはなく、唯一の日本人テーラヴァーダ僧として終わった。

†梵学の継承

ゴータマ・ブッダの教え、すなわち「正法」を知るため慈雲が心血注いだ梵文研究もまた、近代仏教へと受け継がれる。「正法」に回帰しようとした仏教統一や戒律復興が成功しているとも言いがたい現状において、むしろ慈雲の《理念型》を構成する要素の中で、梵文研究がただ一つ受け継がれていったと言える。

先にも登場した南條文雄と笠原研寿《かさはらけんじゅ》（一八五二〜一八八三）とが留学先のイギリスのオックスフォード大学のマックス・ミュラー教授（一八二三〜一九〇〇）のもとにあった時、ミュラーが『阿弥陀経』のサンスクリット諸本を対校した *On Sanskrit Texts: Discovered in Japan* を一八八〇年に発表するが、タイトルからもわかるように、南條と笠原が提供した日本に伝来していた梵本の『阿弥陀経』がもとになっている。そのうち常明《じょうみょう》（一七〇二〜一七八四）の『梵漢両字阿弥陀経』（安永二年〔一七七三〕刊）を除いた残りの資料はすべて慈雲が関係するもので、天明三年（一七八三）に慈雲自身が刊行した『梵漢阿弥陀経』、弟子の法護《ほうご》（?〜一八〇一）・諦濡《たいじゅ》（一七五〇〜一八三〇）らが『梵学津梁』の中から選んで刊行した『梵文阿弥陀経諸訳互証《しょやくごしょう》』『梵文阿弥陀経義釈』（寛政七年〔一七九五〕刊）がミュラーの手に渡った。

慈雲の梵文研究は南條・笠原を介して欧米のインド研究へと流れ込み、オックスフォード大学で学んだ南條（笠原は留学の成果を生かすことなく早逝する）によって、日本に欧米のインド学が移植されることになる。

現在の日本の仏教学が、宗学はさておき、その経典研究の主流がサンスクリット語・パーリ語を使用したインド学となっていることを思う時、慈雲の遺志は、「正法」を知ることを梃子《てこ》として、原始仏教・初期仏教・根本仏教と研究者によって名称は異なるが、ゴータマ・ブッダの仏教へと回帰することを果たしている。

慈雲の《理念型》が再生したようにも見えるが、これは学問上のことで、信仰の現場にあるのは宗派によって分かれた仏教であり、慈雲の言う「宗旨がたまり」はなお健在である。しかし、宗門系大学でもインド学が盛んなのを見れば、慈雲、行誡のような通仏教と宗派の棲み分けが、今のところ受け入れられる妥協点なのかもしれない。

さらに理解を深めるための参考文献

本書に述べた江戸時代の思想と宗教の歴史は、序章で先述したように、すべて述べ尽くしたわけではなく、近世仏教を軸にして重要と思われる項目ごとに論述したものに過ぎない。広汎な読者の期待すべてに応えることは筆者の能力を超えている。

そこで江戸時代の思想と宗教に関心を持つ読者のために、ごく簡単なものだが、さらに理解を深めるための参考文献を紹介したいと思う。

書籍の選択の方針は、通史・概説を中心にする。個別の人物に関するものは本書に登場した思想家の数からとても付録程度では対応し切れない。思想家によって研究書・評伝の量の差は大きいが、多い方では、たとえば本居宣長についての研究書・評伝にコメントをつけて紹介し始めたら一冊のブックレットができてしまう。

また、採り上げる書籍は、私個人の研究者としての自己満足よりも読者の便宜を優先させて、現時点でなるべく購入しやすく、なるべく最新の研究を反映したものを中心にしたいと思う。

これも序章で述べたことだが、江戸時代の思想と宗教の歴史については、分野ごとに個別にまとめられていて、横断的なものは少ない。比較的広範囲をカヴァーしているものに、「政治思想史」という括りではあるが、渡辺浩の次の通史がある。

渡辺浩『日本政治思想史――十七〜十九世紀』(東京大学出版会、二〇一〇年)

また論集であるが、『日本思想史講座』シリーズの近世を扱った巻はテーマと執筆者の選定に目配りがきいている。

苅部直《かるべただし》・黒住真《くろずみ》・佐藤弘夫・末木文美士《すえきふみひこ》・田尻祐一郎編『日本思想史講座3 近世』(ぺりかん社、二〇一二年)

江戸思想史と言った場合、これまでの研究の偏りから儒教中心のものが主流となるが、代表的な研究者の手による主なもの三冊を次に列挙しよう。源了圓の著作の刊行年は古いが近世思想史の典型的叙述という意味でリストに加えた。

源了圓『徳川思想小史』（中公新書、一九七三年）
子安《こやす》宣邦『江戸思想史講義』（岩波現代文庫、二〇一〇年）
田尻祐一郎『江戸の思想史――人物・方法・連環』（中公新書、二〇一一年）

儒教史ということに敢えて特化して、朱子学を中心にまとめた土田健次郎の次の通史も有用である。

土田健次郎『江戸の朱子学』（筑摩選書、二〇一四年）

また日本の陽明学については、著者の思いが強過ぎる著作が多いのだが、比較的ニュートラルな立場からの小島毅の次の著作に記された前史としての近世日本陽明学の記述が有用である。

小島毅『近代日本の陽明学』（講談社選書メチエ、二〇〇六年）

水戸学および尊王論については次の二冊を挙げておこう。山本七平の著作は初出が昭和五十八年（一九八三）と古いものであるが、類書の中ではいまだに論述のバランスの点で傑出している。

山本七平『現人神の創作者たち』〈上・下〉（ちくま文庫、二〇〇七年）

吉田俊純『水戸学と明治維新』（歴史文化ライブラリー・吉川弘文館、二〇〇三年）

国学史では、先にも触れたように本居宣長、平田篤胤に限れば研究書・評伝は多くあるが、国学通史となると意外と手頃な本が少なく、次に挙げる中澤伸弘の国学史が数少ないうちの一つである。

中澤伸弘『やさしく読む国学』（戎光祥出版、二〇〇六年）

国学以外の神道史となると研究書はあるが通史・概説にさらに手頃なものがない。次に挙げる伊藤聡の著作は、伊藤のフィールドが中世であるため近世は付け足しになってしまっているが、近世神道に補助線を引くには有用である。

伊藤聡『神道とは何か――神と仏の日本史』（中公新書、二〇一二年）

また儒家神道に限るとますます書籍選択の方針に合わなくなる。ここでは自らルールを破って澤井啓一による山崎闇斎の評伝を紹介しておこう。

澤井啓一『山崎闇斎――天人唯一の妙、神明不思議の道』（ミネルヴァ日本評伝選、二〇一四年）

仏教史では仏教研究の中心が古代・中世に偏っており、最近、近代仏教の研究が盛り上がりを見せているが、近世仏教はひとり取り残されている。まず通史としては、吉川弘文館の『日本仏教史』シリーズ中の近世が基本となる。

圭室《たまむろ》文雄『日本仏教史〈近世〉』（吉川弘文館、一九八七年）

そのうえで最近の研究成果を盛り込んだものとして、末木文美士の次の著作を補うと視野が広がるであろう。

末木文美士『近世の仏教――華ひらく思想と文化』（歴史文化ライブラリー・吉川弘文館、二〇一〇年）

また排仏論の分野では、次の守本順一郎の本がよく資料がまとまっている。

守本順一郎『徳川時代の遊民論』（未来社、一九八五年）

キリスト教については、キリシタン関連の書籍は多いが、キリシタン時代に限定せず、明治の解禁以後のことも記載している五野井隆史の通史を指標とすることから始めるとよいだろう。

五野井《ごのい》隆史『日本キリスト教史』（吉川弘文館、一九八〇年）

蘭学（洋学）にも容易に入手できる手頃な通史がない。現在絶版だが復刊の期待を込めて次の本を挙げておこう。

赤木昭夫『蘭学の時代』（中公新書、一九八〇年）

思想家それぞれの研究書・評伝については、吉川弘文館の『人物叢書』シリーズ、山川出版社の『日本史リブレット人』シリーズ、ミネルヴァ書房の『ミネルヴァ日本評伝選』シリーズのラインナップにまず当たるとよいだろう。参考文献も巻末に録されている。ただし、『人物叢書』は昭和三十三年（一九五八）から刊行を開始したシリーズで、最新の研究を反映していない評伝も含まれているので奥付の刊行年を確認して欲しい。

また、思想家の個々の著作に当たってみたいと思われたのなら、最も権威があるのが岩波書店の『日本思想大系』だが、専門的に過ぎるという方には中央公論新社の『日本の名著』（中公バックス）、およびその改訂新版をもとに刊行中の『中公クラシックス』シリーズが、現代日本語訳を載せているので大意の理解には便利である。このほか、岩波文庫、講談社学術文庫、ちくま学芸文庫、角川文庫ソフィアなどの手頃な文庫で翻刻されたものから手にすると良いだろう。また、名は文庫だが文庫サイズではない平凡社の『東洋文庫』シリーズにも江戸思想史関連のものが収められている。

なお余談だが、思想史の叙述は江戸時代から試みられており、代表的なものに、儒教史なら伊藤東涯『古今学変』、国学史なら大国隆正『学統弁論』、仏教史なら富永仲基『出定後語』などがある。これらすべて『日本思想大系』に収められている。現代の思想史もこれらの先人の継承と批判のうえに成り立っている。いま挙げた三書も、ある特定の視点から描かれた思想史であるため、その偏向が批判の対象となるが、なべて思想史とはある特定の視点の所産である。それは現代でも変わらない。

最後に思想書・宗教書には専門用語が多いので工具《こうぐ》書を紹介しておこう。おのおの編集方針は異なるが、前の二冊は用語辞典であるのに対し、後の一冊は読ませる事典の体裁をとっている。

子安宣邦監修『日本思想史辞典』（ぺりかん社、二〇〇一年）
石毛忠・今泉淑夫・笠井昌昭・原島正・三橋健編『日本思想史辞典』（山川出版社、二〇〇九年）
石田一良・石毛忠編『日本思想史事典』（東京堂出版、二〇一三年）

以上、簡便に過ぎることをご容赦いただくとして、本書を入口とすれば、その先へ進むためのガイドブックとなる本を紹介した。先へ進まれよ。

あとがき

神道、儒教、仏教、さらに蘭学、キリスト教など、これらの相互関係に注意をはらいながら江戸時代を中心として思想と宗教の歴史を述べてきたが、これですべてを述べ尽くせたわけではない。まだまだ江戸時代の思想と宗教とについて述べなければいけないことは多く、本書はその導入部にしか過ぎない。これは謙遜の辞ではなく、本書の成り立ちからしておのずからそうなのである。

序章でも簡単に触れたが、本書は在家仏教協会刊行の月刊誌『在家佛教』に二〇一四年一月号から同誌が休刊になる二〇一七年五月号まで、全四十一回、三年半にわたって連載した「神儒仏の江戸時代」をもとにしている。

『在家佛教』の編集者からの当初の執筆依頼は、本書中に一項目として組み込まれているテーマでの一回切りの寄稿であったが、編集者とメールで内容についてやりとりをするうちに企画が広がり、連載を始めることになった。この連載は、研究者として自分の立ち位置を改めて確認するための格好の機会となった。なぜかという説明のためには、筆者のとても立派とは言えない履歴を述べねばなるまい。

漠然と東洋思想に関心を持って郷里米子（鳥取県）から上京して早稲田大学第一文学部に入学した私は、そのまま津田左右吉《つだそうきち》の学統を受け継ぐ東洋哲学専修に進んだ。東洋哲学専修は、その名の通り、津田の手がけた広範な研究分野に対応して、儒教、道教、仏教、日本思想など東洋思想関連の優秀な教授陣がそろっていた。学部から大学院に上がり、助手までさせてもらったが、しかし、私の偏屈な性向のゆえであろうか、日本と中国、儒教・仏教・道教を横断的に広く学んだ一方、東洋哲学専修で王道とされる分野には目もくれず、学部の卒業論文は富士講行者の食行身禄《じきぎょうみろく》を、修士論文は神道講釈家の増穂残口《ますほざんこう》を研究対象に選んだ。東洋哲学専修としてはおよそ邪道もよいところで、指導教員の菅原信海《すがわらしんかい》先生がよく許してくれたと思う。菅原先生の寛仁大度な指導方針があってこそ研究者としての露命がつながった。

そのまま偏屈な性向を改めることなく、博士後期課程在籍中は武家故実家にして考証家の伊勢貞丈《いせさだたけ》などを扱っていたが、そうこうするうちに大学院の在籍年限が尽きた。しかし、専門家でも名前ならば知っているが詳しくは知らない思想家を扱っている変わり者に行き場所はなかなか見つからず、そうした時に私を拾ってくれたのが、東京大学名誉教授の中村元《なかむらはじめ》先生が私財を投じて始められた公益財団法人中村元東方研究所（採用当時は財団法人東方研究会）であった。

むろん研究所の性格は中村先生の専門であるインド学・仏教学が中心であったが、中村先生のもう一つの代名詞である比較思想研究に引っかかりを得て、研究の範囲を神道・儒教・仏教などの宗教間対話に広げ、排仏論と護法論との相関関係から着手し、三教一致論について全体を俯瞰した研究をするようになった。

ようやく自分の立ち位置も定まり、排仏論、護法論そして三教一致論を土台として、個々に（やはりマイナーな）国学者伴林光平《ともばやしみつひら》や（ややマイナーな）儒学者太宰春台《だざいしゅんだい》、あるいは（これはメジャーの）国学者本居宣長《もとおりのりなが》や平田篤胤《ひらたあつたね》などについての論考も少しずつ発表するようになった。

この排仏論、護法論そして三教一致論についての研究のわずかな蓄積から、思いつくままに自由に述べさせてもらったのが、『在家佛教』での連載であった。神道、儒教、仏教、さらに蘭学、キリスト教などの江戸時代に登場する思想・宗教たちについて考え、それを文章にまとめるという行為を通して、現在《いま》、私が抱えている問題意識を整理し、反省するための良い機会を得ることができた。

書きながら考え、考えながら書いてきたので、本書の中には、まだ形の定まらない私見も多く、中にはすでに微修正してしまった意見もあるが、学問というものが「苟《まこと》に日に新たに、日日に新たに、又日に新たなり」（『大学』）であることの証しとして、大きく変わってしまったこと以外は、そのまま残している。本書に書かれていることをラディカルに批判するのは真っ先に数年後の私であろう。

『在家佛教』の連載が三年目を迎えるあたりから、出版を期待する声をかけてくださる研究者が多くなってきた。それに答えようと非力ながら模索をしたが、筑摩書房に結びつけるきっかけをつくってくれたのは、現在、立正大学特任講師の佐々木一憲《ささきかずのり》さんである。佐々木さんは少壮の研究者なのだが、後輩に世話になるうだつの上がらない先輩というのもなかなか乙なものである。その後、細い糸をたぐり、森田《もりた》邦久《くにひさ》九州大学准教授からの口添えをいただいて出版の運びとなった。

本書が成立するにあたっては、前史としての『在家佛教』の連載当時は、執拗な推敲癖で高《たか》梨和巨《なしかずきよ》さんを悩まし、この新書の編集では、些事にわたるまで新書編集部の松田《まつだ》健《けん》さんに多大な手間をかけさせてしまった。この場をかりて、心より感謝の意を表したい。

最後にいま悔やんでいることを述べて筆をおきたい。さきに多くの人から出版を期待されていたと述べたが、その中でも元駒澤大学総長の奈良《なら》康明《やすあき》先生は、浅学菲才の身である私をなぜか気にかけてくださり、『在家佛教』の連載の書籍化にも励ましの声だけではなく、実際にいくつか出版に向けてお骨折りをいただいていた。

しかし、なかなかそれらの出版社との折り合いはつかず、先生を心配させていたが、ようやく筑摩書房に引き受けてもらうことになり、先生もたいへん喜ばれていた。しかし、あれこれあって手間取っている間に、先生は平成二十九年十二月十日に遷化《せんげ》されてしまった。この遅れはひとえに私の力不足のゆえで、悔やんでも悔やみきれない。刷り上がった本書をまず先生の墓前に供えたい。

平成三十年三月

森 和也

人名索引

あ行

か行

さ行

た行

な行

は行

ま行

や行

ら行

わ行

事項索引

あ行

か行

さ行

た行

な行

は行

ま行

や行

ら行